U0955958

一本书读懂可转债

张赞鑫　编著

中国宇航出版社
·北京·

版权所有　侵权必究

图书在版编目（CIP）数据

一本书读懂可转债 / 张赞鑫编著. -- 北京 : 中国宇航出版社, 2020.10（2021.11重印）
ISBN 978-7-5159-1852-5

Ⅰ. ①一… Ⅱ. ①张… Ⅲ. ①可转换债券 Ⅳ. ①F830.91

中国版本图书馆CIP数据核字(2020)第173917号

策划编辑　田芳卿
责任编辑　白希国　　封面设计　宇星文化

出版发行　中国宇航出版社
社址　北京市阜成路8号　　邮编　100830
(010)60286808　　(010)68768548
网址　www.caphbook.com
经销　新华书店
发行部　(010)60286888　　(010)68371900
(010)60286887　　(010)60286804(传真)
零售店　读者服务部
(010)68371105
承印　三河市君旺印务有限公司
版次　2020年10月第1版　　2021年11月第3次印刷
规格　710×1000　　开本　1/16
印张　14　　字数　206千字
书号　ISBN 978-7-5159-1852-5
定价　45.00元

本书如有印装质量问题，可与发行部联系调换

可转债：从0到无限的投资品种

（代序）

可转债出现的时间并不比股票晚多少，但大多数投资者了解和熟悉可转债还是最近几年的事儿。正是最近几年的可转债牛市，使越来越多的上市公司放弃传统的企业债，改为发行可转债。可转债市场的未来发展前景，更加值得期待。

尽管如此，对很多投资者来说，可转债仍是一种新兴事物，特别是它的上不封顶、下有保底机制，以及T+0交易和没有涨跌停板限制等交易规则，让很多投资者对其着迷。试想一下，谁不想投资一种只会盈利而不会亏损的产品呢，况且这种产品还可能产生较高的收益。

在投资领域，曾有过这样一个小调查：如果让你在100%概率获得10万元收益和50%概率获得100万元收益之间做出选择，你会选择哪一项？事实证明，绝大多数投资者都会选择前者，因为前者是实实在在能够获得的收益，后者不可控因素太多，虽然可能获得较高的收益，但也有50%的可能性无法获得任何收益。

进入投资领域的投资者都熟悉一条投资法则：高风险，高收益。即想要获得更高的收益，就必须承受更大的风险。不过，可转债产品可以说打破了这一法则。从理论上来说，当可转债的价格跌破100元的发行价格时，投资者只要持有到期，是不会亏损的（当然需要抛开资金的时间成本）。持有可转债到期赎回，赎回的资金一定是高于100元的，因为持有可转债可以获得一定的债息，虽然债息相对较低。此外，持有可转债期间，若正股股价大幅上升，你还可以将债券转换为股票，以获得更高的收益，这就是可转债收益“从0到无限”的含义。

不过，任何一种投资品种都不会是绝对无风险的，可转债也不例外。若发行可转债的企业退市或破产，则可转债持有人可能会面临相当大的损失，不过这种概率极低。事实上，到目前为止，发行可转债的上市公司因退市或暂停交易导致投资者大幅亏损的情况几乎没有发生过。

可转债本身是一种能够给投资者带来无限想象空间的产品。与其他投资品种不同的是，可转债是一种可以满足投资者多种投资或投机需求的品种，投机者可以做日内T+0交易，喜欢做波段交易的，可以像炒股一样分析可转债的运行趋势。喜欢价值投资的，可以评估可转债的内在价值，然后采取相应的操作。未来，可转债可能会有更多的交易方法被挖掘和使用。

当然，选择越多，投资者需要学习和掌握的知识就越多。要想从一种产品的投资中获利，就必须不断地去学习，去探索，而这个学习与探索的过程注定不是一帆风顺的。

总之，投资的道路上，从来没有捷径。

目 录

第一章

可转债，到底是债还是股

最近几年，可转债像被施了魔法一样，迅速火遍整个投资市场。下有保底上不封顶、信用申购、无涨跌停限制、T+0交易等，这些在股市中不能实现的收益预期和交易规则，在可转债市场都可以实现。从某种意义上说，可转债满足了很多投资者的心理需求。然而，真正涉足其中就会发现，天底下没有免费的午餐，任何投资都是有风险的。要想从资本市场获得利润，就需要不断地研究和学习。

第一节　认识可转债

认识可转债，可以从可转债的定义、出现、发展以及繁荣等几方面入手进行了解。

一、什么是可转债

先来看一下可转债的定义。可转债全称为“可转换公司债券”，是指债券持有人在一定时期内可以按照发行时约定比例或价格将其转换成一定数量公司普通股的债券。

可转债首先是一种债券。不过，这种债券比较特殊。首先，这种债券必须由上市公司发行，非上市公司无法发行可转债。其次，持有该债券的投资者被额外赋予一个选择权。持有可转换债券的投资者，可在规定的时间内将债券按照一定比例或价格转换成公司股票，如此一来，这些可转债投资者就不再是债权人了，而成为了该公司股东。当然，投资者也可以选择不转换股票，继续持有债券，直到偿还期满时收取本金和利息，或者在流通市场出售变现。

从可转债设计上可以看出，这是一种对投资者非常友好的债券，似乎是一种万无一失的投资品种。然而，在获得一些好处的同时，往往也会失去一些东西，可转债投资也是如此。正常情况下，上市公司如果要发行 6 年期（可转债存续时间一般为 6 年）普通企业债券，那么票面利率可能要在 5% 以上。发行可转债时，这些债券票面利率一般设计为阶梯式，整体上来说利率要大大低于普通的企业债券。比如，龙净环保发行的龙净转债票面利率为“第一年 0.2%，第二年 0.5%，第三年 1%，第四年 1.5%，第五年 1.8%，第六年 2%”，明显低于企业债券市场利率。

在获得转股权的同时，投资者必须要牺牲一部分票面利率。当然，没有投资者是冲着可转债的利息而去购买的，而是为了转股套利或博取可转债价格波动的差价。其实，不仅投资者，就是发行可转债的上市公司，发行可转债的最终目的也是让投资者将手中的债券转换为股票。如果投资者没有转股，那么这些企业就需向投资者支付本金和利息，对这些企业来说，这会让自身的现金流受到影响。正因如此，若上市公司的股票价格下跌时，这些公司会通过下修转股价的方式，让可转债投资者觉得转股操作总是有利可图的。

总之，当股票价格走高时，可转换债券的持有者会将手中的债券转换为一定数量的股票。股价下跌时，如果没有套利空间，债券持有者仍可继续持有债券，并获得票面利息。

二、可转债的出现

其实，可转债并不是什么新鲜事物。若将中国内地股票市场从 1990 年 12 月 19 日沪市开门交易算起，迄今已有 30 年的历史，而可转债出现的时间不比股市晚多少。1992 年 11 月 19 日，深圳宝安集团就已经尝试发行可转债了，尽管这是一次失败的尝试。也就是说，在中国内地市场上，可转债也是一种出现了将近 30 年的事物。为何直至最近几年，投资者才开始接触到可转债呢？这要先从可转债的发展历史说起。

时间回到 1992 年，当时国内经济正处于蓬勃发展的历史时期（实质上已经呈现过热的迹象），物价上涨速度很快，银行存贷款利率居高不下。当时三年期存款利息达到 9.94%。与此同时，由于股票市场属于新兴事物，市场上可交易的股票数量很少，属于典型的稀缺品，因此股市牛气冲天。

为了缓解借贷成本压力，很多上市公司试图尝试发行可转债。1992 年 11 月 19 日—12 月 31 日，深圳宝安集团发行了三年期总额为 5 亿元的可转债，面值为 5 000 元每张，上市后可拆分为 5 000 张 1 元债券，上市标价单位为

“张”。每 2 500 元面值为一手，年息 3%，每年付息一次。

发行可转债时，宝安集团股价为 20 元每股，设置的转股价为 25 元每股，回售条款规定公司有权在可转债存续期最后半年内以 2 750 元每手的价格回售债券。上市后，可转债直接以 7 500 元每张的价格开盘，最高上涨至 13 050 元每张的天价。此后，由于公司送转股以及整个股票市场下行，导致股价最后下跌至 2.83 元每股。股价大幅下跌，致使绝大多数可转债持有者没有完成转股操作，最终企业不得不筹措资金大量回售债券。

由于宝安转债不成功的转股经历，使得可转债市场一度沉寂了 5 年之久。1998 年 8 月 28 日，吴江丝绸有限公司发行了 2 000 万元的丝绸转债，宣布可转债市场重新启动。该可转债进入转股期后，开始有投资者陆续进行转股操作，标志着丝绸转债成为第一只实现转股操作的可转债。

其后，可转债市场重新开始发展起来。不过，1999 年 7 月发行的茂炼转债，又让可转债市场归于寂静。

1999 年 7 月发行的茂炼转债，是由一家没有正式上市的公司发行的可转债。在发行设计上，是独一无二的。按照约定，在公司上市之前，该可转债为纯粹的债券，投资者可按时获得利息。在约定时间内公司上市后，债券持有人可以以一定折扣将持有的可转债全部转换为股票（具有强制性，没有任何选择的空间）。正因有如此吸引人的条款，使得该可转债上市伊始就被热炒，上市首日以 130 元的价格开盘，最高被炒到 144.22 元的高位。其后，由于大股东中国石化的一些原因，导致该公司上市计划搁浅，炒作茂炼转债的投资者亏损严重，债券于 2004 年 7 月被公司赎回，茂炼转债也成为第一只根本无法转股的可转债。

其后，随着可转债相关制度的不断完善，可转债市场逐步稳定下来。

三、可转债的再度兴盛

可转债的再度兴盛，与 2017 年证监会出台的政策有直接的关系。

2017 年 5 月，证监会修订并颁布了新的《证券发行与承销管理办法》。在这份修订稿中，对可转债的申购条款进行了修改，从此以后，可转债申购改为信用申购的方法，不需要预先缴纳资金。

由于之前证券申购均需事先缴纳申购资金，这就使得每次申购新股或可转债之前，都会出现资金异动问题（即集中卖出股票或债券，然后用这部分资金申购新股或新债）。采用信用申购后，所有投资者都可以按照最大限额申购可转债，中签之后再缴款即可。《证券发行与承销管理办法》公布后，股市同步迎来了久违的牛市行情，由于市场上的投资者对可转债兴趣大增，可转债也迎来了发行热潮，证监会批准的可转债发行数量达到了申购制度修改前若干倍。自此之后，可转债日益受到普通投资者的青睐。

当然，可转债价格走势与股市具有密切的关联。2018 年股市走熊之后，可转债市场同步沉寂。2019 年年初，股市再度上扬，可转债市场也同步兴旺起来。

第二节　可转债的属性及优点

可转债的独特属性和自身具备的一些优点，使其成为投资者眼中较佳的投资标的。

一、可转债的属性

从某种意义上来说，可转债具有债权和期权双重属性，其特点包括以下 4 个，如图 1–1 所示。

第一，债权。可转换债券首先是一种债券。可转债与其他债券一样，有规定的利率和存续期限。投资者可以一直持有可转债，到期后收取本息。当然，可转债的票面利率水平相对较低，持有可转债的投资者获得额外的转股权利后，必然需要牺牲一定的利息。一般情况下，可转债每半年或一年需要支付一次票面利息。

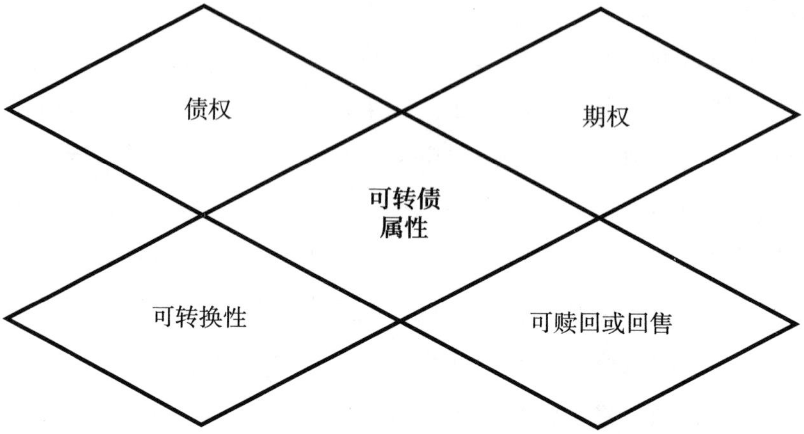

图 1–1　可转债的属性

第二，期权。可转债的持有者若将债券转换成普通股票，就变成了公司股东，其享受的权利与其他股东无异。由此可见，持有可转债就具有了这种未来转股的权利，只要在转股期内，投资者就自动拥有这种权利。同时，由于具有期权的性质，往往是距离存续期满的时间越久，期权的价值越大，反之则价值越小。

第三，可转换性。通常情况下，可转债发行 6 个月后，投资者就可以将债券转换成股票。转换比例为：可转债面值 / 转股价格。可转债的转股价格是在发行时确定的，可转债成功发行后，若股价大幅低于或高于转股价格，上市公司可能会修改可转债的转股价格。

第四，可赎回或回售条款。当股票价格连续多日高于转股价格一定幅度时，企业可按照事先约定的赎回价格赎回债券。当股票价格连续多日低于转股价格一定幅度时，债券持有者可按照事先约定的回售价格将债券回售给企业。

二、可转债的投资优势

相比普通债券，可转债具有如下 3 项投资优势。

第一，保底属性。若股价低于转股价格，债券持有者可以持有可转债到期收取本息。尽管按债券形式收取本息相对较少，但至少不会亏损。不过，若投资者在二级市场购入可转债时，正是价格走高的时段，那么投资者还是有可能出现亏损的。可转债的价格只在很少的时段低于 100 元，这个 100 元就是可转债的保底价格。一旦可转债价格低于 100 元，就会有套利资金入场，将债券价格向上拉升，毕竟可转债作为一种债券，到期后可以获得 100 元本金加利息收入。当然，若发行可转债的企业出现违约情况，则另当别论。

第二，相对其他债券，可转债拥有获得更高收益的机会和可能，特别是当股市处于牛市行情时，可转债的收益更为可观。正股价格走高时，由于可转债的转股价格不变，持有可转债的投资者就拥有了更为广阔的转股空间，因而可转债的价格就会同步走高。

第三，通常情况下，上市公司发行可转债后，最后很少会还本付息，即绝大多数可转债都会转换成股票。若股票价格大大低于转股价格，上市公司往往会通过下修转股价，使债券持有人愿意完成转股操作，这使可转债相比普通债券更具投资价值。正因如此，若股价连续下跌，并即将触发下修条款，往往会有一些资金入场买入可转债，等待发行方下修转股价格。一旦转股价格下修，可转债的获利空间就会重新放大，价格必会重新走高。

三、影响可转债收益的因素

影响可转债收益的因素包括如下 6 个方面。

第一，票面利率。前面曾经介绍过，可转债首先是一种债券，且票面利率对可转债价格体系具有重要的托底功能。因此，可转债的票面利率越高，其价值也就越高。

第二，转股价值。可转债的转股价值，是可转债核心的价值要素。通常情况下，市场上发行的可转债的票面金额均为 100 元，而转股价值就是衡量未来可转债价格波动的标尺。转股价值越高，可转债就越有价值，价格也会越高。

第三，转股价格。相对正股价格而言，可转债的转股价格越高，可转债价格上涨的空间就越小。

第四，正股价格。如前所述，可转债完成转股，才会使其价值最大化。因而，股票价格走势往往直接决定了债券的收益。与其他债券不同，股票价格会成为影响可转债价格和收益的首要因素。若整个股市进入牛市行情，股票价格自然会随之水涨船高，可转债价格也随之走高。反之，股价则会走低，可转债价格也随之走低。

第五，市场的期望与预期。在很多情况下，可转债的价值并不简单等于转股价格，其中还包含了一定的期权价格。也就是说，当市场预期股票价格上涨时，可转债的价格就会高于转股之后的价值，其中就包含了一定的市场期望。比如，一张可转债计算转股之后的价值为 112 元，而其股价正处于强势上升期，那么可转债的市场价格就可能高于 112 元。反之，若市场处于下降趋势，可转债的市场价格可能会低于 112 元。当然，一旦出现这种情况，很容易吸引套利资金入场。

第六，可转债回售条款和下修条款的设定，会影响可转债的价格走势。回售条款和下修条款有利于可转债持有者，将会提升可转债的交易价值。

第三节　可转债的获利模式

无论可转债具有何种属性，持有可转债的投资者要想最终获利，都需依靠以下 4 种基本模式。

一、到期收取本金和利息

作为拥有债券属性的一种证券，按期收取本金和利息收入，是可转债非常重要的获利模式。当然，事实上没有多少投资者会坐等收取本金和利息，毕竟可转债的利息收入过低，难以抵消资金的时间成本。但可转债持有者作为债权人，拥有获得本金和利息的权利，这一点是毋庸置疑的。一些可转债存续期满时，若转股意义不大，可转债持有者可以将债券回售给发行方，以获得本金和利息。

很多人会觉得持有可转债 6 年，然后到期收取本金和利息是非常不划算的，事实上确实没有人会这么做。但一些没有转股价值的可转债，其价格在某些时段可能会低于 100 元，此时买入可转债就具有了较高的投资价值。

二、转股获得股票上涨收益

持有可转债的投资者，可在约定的转股期（通常为可转债上市发行 6 个月后）内，将手中的可转债转换为股票。当投资者将手中的可转债转换为股票后，就像持有股票一样，可以从股价的上涨中获利。

当然，很多投资者不会早早地将手中的债券进行转股操作，主要是因为可转债具有一定的期权性质，当正股价格上涨时，可转债价格上涨的幅度可能会更高。因此，继续持有可转债，获利可能更丰厚。

三、利用规则套利

其实，上面介绍的两种可转债获利模式，属于可转债固有的获利方式，同时也是投资者很少使用的方式。比如，可转债的转股操作一般都在临近存续期结束时。也就是说，在大多数情况下，可转债的获利模式并不依靠上述两种。利用可转债的回售与下修规则进行套利，是相当一部分投资者的选择。

通常情况下，可转债发行方会设置若干回售或强赎、下修条款。比如，正股价低于转股价 70%，就可能触发转股价下修条款或回售条款（即可转债发行方要么向下修订转股价，要么必须接受投资者回售的可转债）；正股价高于转股价 130% 以上，就可能触发可转债的强赎条款（即可转债发行者可以以某一价格强制赎回投资者手中的可转债）。

正因存在上述规则，投资者就拥有了很多套利的机会。比如，如果某只正股的价格持续走低，那么该股对应的可转债的价格也会随之走低。当可转债的价格跌破 100 元的面值，特别是当可转债触发了回售或下修条款时，往往就会具有相当大的套利空间。

比如，辉丰转债是由辉丰股份于 2016 年 4 月 21 日发行的可转债，其转股价为 7.71 元，回售触发正股价为 5.40 元。其回售条款约定为："公司股票在最后两个计息年度内，任意连续 30 个交易日收盘价低于转股价 70%（即回售触发价），可转债持有人可将其持有的可转债全部或部分按面值的 103% 回售给公司。"

辉丰转债发行上市后，由于辉丰股份经营业绩不佳，连续亏损，导致股价连续下跌，股价大幅低于 5.40 元的回售触发价，且很难在短期内涨回（截至 2020 年 4 月 30 日，该股股价收于 2.23 元）。按照辉丰转债的回售约定，最后两个计息年度应该自 2020 年 4 月 21 日算起。如无特殊情况，该可转债到了 2020 年 6 月前后，就会触发回售条款，投资者可按照 103 元的价格将手中的可转债回售给辉丰股份。

由于正股价持续下跌，2020 年 2 月 3 日，辉丰转债也出现了一个价格极低点，如图 1–2 所示。

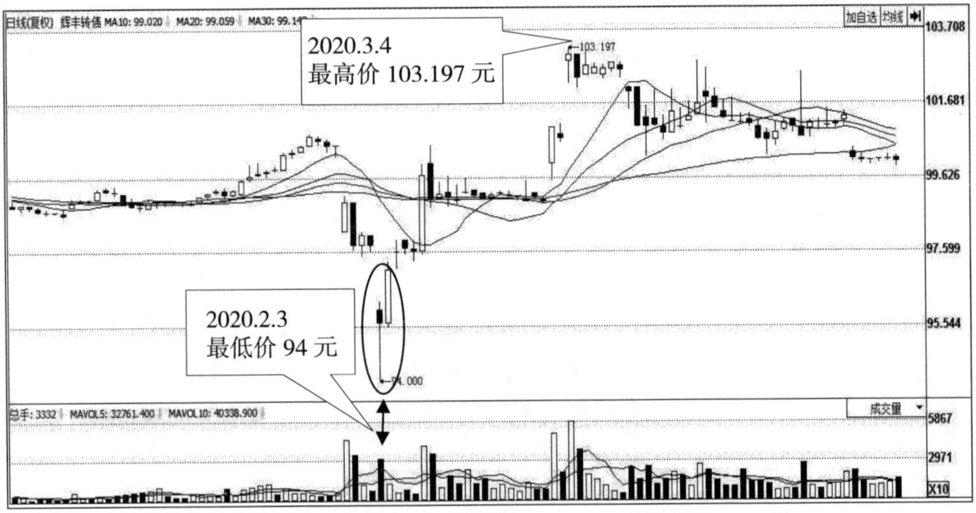

图 1–2　辉丰转债（128012）日 K 线走势图

2020 年年初，新冠病毒对国内经济社会的影响逐步扩大，市场对辉丰转债的发展前景也越发担忧。2020 年 2 月 3 日，春节后开市第一天，股市出现暴跌。随着辉丰股份股价的大幅下挫，辉丰转债的价格也同步跌到了 94 元的低位。由于该可转债的价格早已触发回售条款，只是还有 4 个月左右的时间未到回售期，很多套利资金看到该可转债的价格已经下挫至 94 元，便纷纷入场买入套利。

大家知道，若该可转债的正股股价不能在 2020 年 6 月回到 5.40 元上方，则持有该可转债的投资者就可以以 103 元的价格将手中的可转债回售给辉丰股份。而 94 元相对于 103 元，存在 9.57% 的套利空间。这就意味着，持有该可转债 4 个月左右的时间，就能获得 9.57% 的利润，这可远比银行存款的利率高。

其后，随着套利资金纷纷入场，可转债的价格也被迅速拉升。到了 2020 年 3 月 4 日，该可转债的价格已经上涨至 103.197 元的高点。也就是说，一个月的时间，该可转债的套利空间就被抹平了。与此同时，若 2 月 3 日买入可转债的投资者在 3 月 4 日卖出，则意味着在一个月的时间里，资金增值 9% 以上。

四、像炒股一样赚取差价

对很多投资者来说，交易可转债可能并非为了套利或者转股，仅仅出于短线投机的动机。由于可转债执行 T+0 交易规则，不设涨跌停幅度限制，其价格波动比股票更剧烈，这吸引了很多喜欢投机的交易者参与其中。

有价格波动就有交易机会，就可能博取其中的差价利润。由于可转债市场近年来交易极为火热，很多可转债的价格在一个交易日内的振幅甚至超过 50%，这吸引了很多投机者参与其中。

比如，2020 年 3 月新冠疫情期间，很多医药股出现了暴涨走势，与这些股票密切相关的可转债同步出现了异动，新天药业发行的新天转债就是其中著名的一只。自 2020 年 3 月 13 日开始，新天药业正股股价连续 5 个交易日以涨停报收，这为投资者炒作新天转债提供了绝佳机会，如图 1–3 所示。

从图中可以看出，由于可转债没有涨跌停板的限制，使得正股要在 5 天才能完成的涨幅（新天药业正股连续拉出 5 个涨停板），而新天转债在 1 天之内就完成了。2020 年 3 月 13 日，新天转债的价格全天振幅达到了

86.76%，涨幅更是高达95.51%，几乎在1个交易日内，转债价格就实现了翻番。若投资者在当天早盘开盘后买入该可转债并在收盘前卖出，一天之内，即可获得接近翻倍的收益（可转债实行T+0交易，当天买入的债券，当天就可以卖出）。不过，从其后的走势也可以看出，经过3月13日的爆炒之后，新天转债并没有像它的正股新天药业一样连续大幅上攻5个交易日，而是很快出现了触顶回落迹象。

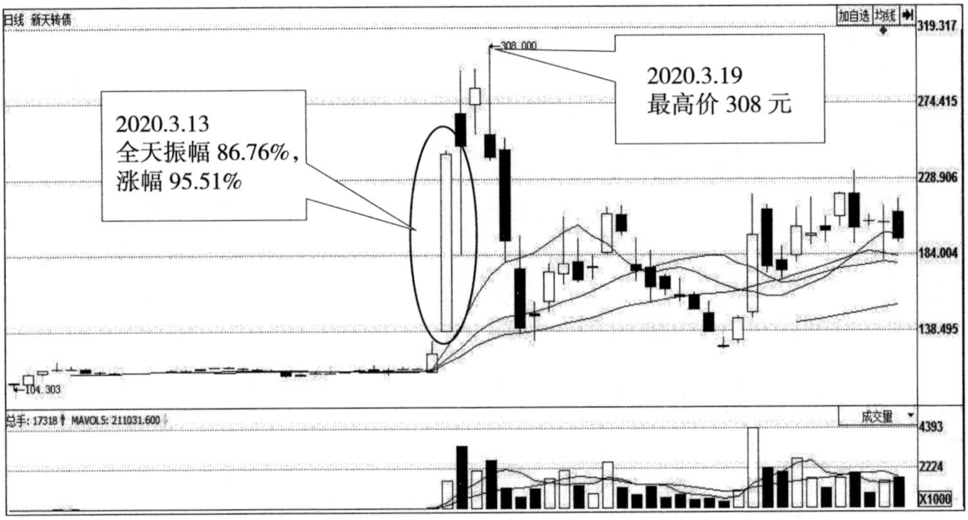

图1-3 新天转债（128091）日K线走势图

由此可见，炒作可转债可能带来较为丰厚的收益，但同时也伴随着非常大的风险。如果投资者在2020年3月19日的高点308元买入该债券，那么其后几个交易日，价格就下跌至150元左右。也就意味着，在几个交易日内，投资者就可能损失50%左右的本金。

第四节　可转债投资常用术语

本节向投资者介绍一些可转债投资领域的常用术语，以供读者参考。

一、正股、纯债、转股、套利

1. 正股

正股是指各类权证对应的股票，代表着持有者对公司的所有权。在可转债领域，正股是指每种可转债对应的上市公司股票。比如，顺丰转债是一种可转债，其对应的正股就是顺丰控股。

2. 纯债

在可转债领域，纯债是一种从可转债中分离出来的概念。前面介绍过，可转债具有债权和期权双重属性，因而可转债也可看成是一种纯债和期权的叠加。在实际投资过程中，提到纯债，多是为了计算可转债包含的纯债价值，即可转债的托底价值。也就是说，将可转债单纯地看成一种债券后，其本身具有的价值。

3. 转股

转股本身是指上市公司的一种分红方式。在可转债投资领域中，转股是指可转债持有者将手中的债券转换为股票的行为。转股完成后，可转债持有者将从企业的债权人转变为股权人，即所有者。可转债转股是一种不可逆的行为，一旦完成转股操作后，股权将不能重新转化为债权。

4. 套利

套利本义是指投资者利用两个市场上的价格差异，通过低买高卖以获得利润的交易活动。在可转债领域，由于可转债存在多个价格和诸多交易与回售规则，这就很容易造成当前的可转债价格与真实价值之间存在差异，投资者利用这个价格差异，就可以实现套利操作。比如，可转债的面额都是100元，在极度低迷的市场，可转债的价格可能会低于100元，甚至出现更低的价格，这就存在一个套利空间。当然，在实际交易中，套利操作需要极为复杂的计算，因而投资者必须防范其中的风险。

二、正股价、转股价、转股价值、转债价格

1. 正股价

正股价是指可转债对应的正股的价格。

2. 转股价

转股价是指可转债转换为股票需要支付的价格。通常情况下，转股价是在可转债发行上市前就已经确定的价格。转股价与正股价之间的对比，可以用于评估可转债的投资价值。

3. 转股价值

转股价值是指通过一系列计算得出的可转债转换为股票后的内在价值。转股价值的计算方式为：转股价值=可转债面值（100元）÷转股价×正股价。

通常情况下，投资者可根据转股价值来评估可转债价格的高低及投资价值。

4. 转债价格

转债价格是指可转债的实时交易价格，即投资者在二级市场获得可转债需要支付的价格。通常情况下，转债价格的高低会受到可转债转股价值、正股走势以及正股质地、外围市场环境等诸多因素的影响。

三、回售、赎回、有条件赎回、强制赎回、到期赎回、下修

1. 回售

回售本义是指交易的买方将购买的物品反向售卖给卖方。在可转债领域，回售是指当公司股票价格在一段时期内连续低于转股价格达到某一幅度时，可转换公司债券持有人按事先约定的价格将所持债券卖给发行人。

2. 赎回

赎回本义是指用现金换回。在可转债领域，赎回是指可转债发行企业在一定条件下，用现金买回可转债持有人手中的债券。通常情况下，可转债发行企业赎回债券主要包括有条件赎回和到期赎回两类。

3. 有条件赎回

有条件赎回是指在满足一定条件下，可转债发行企业可以对售出的债券进行赎回操作。

4. 强制赎回

强制赎回是指在某些情况下，可转债发行企业可以不经债券持有人同意或未经持有人申请，强制性地对债券持有人手中的债券进行赎回操作。从本质上来说，强制赎回是有条件赎回，是指当可转债触发有条件赎回条款后债券发行企业启动的强赎操作。

5. 到期赎回

到期赎回是指可转债存续期满，对市场上没有完成转股操作的可转债，发行企业需要按照事先约定的条件进行赎回操作。通常情况下，可转债的存续期为 6 年，在发行时会约定到期赎回时的价格（包括本金和利息）。

6. 下修

下修，完整表述为可转债下修转股价。通常情况下，可转债发行上市前会约定一个转股价。当可转债上市交易后，如果正股价格持续走低，已经失去了转股的意义（通常为股价低于转股价的 70% 或 80%），那么为了减缓可转债回售的压力，发行企业会向下修正转股价。从本质上说，下修是为了不让持有可转债的投资者行使回售权力，鼓励债券持有者进行转股操作。

四、强赎触发价、强赎价、回售触发价、回售价、到期赎回价

1. 强赎触发价

强赎触发价是指某公司发行的可转债，在转股期限内连续一段时间正

股股价不低于某一价位时，公司有权按照债券面值加当期应计利息的价格赎回全部或部分未转股的可转债，该价位就是强赎触发价。大多数企业会将转股价 ×130% 作为强赎触发价（也有的企业将股价的 120% 设置为强赎触发价）。

2. 强赎价

强赎价是指某公司的可转债触发强赎条款后，执行强制赎回时为债券持有人支付的价格。很多企业都将 100.3 元（或 100 元本金加当期利息）作为强赎价。企业设置强赎价的原因，是逼迫持有可转债的投资者将手中的可转债转股，这样，企业就不需要为偿还这些债券支付现金了。

3. 回售触发价

回售触发价是指某公司发行的可转债，在可转债存续的最后两个计息年度内，连续一段时间正股股价不高于某一价位时，可转债持有人可以将全部或部分可转债按债券面值加上当期应计利息的价格回售给公司，该价位就是回售触发价。大多数企业会将转股价 ×70% 作为回售触发价。

4. 回售价

回售价是指某公司的可转债触发回售条款后，投资者执行回售时，发行企业需支付给投资者的金额。回售价通常为票面金额加上当期的利息。当然，由于回售启动时间已经临近可转债存续期到期，而到期的赎回价肯定会大大高于回售价。

5. 到期赎回价

到期赎回价是指可转债存续期到期时，发行企业向手中仍持有可转债的投资者支付的金额。通常情况下，在可转债发行时，企业都会制定一个到期赎回价，这个到期赎回价是不包含利息的。一般来说，为了吸引投资者购买可转债，发行企业可能会制定一个相对较高的可转债赎回价，比如 110 元、120 元等。

与可转债相关的几个经典价格，如图 1–4 所示。

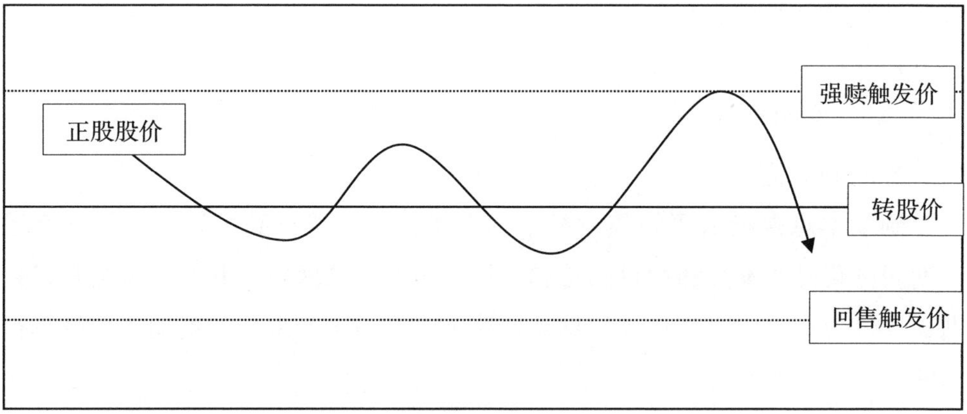

图 1–4　可转债的强赎与回售触发价

正股股价在回售触发价与强赎触发价之间运行时，投资者和可转债发行企业都不会采取特殊的行动。一旦正股价格连续下行，并在约定的时间内低于回售触发价，投资者就可以执行回售权利。当然，一方面，如果触发回售条款时距离可转债到期日较近，因到期赎回价较高，很多投资者更愿意持有到期。另一方面，可转债发行企业也可以采取下修转股价的方式规避触发回售。与此相反，若正股价格在约定时间内持续高于强赎触发价，可转债发行企业就会动用强赎条款进行强赎。企业动用该条款的目的并非是真的要赎回可转债，而是要逼迫持有可转债的投资者将手中的可转债转股。

五、到期还本价、到期本息

到期还本价和到期本息与到期赎回价和可转债的票面利率直接相关，同时又对可转债的估值和溢价率有重要影响。

1. 到期还本价

到期还本价是指可转债存续期满后，债券发行企业向可转债持有人支付的本金。通常情况下，这个本金并非票面金额的 100 元，也非前面提及的到期赎回价，因为到期赎回价中包含了最后一期的利息。也就是说，到期还本价 = 到期赎回价 – 最后一期利息。比如，某可转债约定到期赎回价为 120 元（含最后一期利息），而可转债的票面利率中的第六年利率为 2%，则意味着该可转债的到期还本价为：

还本价 =120 元 –100 元 ×2%

=118 元

2. 到期本息

到期本息是指从可转债发行上市开始，一直持有到可转债存续期满退市期间可获得的本金和利息的总和。这里需要注意两点：其一，本金是以到期还本价为基础的；其二，利息的计算是以票面金额乘以每期的利率计算得出的。

比如，某可转债第一年的票面利率为 0.3%，第二年为 0.5%，第三年 1%，第四年 1.5%，第五年 1.8%，第六年 2%。到期赎回价为 120 元。则该可转债的利息总额为：

利息总额 =100 元 ×（0.3%+0.5%+1%+1.5%+1.8%+2%）

=7.1 元

则：

到期本息 =（120 元 –100 元 ×2%）+7.1 元

=118 元 +7.1 元

=125.1 元

六、溢价、折价、转股溢价率、纯债价值、纯债溢价率

1. 溢价

溢价是指投资者为购买证券支付的金额已经超过了该证券的实际价值或面值。在可转债投资领域，溢价是指可转债的价格超过了可转债的转股价值。比如，某可转债的转股价值为 100 元，而其交易价格在 100 元以上，那么就可以说出现了溢价。

2. 折价

折价是指在原价基础上减低了价格。比如，某可转债的转股价值为 110 元，而可转债的交易价格为 100 元，则说明该可转债出现了折价。在实际交

易中，很少出现可转债折价的情况，只有正式上市前才会存在一定的折价，可转债一旦上市，这种折价就会立即被弥补。

3. 转股溢价率

可转债转股溢价率是指可转债市场交易价格相对其转股价值的溢价水平。比如之前所说的案例，可转债的转股价值为 100 元，而可转债的交易价格为 110 元，则：

该可转债的转股溢价率 =（110 元 –100 元）÷ 100 元

=10%

若可转债的转股价值高于其交易价格，则说明该可转债出现了折价，其转股溢价率就会出现负值。

4. 纯债价值

纯债价值是指将可转债看成一张纯债债券（不考虑转股因素）后，根据债券的票面利息和到期本息等现金流折现后计算得出的现值。这个价格是需要折现计算的，后面会详细讲解这部分内容。

5. 纯债溢价率

与转股溢价率相似，纯债溢价率是指将可转债看成纯债后，市场交易价格相对可转债纯债价值的溢价水平。比如之前所说的案例，可转债的纯债价值为 100 元，而可转债的交易价格为 110 元，则：

该可转债的纯债溢价率 =（110 元 –100 元）÷ 100 元

=10%

七、票息、付息方式、累进利率、付息频次、付息税率

1. 票息

票息是指债券的标定利率，是债券每年所获得的利息总额除以票面价值得出的。比如，某可转债的票息为 1%，即为该可转债发行企业每年向可转债持有人每张可转债支付 1 元的利息。

2. 付息方式

付息方式是指可转债发行企业每隔一段时间（通常为 1 年）向可转债持有人支付利息的方式。付息方式主要包括一次性付息和分期付息两种。

3. 累进利率

累进利率是指债券利率以逐年递增方式计息。目前，大多数可转债都是以累进利率的方式计息。比如，盘龙转债的利率标准为“第一年 0.5%，第二年 0.8%，第三年 1.8%，第四年 3%，第五年 3.5%，第六年 4%”。

4. 付息频次

付息频次是指可转债发行企业每隔多长时间支付 1 次利息。通常为每年 1 次。

5. 付息税率

按照税法的规定，个人取得的利息收入都要缴纳利息税。目前，个人取得的债券利息收入需要缴纳 20% 的利息税。

八、起息日、上市日期、转股起始日期、到期日、摘牌日期

1. 起息日

起息日是指债券开始计算利息的日期。通常情况下，可转债以申购日期为起息日。比如，聚飞转债的申购日期为 2020 年 4 月 14 日，这一天即为其起息日。

2. 上市日期

上市日期是指可转债正式登陆二级市场可以自由交易的日期。通常情况下，投资者成功申购可转债若干交易日后，发行企业就会公布具体的上市交易日期。

3. 转股起始日期

通常情况下，可转债上市交易 6 个月后才可以进行转股操作。也就是说，可转债上市 6 个月后的第一个交易日通常为转股起始日。

4. 到期日

到期日是指归还本金的日期。在可转债领域，到期日一般等同于债券的摘牌日期。

5. 摘牌日期

摘牌日期是指可转债退出交易市场的日期，一般等同于其到期日。

九、套牢、解套、割肉、踏空、浮盈、浮亏

1. 套牢

套牢是指投资者买入债券后，该可转债价格大幅下跌，使投资者面临卖出即大幅亏损的情况。这时，很多投资者多会选择一直持仓，直至可转债价格重新回到买入价位。

2. 解套

解套是指投资者被套牢后，可转债价格重新回到套牢价位以上的情况。

3. 割肉

割肉是指投资者被套牢后，依然选择亏损卖出可转债的情况。

4. 踏空

踏空是指投资者卖出可转债后，可转债价格开始上涨的情况。

5. 浮盈

浮盈是指投资者买入可转债后，价格位于买入价以上，出现未兑现盈利的情况。

6. 浮亏

浮亏是指投资者买入可转债后，价格位于买入价以下，出现未兑现亏损的情况。

十、利好、利空、诱多、诱空

1. 利好

利好是指能够引起可转债价格或市场上涨的因素。

2. 利空

利空是指能够引起可转债价格或市场下跌的因素。

3. 诱多

诱多是指主力或庄家刻意制造可转债价格上涨的假象，引诱其他投资者买入，其后可转债价格不涨反跌的情况。

4. 诱空

诱空是指主力或庄家刻意制造可转债价格下跌的假象，引诱其他投资者卖出，其后可转债价格不跌反涨的情况。

十一、建仓、补仓、清仓、满仓、空仓、斩仓

在可转债投资领域，仓位是投资者对持有可转债数量的形象称呼。

1. 建仓

建仓是指买入可转债。

2. 补仓

补仓是指继续买入已持有的可转债。

3. 清仓

清仓是指卖出持有的全部可转债。

4. 满仓

满仓是指全部资金都用于买入可转债。

5. 空仓

空仓是指没有买入任何可转债。

6. 斩仓

斩仓是指买入可转债后，可转债价格开始下跌，为避免可转债价格继续下跌使损失扩大而卖出持有的可转债。

第二章

解读可转债

投资者对可转债有了初步了解之后，本章将从各个维度解读可转债。

第一节 可转债的债券要素

与其他债券相同，可转债也包括了债券具有的几个基本要素，如债券面值、债券期限、票面利率、信用评级和市场价格等。

一、债券面值、期限与票面利率

跟其他债券一样，可转债发行企业在发行可转债前，需要确定债券的面值、发行期限与票面利率等基础信息。

1. 债券面值

目前，市场上流通的可转债债券的票面金额通常为 100 元。投资者交易时，以手为单位（与股票相同），每手 10 张债券。一般来说，每次需要 1 000 元左右的现金就可以完成一手可转债的交易。

前面曾经介绍过，只有宝安集团在初期发行可转债时，将可转债的面值定价为 5 000 元。其后，随着可转债市场的逐渐规范，100 元面值已经成了发行可转债的通行标准。同时，100 元的价格也是可转债的发行价格，即上市首日的初始价格为 100 元。也就是说，可转债上市首日的涨跌幅度都是以 100 元为基础计算得出的。这一点与股票不同，股票的每股面值仅为 1 元，而发行价格可能会高于面值数倍。

2. 债券期限

按照相关规定，可转债的存续时间应该不超过 6 年。目前，大多数企业发行的可转债的年限为 6 年（也有一些企业的可转债年限为 5 年）。比如，龙净转债的发行日期为 2020 年 3 月 24 日，摘牌日期为 2026 年 3 月 23 日。也就是说，债券存续期限的计算是从债券发行日（可转债申购日）开始算起，到债券摘牌日结束的。

投资者若在 6 年内没有完成转股或卖出操作，则可以到期获得本息收入。当然，几乎没有多少投资者是为了获取利息才买入可转债的，这一点后面会讲到。

这里说的 6 年，只是目前大部分企业发行可转债时确定的期限。有的企业发行可转债的年限仅为 5 年，如乐普转债的存续期限为：2020 年 1 月 3 日起息，至 2025 年 1 月 2 日终止。总之，在购买可转债前，投资者要对可转债的相关信息有所了解，不能贸然买入。

3. 票面利率

可转债的存续期限一般为 6 年，每增加 1 年，可转债的利息就会提升一点儿。也就是说，可转债的票面利率不是固定不变的，而是随着年限的增加而增加的。比如，龙净转债的票面利率为"第一年 0.2%，第二年 0.5%，第三年 1%，第四年 1.5%，第五年 1.8%，第六年 2%"。

同时，企业信用等级不同，发债时的市场环境不同，可转债的票面利率也会有所不同。比如，2020 年 4 月 23 日开始申购的龙蟠转债，票面利率为"第一年 0.5%，第二年 0.8%，第三年 1.8%，第四年 3%，第五年 3.5%，第六年 4%"。

单从票面利率来看，龙蟠转债的利率要比龙净转债高不少。当然，这一方面可能与龙净转债的信用评级高于龙蟠转债有关（龙净转债的信用评级为 AA+，龙蟠转债的信用评级为 A+）；另一方面，龙蟠转债发行时，债券市场环境更差一些。

相对其他企业债而言，可转债的利率是非常低的。比如，中信证券在 2019 年 9 月 10 日发行的 5 年期企业债券的票面利息为 3.78%。可转债之所以规定较低的利率，其实相当于为了获得转股的权利，投资者不得不放弃一定的利息收入（事实上，几乎所有投资可转债的投资者，都是奔着转股去的）。

二、债券的到期赎回

与其他债券相同，可转债同样设置有到期赎回的相关条款。不过，可转债的到期赎回与其他债券有所不同。不同包括以下两点。

第一，可转债发行企业的最终目的并非是为了到期赎回。也就是说，从可转债发行设计开始，就是为了让可转债持有人顺利实现转股操作，而不是持有到期收回本息。从这一点来看，与普通债券是有明显区别的。

第二，可转债的到期赎回与普通债券也不相同。普通债券就是到期还本付息，而可转债持有到期，企业赎回债券时支付的金额通常高于本金，可转债发行企业可能会以债券面额 110% 甚至 120% 的价格赎回债券。从表面上来看，这是可转债发行企业为了鼓励持有人长期持有可转债而设计的条款，其实，这只是可转债发行企业为了顺利将可转债发售而采取的策略。股市处于熊市期间，很多投资者可能会觉得转股希望渺茫，可转债发行企业为了顺利发债，会提高可转债的收益水平，以吸引投资者购买。反之，股市处于牛市期间，很多投资者都是奔着转股买入可转债的，这时可转债发行企业完全可以将债券的赎回价格设置得低一些。

从投资的角度来看，可转债的存续期为 6 年，其实这相当于一个完整的股市牛熊运转周期。若在熊市底部区域购入可转债，然后在牛市来临时转股，是一个非常不错的选择。因为在熊市底部期间，可转债发行企业为了顺利发债，可能会将可转债的票面利率和赎回价格设置得比较高，也就是说，此时发行的可转债保底功能更强。

三、债券的信用评级

与普通的企业债相同，可转债也有相关的评级机构为其评级，具体评级与其他债券相似。通常情况下，可转债的评级越高，未来可转债的溢价会越多；反之，可转债的评级越低，获得的溢价就越少。

从国际债券市场来看，标普和穆迪是债券市场最大的两家评级机构。由于这两家机构属于私人企业，不受任何政府的控制，也不从属于任何证券公司和证券交易所，因而其评级的公信力较强，比较受债券市场的认可。近年来，国内也涌现出了一批债券评级机构，如大公国际、联合信用、东方金诚、上海证券、济安金信等。

2019 年 1 月 28 日，标普获批为首家在华执业的外资信用评级机构，标志着中国债券市场信用评级开放，完成了从政策层面到操作层面的所有步骤，也标志着标普正式进入中国债券评级市场。

通常情况下，对债券的评级包括以下 4 个方面的内容，如图 2-1 所示。

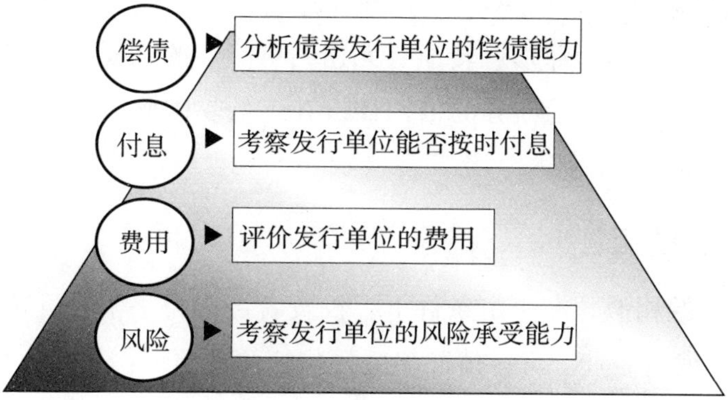

图 2-1　债券评级的内容

债券评级机构不同，给出的债券评级标准也会有所区别。目前，大多数债券评价机构给出的债券评级一般包括以下几个类别，如表 2-1 所示。

表 2-1　债券评级明细

<table>
<tr><th>评级</th><th>评级细分</th><th></th><th>典型特征</th><th>备注</th></tr>
<tr><td rowspan="3">A</td><td>AAA</td><td rowspan="4">信誉高、风险小</td><td rowspan="3">①本金和收益安全性高
②受经济形势影响较小
③收益水平较低，筹资费用较低</td><td rowspan="3">又称“金边债券”</td></tr>
<tr><td>AA</td></tr>
<tr><td>A</td></tr>
<tr><td rowspan="3">B</td><td>BBB</td><td rowspan="3">①债券的安全性、收益可能会受到经济形势的冲击
②受经济形势影响较大
③收益水平较高，筹资费用较高</td><td rowspan="3">比较有吸引力的债券</td></tr>
<tr><td>BB</td><td rowspan="5">投机级债券</td></tr>
<tr><td>B</td></tr>
<tr><td rowspan="3">C</td><td>CCC</td><td rowspan="3">①收益较高，风险极大
②仅具有一定的投机价值</td><td rowspan="3">投机性债券</td></tr>
<tr><td>CC</td></tr>
<tr><td>C</td></tr>
<tr><td>D</td><td>—</td><td></td><td>没有经济意义，但差价变化可能较大</td><td>赌博性债券</td></tr>
</table>

注：上表评级为标普评价标准。

有些机构的评级中没有D级，还有些债券的评级分类与上述分类稍有不同，但总体上大致可分为A、B、C三大类别。同时，在A、B、C等级别中，还可以额外使用“+”或“–”号进行微调。比如，中诚信国际信用评级公司为龙蟠转债出具的评级就是“A+”，而上海新世纪资信评估投资有限公司为龙净转债出具的评级就是“AA+”，等等。

信用等级可以作为评估可转债有无违约可能性的重要指标，但不能过于绝对化，很多发生违约的债券的信用评级并不低。因此，投资者要适当地分散投资，避免遇到信用风险。

四、债券的回售

与其他债券相似，在一定条件下，投资者可以将手中的可转债回售给发行方，即债券发行企业。可转债回售主要包括两种情形：其一为有条件回售，其二为附加回售。

1. 有条件回售

有条件回售是指可转债的价格触发一定条款后，投资者可将手中的可转债回售给发行可转债的上市公司。有条件回售，对可转债持有人来说相当于权益兜底，回售是可转债持有人的权利，不是义务。也就是说，触发有条件回售条款后，可转债持有人可以选择回售，也可以选择继续持有。

通常情况下，当上市公司的正股价格持续走低，且在特定时间内任意连续30个交易日的收盘价低于转股价的70%（或80%）时，即触发有条件回售条款，投资者可将手中的可转债按照票面价格加上票面利息回售给上市公司。

这里需要注意几个关键点。

第一，通常情况下，在发行上市之前，可转债就已经确定了转股价和回售触发价（低于转股价70%）。比如，2020年3月19日开始申购的海大转债，上市时约定其转股价为35.09元，回售触发价为24.56元（35.09元×70%=24.56元）。在最后一个计息年度内（2025年3月19日—2026年3月18日），若该公司股票任意连续30个交易日正股价低于24.56元，则可转债持有人可将手中的可转债回售给上市公司。

第二，通常情况下，很少有上市公司会让投资者将手中的可转债回售给公司，毕竟公司发行可转债就是为了获得“不需要偿还的资金”，公司在发行可转债时，就是想让投资者全部将债券转换为公司股票。因此，当公司正股价格过低时，有些公司会向下修正转股价，以提升可转债的价值。当然，作为可转债投资者，也不想动用回售条款将可转债回售给上市公司，毕竟这样会损失投资收益。

第三，有条件回售是有期限限定的，有的是从可转债最后两年存续期开始，有的是转股期内，有的是转债发行后一段时间。如果不在回售期内，哪怕正股价在转股价的50%价位长期徘徊，可转债持有人也是没有回售权利的。

一般来说，一个计息年度只能有一次回售保护。当某一只可转债在同一个计息年度内多次触发回售条款时，只有第一次触发回售条款时有效，如果持有人在开放回售权利时没有行使权利，那么在这个计息年度就会失去回售权利。比如触发回售条款的顺昌转债，2020 年度的回售申报日期是 3 月 19 日到 3 月 25 日，在这个时间段申报的回售才是有效的。

2. 附加回售条款

通常情况下，上市公司发行可转债时，都会列明资金用途。当上市公司改变资金用途时，也会触发附加回售条款，此时，投资者也可将手中的可转债回售给上市公司。当然，现实情况下，更多的投资者即使卖出手中的可转债，也不会选择回售给上市公司，而是在二级市场中卖出。

有一些可转债发行企业在招募说明书中可能没有设置回售条款，因此，投资者在投资可转债时，需要自行了解可转债发行企业的招募说明书。

第二节　可转债的特有要素

除了具有债券的一些特征外，可转债还具有如下 5 个特有要素。

一、转股价格

转股价格是可转债区别普通债券的一个显著特征。在发行可转债时，上市公司会事先约定一个转股价格。当可转债上市交易 6 个月后，投资者即可根据约定行使转股权。

由于转股价格是事先确定的，可转债上市交易后，正股价格肯定会与转股价格有所不同（即存在一定溢价或折价的情况）。在此期间，市场上的投资者更热衷于炒作可转债，而不是进行转股操作，这是由可转债的特殊交易规则决定的。

作为可转债价值的中枢，转股价格对整个可转债价格波动与转股操作具有重要的意义。

第一，转股价格是每张可转债可以转换多少股票的依据。每张可转债可转换股票数量的计算方法如下。

可转股数量 = 可转债面值（100 元）÷ 转股价格

比如，龙蟠转债的转股价格为 9.16 元，那么每张龙蟠转债可以转股的数量为：

转股数量 =100 元 ÷ 9.16 元

=10.92（股）

也就是说，每张龙蟠转债大约可以转换为 10.92 股的龙蟠科技股票。

第二，转股价格大幅低于正股价格，可能会触发可转债的强赎条款。通常情况下，在转股期间，若一段时间内正股价格持续处于转股价 130%（或

120%）以上水平，可转债发行企业就会启动强赎条款。当然，前面已经说过，企业发行可转债的目的并不是为了赎回这些债券，而是要逼迫投资者进行转股操作。也就是说，在正股股价触发强赎条款时，投资者只需在规定时间内将手中的可转债转换为股票或卖出可转债即可。启动强赎条款后，如可转债持有人没有在规定的时间内将可转债转换为股票，而是由企业将可转债赎回，将会面临一定的损失，因为强赎价格一般较低。

第三，与之前的情况相反，若正股价格出现下跌，且跌幅较大，投资者也可以按照回售条款将可转债回售给可转债发行企业。不过，很多企业可能会在可转债触发回售条款前下修转股价。

二、转股价值

转股价值是相对可转债市场价格而言的，也是可转债形成市场交易价格的重要参照标准。转股价值的计算方法如下。

转股价值 = 每张可转债转股数量 × 正股价格

其中，每张可转债转股数量 = 可转债面值（100 元）÷ 转股价格。

比如，2020 年 4 月 15 日上市的龙净转债的转股价格为 10.93 元，4 月 15 日该可转债的正股即龙净环保的收盘价为 9.04 元，则：

每张可转债转股数量 =100 元 ÷10.93 元

=9.15（股）

转股价值 =9.15×9.04 元

=82.7 元

也就是说，每张龙净转债的转股价值为 82.7 元。若可转债价格超过该价格，则说明可转债存在一定的溢价。

三、转股溢价率

前面介绍了可转债的转股价值与市场价格。从理论上来说，两者应该是相等的，但在实际交易过程中，基于时间、债券信用等级和市场环境等因素，两者之间往往存在一定的偏离，且大部分时间都是市场价格高于转股价值，这就产生了一定的溢价。溢价的幅度就是溢价率。溢价率的计算方法如下。

溢价率 =（可转债市场价格 – 转股价值）÷ 转股价值 ×100%

以前面介绍的龙净转债为例，来看看该可转债的溢价率情况。

2020 年 4 月 15 日，龙净转债收盘于 107.32 元，其转股价值为 82.7 元。则其溢价率如下。

龙净转债溢价率 =（107.32 元 –82.7 元）÷ 82.7 元 ×100%

=29.77%

即截至 2020 年 4 月 15 日收盘，龙净转债的溢价率为 29.77%。按照当时的市场情形，该溢价水平属于中等偏下。

当然，若转股价值高于市场价格，对投资者而言，就相当于出现了一次无风险套利机会，也就是说，这时买入可转债是可以稳稳获得盈利的，但这种机会并不多见。此时，可转债的溢价率就是负值。有些新的可转债上市之前，确实存在溢价率为负的情况，但该可转债上市后，这种负的溢价率会迅速转为正值。

图 2–2 所示为截至 2020 年 4 月 15 日收盘时部分可转债品种的溢价情况。

债券代码	债券简称	相关	申购日期	申购代码	申购上限(万元)	正股代码	正股简称	正股价	转股价	转股价值	债现价	转股溢价率
128101	联创转债	详细 股吧	2020-03-16 周一	072036	100	002036	联创电子	0.00	18.82	75.45	0.00	47.38%
123044	红相转债	详细 股吧	2020-03-12 周四	370427	100	300427	红相股份	0.00	18.93	97.31	0.00	19.42%
123045	雷迪转债	详细 股吧	2020-03-12 周四	370652	100	300652	雷迪克	0.00	20.38	93.47	0.00	16.72%
113571	博特转债	详细 股吧	2020-03-12 周四	754916	100	603916	苏博特	0.00	19.18	120.70	0.00	5.11%
113572	三祥转债	详细 股吧	2020-03-12 周四	754663	100	603663	三祥新材	0.00	14.29	87.19	0.00	25.70%
110067	华安转债	详细 股吧	2020-03-12 周四	733909	100	600909	华安证券	0.00	8.77	85.52	0.00	34.24%
128100	搜特转债	详细 股吧	2020-03-12 周四	072503	100	002503	搜于特	0.00	5.36	75.93	0.00	37.44%
128099	永高转债	详细 股吧	2020-03-11 周三	072641	100	002641	永高股份	0.00	6.30	102.70	0.00	17.73%
113570	百达转债	详细 股吧	2020-03-11 周三	754331	100	603331	百达精工	0.00	16.39	100.61	0.00	12.37%
113569	科达转债	详细 股吧	2020-03-09 周一	754660	100	603660	苏州科达	0.00	14.88	73.39	0.00	50.03%
113568	新春转债	详细 股吧	2020-03-06 周五	754667	100	603667	五洲新春	0.00	9.08	88.77	0.00	21.64%
128098	康弘转债	详细 股吧	2020-03-05 周四	072773	100	002773	康弘药业	0.00	35.58	[illegible]	0.00	13.59%
123043	正元转债	详细 股吧	2020-03-05 周四	370645	100	300645	正元智慧	0.00	15.47	[illegible]	0.00	26.37%
113567	君禾转债	详细 股吧	2020-03-04 周三	754617	100	603617	君禾股份	0.00	16.20	94.44	0.00	17.46%
110066	盛屯转债	详细 股吧	2020-03-02 周一	733711	100	600711	盛屯矿业	0.00	4.92	84.35	0.00	26.59%
113032	桐20转债	详细 股吧	2020-03-02 周一	783233	100	601233	桐昆股份	0.00	14.58	82.17	0.00	35.21%
113566	翔港转债	详细 股吧	2020-02-28 周五	754499	100	603499	翔港科技	0.00	15.16	101.58	0.00	14.19%
113564	天目转债	详细 股吧	2020-02-28 周五	754136	100	603136	天目湖	0.00	23.80	99.58	0.00	21.01%
113565	宏辉转债	详细 股吧	2020-02-26 周三	754336	100	603336	宏辉果蔬	0.00	14.61	115.67	0.00	13.35%
128097	奥佳转债	详细 股吧	2020-02-25 周二	072614	100	002614	奥佳华	0.00	10.89	91.83	0.00	20.75%
128095	恩捷转债	详细 股吧	2020-02-11 周二	072812	100	002812	恩捷股份	0.00	64.61	76.61	0.00	53.05%
128096	奥瑞转债	详细 股吧	2020-02-11 周二	072701	100	002701	奥瑞金	0.00	4.70	86.81	0.00	28.12%

图 2–2 可转债溢价数据（部分最新发行的可转债）

注：资料来源于天天基金网。

四、强制赎回条款

回售条款是一种投资者占据有利地位的条款，即可转债投资者在条件成熟时，可选择将手中的可转债回售给上市公司，也可以选择不回售给上市公司。与之相反，强制赎回则是上市公司占据有利地位的赎回债券的一种方式。

通常情况下，随着上市公司正股股价的持续上扬，并超过了转股价格一定比例（即正股价格高于转股价的一定比例，如 20% 或 30% 等）时，上市公司就有权强制赎回市场上的可转债。

大多数公司设置的强赎条件为：转股期内，在 30 个交易日内，有 15 个交易日正股收盘价不低于转股价格的 130%（或 120%）。比如，前面介绍的海大转债的转股价格为 35.09 元，那么该可转债的强制赎回价格为 42.11 元（35.09 元 ×120%=42.11 元）。也就是说，若该公司股票在转股期内任意连续 30 个交易日有 15 个交易日股价高于 42.11 元，则上市公司可以强制赎回投资者手中的可转债。当然，从股价触发强赎条款，到最终赎回还有两个月左右的时间，在此期间，投资者完全可以将手中的可转债转股或卖出。

除了正股价格触及强赎线上市公司可能进行强赎外，当市面上流通的可转债数量过少时，上市公司也可能会启动强赎机制。每家上市公司在发行可转债时，会列明这类条款。图 2-3 所示为强赎触发条款。

2、有条件赎回条款

转股期内，当下述两种情形的任意一种出现时，公司有权决定按照债券面值加当期应计利息的价格赎回全部或部分未转股的可转换公司债券：

（1）在转股期内，如果公司股票在任何连续三十个交易日中至少十五个交易日的收盘价格不低于当期转股价格的 130%（含 130%）；

（2）当本次发行的可转换公司债券未转股余额不足 3,000 万元时。

图 2-3　龙蟠转债招募说明书中的强赎条款

前面曾经反复提及一点，即上市公司本身是不愿意赎回可转债的。设置强赎条款，本质上是为了促使投资者尽快将手中的可转债完成转股操作。

五、下修条款

下修条款是可转债的一种特有条款，与前面的回售条款一脉相承。如前所述，当可转债的正股价格连续走低，并低于转股价一定比例（大多数企业为 70%）时，就会触发回售条款。不过，为了防止触发回售条款，上市公司往往会在股价下跌至回售触发价时先行下修转股价。

目前，大多数上市公司的可转债转股价下修条件为，股价低于转股价一定比例（范围从 70%～85% 不等）。通常情况下，距离触发回售条款还有一定幅度时，上市公司就会向下修正转股价，使得回售条款无法触发。下面来看一下龙蟠转债的转股价格下修条款，如图 2-4 所示。

1、修正权限与修正幅度

在本次发行的可转换公司债券存续期间，当公司股票在任意连续三十个交易日中至少有十五个交易日的收盘价低于当期转股价格的 80%时，公司董事会有权提出转股价格向下修正方案并提交公司股东大会表决。

上述方案须经出席会议的股东所持表决权的三分之二以上通过方可实施。股东大会进行表决时，持有本次发行的可转换公司债券的股东应当回避。修正后的转股价格应不低于本次股东大会召开日前二十个交易日公司股票交易均价和前一交易日均价之间的较高者。

若在前述三十个交易日内发生过转股价格调整的情形，则在转股价格调整日前的交易日按调整前的转股价格和收盘价计算，在转股价格调整日及之后的交易日按调整后的转股价格和收盘价计算。

图 2-4　龙蟠转债转股价格下修条款

从图中可以看出两点：其一，龙蟠转债的下修条件，即正股价格在转股期内的 30 个交易日中有 15 个交易日低于转股价格的 80% 时，公司有权下修转股价。其二，转股价下修的标准，即不低于修正会议召开前 20 个交易日股票交易均价和前一交易日均价之间的较高者。这主要是出于保护其他投资者的角度考虑，不能将转股价定得太低。

前面曾经提到过可转债的回售条款。按照下修条款的约定，大部分可转债还没有触及回售条件时，可能就因接近触及下修条款，转股价已经率先下调了。

第三章

可转债价值评估

由于可转债具有债性与股性的双重属性，因此对可转债的估值要从多个维度入手，综合评估。如图 3-1 所示。

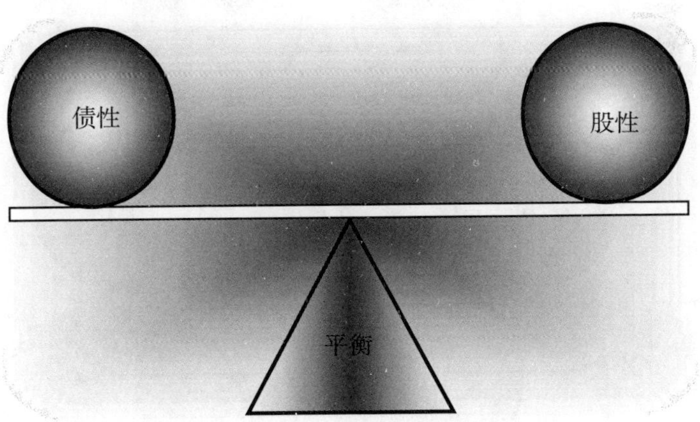

图 3-1　可转债价值评估维度

第一节　从纯债角度分析可转债价值

可转债首先是一种债券，因而其具有其他债券固有的特征。在对可转债进行价值评估时，首先要从债性入手。其实，之所以将可转债看成一种有托底的投资品种，是从其本身具有的债性考虑的。也就是说，即使手中的可转债不能顺利转股，但可以作为债券持有到期获得本息收入。

若将可转债单纯地看成一种债券，可从以下六大维度进行价值评估，如图 3-2 所示。

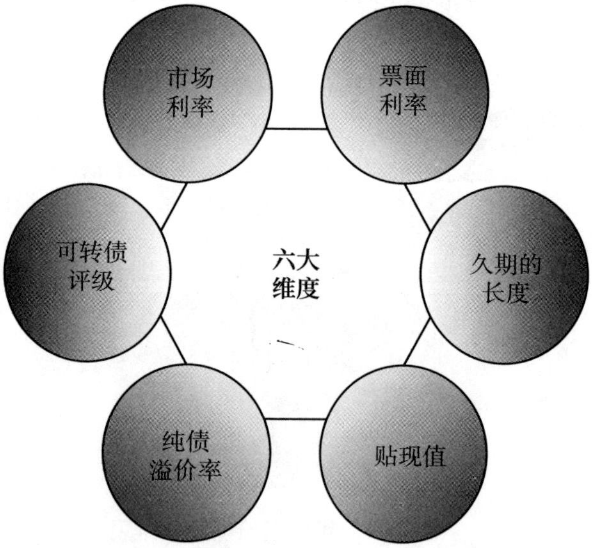

图 3-2　可转债纯债角度六大分析维度

一、票面利率与本息构成

通常情况下，票面利率的高低会直接影响债券到期所获得的本息总额，进而成为影响市场对债券整体估值的重要因素。不过，可转债债券的票面利率与本息构成，跟其他企业债券有着明显不同。

第一，票面利率形式不同。可转债债券的票面利率执行的是累进利率，往往头两年的利率很低，最后两年的利率要高一些。而企业债券的票面利率通常都是单一利率，如 4%。

第二，本息构成方式不同。企业债券的本息构成非常简单，就是每年支付一次利息，到期时将本金连同最后一期利息支付给债券持有者。而可转债则相对复杂一点儿，除了每年按照约定的票面利率支付利息外，债券持有人到期时，还可以获得远高于最后一期利息和本金的到期赎回金，如 110 元、120 元（到期赎回额中包含了最后一期利息）。

换句话说，从纯债的角度来看，在很大程度上，持有可转债收益的高低受到期赎回金额的影响。这与普通的企业债券也是明显不同的。下面来对比一下几只可转债与企业债券的本息收益情况，如表 3-1 所示。

表 3-1　可转债与企业债的本息收益

债券名称	票面金额	各年利率						到期赎回额	本息合计
		第一年	第二年	第三年	第四年	第五年	第六年		
利群转债	100 元	0.4%	0.6%	1%	1.5%	1.8%	2%	110 元	115.3 元
滨化转债	100 元	0.3%	0.5%	1%	1.5%	1.8%	2%	110 元	115.1 元
龙蟠转债	100 元	0.5%	0.8%	1.8%	3%	3.5%	4%	120 元	129.6 元
龙净转债	100 元	0.2%	0.5%	1%	1.5%	1.8%	2%	110 元	115 元
久吾转债	100 元	0.5%	0.8%	1.2%	3%	3.6%	4%	121 元	130.1 元
15 中房债	100 元	4.22%	4.22%	4.22%	4.22%	4.22%	—	100 元	121.1 元

注：可转债的到期赎回额包括最后一年的利息，而企业债券则不包括。

从表中可以看出，15 中房债为企业债，其存续期为 5 年，票面利率为固定的 4.22%，不像其他的可转债都是累进利率。同时，企业债到期赎回额也是票面金额的 100 元，而不是可转债的 110 元或 120 元。

相比几只可转债品种，15 中房债 5 年到期本息合计就已经超过了很多可转债品种，其实在所有企业债中，中房债属于利率较低的品种。也就是说，正常情况下，可转债的到期本息收益应该是低于企业债券的，因为这些可转债毕竟具有转股的权利。

再看同属可转债的几个品种。有的企业的可转债到期赎回金额高达 121 元，而更多的企业还是选择以 110 元回收债券。因持有债券到期收取的本息额度不同，债券的溢价水平肯定也有所不同。同样持有一份债券，有的可以获得 130.1 元的回报，有的债券则只有 115 元。因此，两类债券的市场价格肯定会有所不同。

二、久期的长度

可转债的久期，一般是指距离可转债到期赎回的时间。可转债距离到期日的长短，也是债券价值分析的重要内容。距离到期日越长，意味着债券的本息贴现之后，价值越低，会影响其估值。反之，距离到期日越近，债券的本息贴现之后，价值越高，也会提升估值水平。

总之，可转债久期越长，则意味着变数越多，风险越大；反之，则风险相对较小。

三、可转债本息贴现值

大家知道，可转债本息构成中，最大的一块到期赎回额是要在可转债到期时才能收回的，且利率最高的最后一期利息也包含其中。但是，所有的现金都是有成本的，今天的 100 元，与 6 年后的 100 元肯定不是等值的，这就涉及一个贴现的问题。要想准确地计算可转债的纯债价值，就需要对可转债的纯债收益进行贴现计算。

在计算可转债纯债价值前，先要梳理一下资金贴现的计算方法。

$$V=\frac{D_t}{(1+K)^t}$$

其中：V——资金的贴现值（即未来所得现金的现值）；

D——第 t 年获得的现金；

K——资金的贴现率。

以龙蟠转债为例，来计算一下该可转债的纯债现值。表 3-1 中列出了龙蟠转债各期的利率以及合计本息收入。

在计算龙蟠转债的贴现值前，需要确定一定资金的贴现率。该指标是进行所有资金贴现的重要依据。这里使用 10 年期国债收益率 3.5% 为贴现率计算依据，具体的 6 年资金贴现计算方法如下。

$$V_{1\text{-}6}=\sum_{t=1}^{6}\frac{D_t}{(1+K)^t}$$

$$=\frac{0.5\%\times100}{(1+3.5\%)}+\frac{0.8\%\times100}{(1+3.5\%)^2}+\frac{1.8\%\times100}{(1+3.5\%)^3}+\frac{3\%\times100}{(1+3.5\%)^4}+\frac{3.5\%\times100}{(1+3.5\%)^5}+\frac{120}{(1+3.5\%)^6}$$

$\approx$0.483+0.748+1.622+2.609+2.946+97.56

$\approx$106（元）

这里有一点需要注意，10 年期国债收益率是处于随时变化之中的。因此，投资者选用的贴现率不同，计算结果肯定有所不同，但并不影响对可转债纯债价值的分析与判断。比如，通过计算得出的龙蟠转债的本息贴现值为 106 元左右，这与实际获得的 129.6 元还有很大差距。同时，这个 106 元的贴现值可以作为投资龙蟠转债的一个托底值。也就是说，若该可转债的价格低于 106 元，则意味着其已经跌破了纯债价值，就可以入场抄底了。

事实上，很多可转债网站会提供相关的计算结果。如天天基金网就会给出可转债的纯债价值，以及相对纯债价值的溢价率等指标，如图 3-3 所示。

从图中可以看出，相对可转债的纯债价值来说，市场上的可转债几乎都存在明显的溢价，这也说明市场上的投资者并没有将可转债看成普通的债券。当然，若市场不景气时，可转债的价格有可能跌破纯债价值，这时意味着投资者拥有了极佳的套利空间。

转债代码	转债名称	最新价	涨跌幅	相关链接	正股代码	正股名称	最新价	涨跌幅	转股价	转股价值	转股溢价率	纯债溢价率	回售触发价	强赎触发价	到期赎回价	纯债价值	开始转股日	上市日期	申购日期
110069	翰蓝转债	-	-	股吧 详细	600323	瀚蓝环境	21.77	2.93%	20.42	106.6112	-6.20%	5.95%	14.29	26.55	110.00	94.39	2020-10-13	2020-05-07	2020-04-07
113033	利群转债	108.00	0.05%	股吧 详细	601366	利群股份	6.08	-2.09%	7.16	84.9162	27.18%	12.36%	5.01	9.31	110.00	96.12	2020-10-08	2020-04-21	2020-04-01
113574	华体转债	119.80	0.71%	股吧 详细	603679	华体科技	45.90	-0.09%	47.72	96.1861	24.55%	23.33%	33.40	62.04	110.00	97.13	2020-10-09	2020-04-27	2020-03-31
128103	同德转债	127.012	0.01%	股吧 详细	002360	同德化工	4.97	1.02%	5.33	93.2458	36.21%	24.89%	3.73	6.93	115.00	101.70	2020-10-09	2020-04-21	2020-03-26
110068	龙净转债	110.32	0.27%	股吧 详细	600388	龙净环保	9.05	1.00%	10.93	82.7996	33.24%	14.99%	7.65	14.21	110.00	95.94	2020-09-30	2020-04-15	2020-03-24
123047	久吾转债	117.600	0.73%	股吧 详细	300631	久吾高科	17.04	1.97%	17.76	95.9459	22.57%	8.06%	12.43	23.09	121.00	108.83	2020-09-28	2020-04-17	2020-03-20
128102	海大转债	142.980	0.32%	股吧 详细	002311	海大集团	43.28	0.30%	35.09	123.3400	15.92%	50.21%	24.56	42.11	110.00	95.19	2020-09-25	2020-04-16	2020-03-19
123046	天铁转债	122.030	0.37%	股吧 详细	300587	天铁股份	17.47	-1.13%	17.35	100.6916	21.19%	23.56%	12.15	22.56	112.00	98.77	2020-09-25	2020-04-17	2020-03-19
128101	联创转债	114.012	0.53%	股吧 详细	002036	联创电子	14.18	4.88%	18.82	75.3454	51.32%	27.40%	13.17	24.47	-	89.49	2020-09-21	2020-04-13	2020-03-16
128100	搜特转债	102.208	0.01%	股吧 详细	002503	搜于特	3.15	1.61%	5.36	58.7687	73.92%	4.23%	3.75	6.97	112.00	98.06	2020-09-18	2020-04-09	2020-03-12
123045	雷迪转债	109.704	0.00%	股吧 详细	300652	雷迪克	19.15	0.52%	20.38	93.9647	16.75%	9.82%	14.27	26.49	113.00	99.89	2020-09-18	2020-04-13	2020-03-12
123044	红相转债	122.800	2.74%	股吧 详细	300427	红相股份	19.36	1.63%	18.93	102.2715	20.07%	16.91%	13.25	24.61	118.00	105.04	2020-09-18	2020-04-13	2020-03-12
113572	三祥转债	116.38	1.93%	股吧 详细	603663	三祥新材	14.06	4.69%	14.29	98.3905	18.26%	22.98%	10.00	18.58	108.00	94.63	2020-09-18	2020-04-09	2020-03-12
113571	博特转债	139.15	0.97%	股吧 详细	603916	苏博特	25.58	1.59%	19.18	133.3681	4.34%	37.74%	13.43	24.93	115.00	101.02	2020-09-18	2020-04-01	2020-03-12

图 3-3　可转债相关比价数据

注：资料来源于天天基金网。

四、纯债溢价率

从可转债的债性考虑，纯债溢价率是一个反映可转债估值的重要指标。图 3-3 的可转债数据中，给出了部分可转债的纯债溢价率情况。从图中的溢价比率来看，各只可转债的纯债溢价率并不一致，有的可转债的纯债溢价率高达 50% 以上（如海大转债的纯债溢价率为 50.21%），有的可转债的纯债溢价率仅为几个百分点（如搜特转债的纯债溢价率仅为 4.23%）。

这从另一方面说明，更多的投资者是从可转债的股性而非债性入手交易可转债的。其实，从搜特转债的转股溢价率情况，可以看出其转债溢价率较低的原因。截至 2020 年 5 月 6 日，搜特转债的转股溢价率高达 73.92%，也就是说，按照当前的转股价格，该可转债几乎没有任何转股意义了。但是，该可转债的纯债价值可以为该可转债的价格托底，即投资者即使从纯债的角度来看待搜特转债，也具有一定的买入价值，更何况在转债存续期内，转债还存在时间价值，另外，未来还存在下修转股价等诸多可能。截至 2020 年 5 月 6 日，搜特转债上市时间很短，距离 2020 年 9 月 18 日的转股日期还有很长时间，从时间角度考虑，该可转债肯定是有一定投资价值的。

五、可转债的评级

可转债的评级也是影响可转债估值的重要因素之一。作为债券，专业评估机构给出的评级越高，往往越能获得投资者青睐；反之，投资者可能会从投资安全的角度考虑，对投资这类债券持谨慎态度。

正因如此，评级相对较低的债券发行企业，为了顺利发债，吸引投资者购买债券，就不得不提高债券的票面利率。表 3–1 中所列的 6 种债券中，除了企业债 15 中房债之外，票面利率最高的两种分别为龙蟠转债和久吾转债，这两种转债获得的债券评级为“A+”，其他 3 种债券的评级则为“AA+”。也就是说，为了吸引投资者购买自家的债券，弥补债券评级偏低的不足，这两种债券的发行企业不得不提高可转债的票面利率。

由于这两种可转债评级偏低，在市场上的溢价率低于其他可转债也是可以理解的，毕竟投资这两种可转债的风险更高一些。

六、市场利率

市场利率也是影响可转债纯债价值的一个重要因素。通常情况下，当市场利率走低时，由于可转债的票面利率是固定不变的，这就相当于可转债的票面利率更具有投资价值了，因而市场资金就会更加偏好可转债。

第二节　从转股角度分析可转债价值

可转债具有的股票属性，是其本身价值中最主要的组成部分。可转债价格能够被炒得很高，就是因为这一特性。尽管所有可转债都具备转股的特性，但可转债的转股溢价率则完全不同，其中的区别就在于，投资者对可转债股性价值的评估有所不同。转股溢价率就是市场上的投资者为可转债股性给出的估值。可转债之所以会有较高的溢价率，是因为与其背后的正股密不可分。也就是说，转股溢价率、正股质地等共同构成了可转债股性方面的内在价值。如图 3-4 所示。

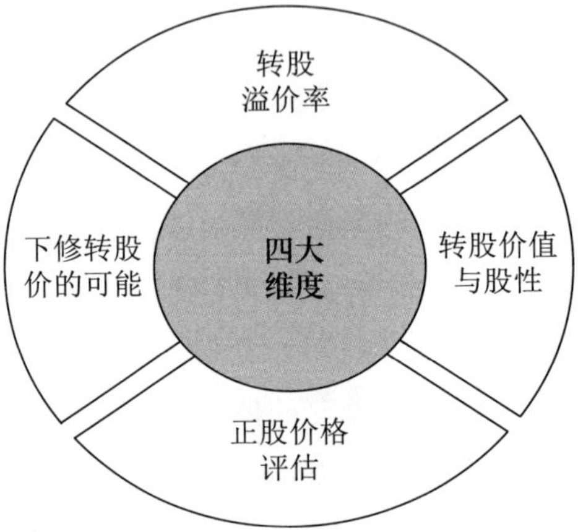

图 3-4　转股角度的价值评估维度

一、转股溢价率评估

因为投资者大都是为了最终转股买入可转债的，所以与转股价格直接相关的转股溢价率，就成了衡量可转债价值的重要指标。目前，在可转债市场上，几乎所有的可转债都存在较高的转股溢价率。

在可转债投资领域，很多投资者试图通过转股溢价率来判断单只可转债的市场估值水平，进而判断该可转债是否具有投资价值。

与转股溢价率相关的判断指标主要有以下 3 个。

第一，市场平均转股溢价率水平。通过市场平均转股溢价率水平检验可转债溢价率水平高低，似乎是一个比较有效的方法。若单只可转债的转股溢价率水平处于市场平均线上方，说明该可转债的价格存在一定的高估；反之，则说明存在低估。

该方法属于横向比较法，即将单只可转债的转股溢价率与同时段其他可转债的转股溢价率进行横向对比。应该说，这种方法考虑了市场的整体环境变化，相对比较科学，但也存在一些问题。每只可转债的特征不同，比如纯债价值不同，正股质地不同，市场给出的转股溢价率势必有所区别。

第二，个股历史转股溢价率水平。鉴于每只可转债都有各自的特点，很多投资者尝试使用历史转股溢价率，来分析各可转债当前溢价率所处的位置。

比如，某只可转债的历史溢价率最高为50%，最低为10%。如果当前该只可转债的转股溢价率为15%，那么即可认定其处于历史溢价率的低位区域，未来价格存在上涨的可能性。其实，这只是一种仅能作为一般性参照的指标，并不具有特别重要的指导意义。毕竟，单只可转债的转股溢价率还要受到正股股价波动、市场环境、下修转股价的可能性以及可转债存续时间等因素的影响。

第三，溢价率的极值水平。这是一个需要投资者关注的指标。通常情况下，转股溢价率都是正值，若溢价率出现负值，则需要投资者特别关注，因为这意味着出现了一个较佳的套利机会。当然，转股溢价率为负值的情况很少出现。与之相反，溢价率达到极高的水平，也是需要投资者特别注意的。比如，截至2020年5月8日收盘，横河转债的转股溢价率高达260.14%，转股价值为72.777元，市场价格为262.1元。实质上，该可转债已经进入了一个疯狂炒作区域，即使该可转债出现下修转股价等情况，也无法弥补巨大的溢价率。也就是说，买入该可转债的投资者并非出于投资目的入场的，而是完全出于投机入场博傻的。如图3–5所示。

从图中可以看出，横河转债在发行上市初期直至2020年3月上旬，价格波动幅度并不大。2020年3月10日，横河转债的正股横河模具出现了较大幅度的震荡，横河转债同步大幅震荡。不过，其后横河模具的股价与大盘同步下行，而横河转债则反向出现了大幅上攻走势。可转债的转股价值与市场价格出现了严重背离，且转股溢价率持续走高，这说明市场上很多投资者是出于投机需求参与横河转债交易的，保守型投资者最好远离这类债券。

总之，投资者尽量不要单凭可转债的转股溢价率来筛选可转债。可转债溢价率之所以不同，自然有其背后的原因，可能是基于纯债方面的因素，也可能是基于正股方面的因素。

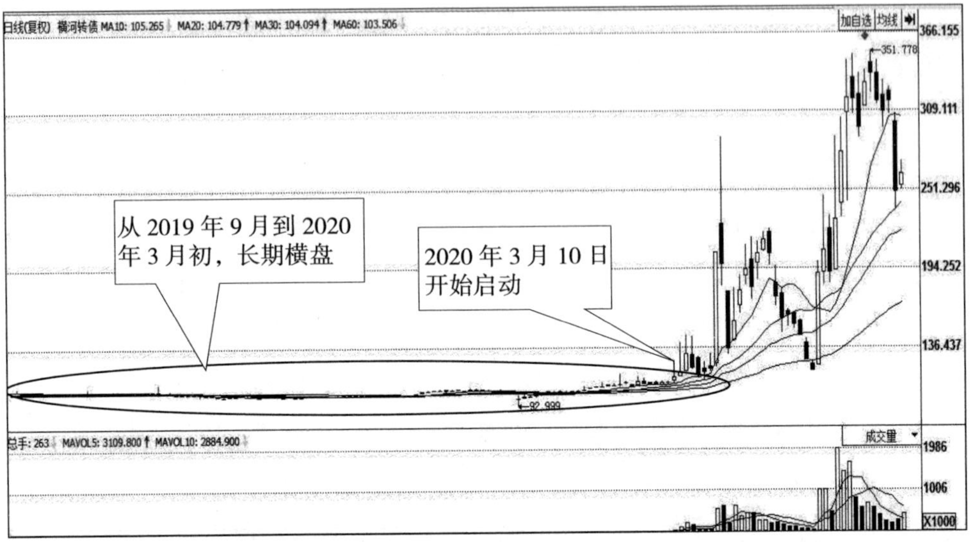

图 3-5 横河转债（123013）日 K 线走势图

二、转股价值与股性因素

从严格意义上说，转股价值是可转债价格的一个中枢，也可以作为可转债偏股性还是偏债性的重要评价依据。

第一，一般情况下，可将转股价值为 100 元作为偏股性和偏债性的分界线。若转股价值大于 100 元，则偏股性，说明可转债的价格波动与股价波动保持一致；若转股价值小于 100 元，则偏债性，表明可转债的价格受股价波动的影响变小。

将转股价值为 100 元设定为转股平衡线，即转股价格与正股价格相等。此时，可转债价格受正股价格波动影响非常大，因为随着正股价格的波动，可转债的转股价值也会出现变化，进而影响可转债的内在价值与市场价格。

第二，若转股价值低于 100 元，则意味着投资者进行转股操作将失去意义，将可转债看成债券并长期持有才是明智的选择，此时可转债更具债券的特征。

第三，若转股价值超过 130 元，则说明正股价格已经触及大多数企业的强赎价格线，该可转债存在被强赎的风险。尽管从触发强赎线到真正实现强赎还有一段时间，但对可转债持有人来说，继续高价持有可转债的风险会加大。

如图 3–6 所示，希望转债上市交易后，转债价格一路震荡上扬，3 个多月的时间就已经上涨至 162.70 元。也就是说，相对票面金额的 100 元来说，该可转债 3 个月出现了 62.7% 的涨幅，这个涨幅是相当可观的，也给人一种存在较大风险的感觉。其实，若对照该可转债的转股价值就会发现，该可转债仍处在投资价值区域内。

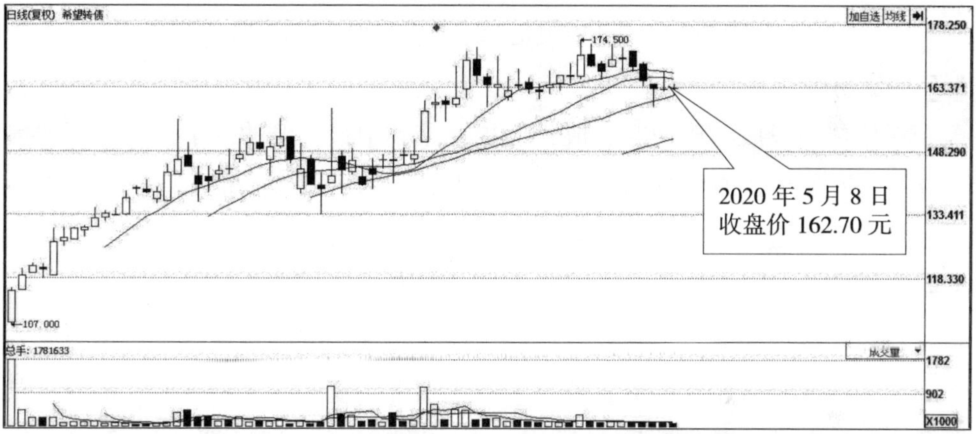

图 3–6　希望转债（127015）日 K 线走势图

截至 2020 年 5 月 8 日，该可转债的转股价值高达 163.953 元。对照之前所述，当一只可转债的转股价值超过 130 元时，就意味着进入强赎风险区域。此时，可转债的价格甚至略低于转股价值，这说明市场上普遍认为该可转债被强赎（2020 年 7 月 9 日进入转股期间）的可能性极大，因而不愿意大肆炒作该可转债，该可转债的溢价进入了负值区域。当然，这也与前一段时间新希望正股价格涨幅较大，市场普遍预期正股价格有回调需求有关。若市场预期正股价格在未来一段时间可能继续走高，那么可转债的溢价水平还是会在 0 以上的，毕竟从发布强赎公告到开启强赎还需要较长的时间。

总之，若转股价值处于 100 元～130 元之间，属于正常的股性区间，可转债价格与正股价格正相关。若转股价值超过 130 元，则意味着可转债炒作进入投机区域，投资者需要防控风险；反之，若转股价值低于100元，则与可转债的纯债价值相关。当然，在实际操作中，若转股价值略低于100元，投资者还会将其看成处于正常的股性区间，毕竟转股价值回归100元以上是比较容易的。

三、正股价值评估

从某种意义上说，正股质地是影响可转债转股溢价率的一个非常重要的因素。对一些质地优良的股票来说，未来股价继续上涨的可能性肯定大于质地不佳的股票，正因如此，市场更愿意为质地优良的股票对应的可转债赋予更高的溢价率。

在评估一只股票质地时，成长性指标是其中最重要的一个。一些可转债对应的正股处于快速发展期，其股价未来走高的概率自然很大，因而这类股票对应的可转债往往有着较高的溢价率。买入该类可转债的投资者有个最基本的逻辑，即未来随着正股价格走高，当前的溢价率水平也会水涨船高。

当然，这里还需要考虑一点，即该类可转债对应的正股价格可能会触发强赎。一旦触发强赎，投资者就要将手中的可转债转股，否则就要被强制赎回了。强赎价一般都是票面价格加上一定的利息，收益大大低于转股，因此，在投资这类可转债时，投资者一定要考虑强赎的因素。

四、下修转股价的可能

一般情况下，当可转债的正股价格持续走低时，往往会触发回售。但基于可转债规则的特殊性，为了避免触发回售，正股价格下跌至转股价格下修位置时，就存在下修转股价的可能性。

大家知道，一旦转股价下修，意味着可转债的转股价值重构，对可转债持有人来说，这是一个很大的利好，因为这意味着自己手中的可转债会进行重新估值，价格出现上涨。正因如此，当可转债即将触发下修条款时，可能会引发较多资金入场购买可转债。

触发下修条款并不意味着上市公司一定会下修转股价，但无论如何，设置下修转股价规则是评估可转债估值的一个重要因素。

先来看一下龙蟠转债的转股价下修条款，如图 3–7 所示。

> 在本次发行的可转换公司债券存续期间，当公司股票在任意连续三十个交易日中至少有十五个交易日的收盘价低于当期转股价格的 80%时，公司董事会有权提出转股价格向下修正方案并提交公司股东大会表决。
>
> 上述方案须经出席会议的股东所持表决权的三分之二以上通过方可实施。股东大会进行表决时，持有本次发行的可转换公司债券的股东应当回避。修正后的转股价格应不低于本次股东大会召开日前二十个交易日公司股票交易均价和前一交易日均价之间的较高者。
>
> 若在前述三十个交易日内发生过转股价格调整的情形，则在转股价格调整日前的交易日按调整前的转股价格和收盘价计算，在转股价格调整日及之后的交易日按调整后的转股价格和收盘价计算。

图 3–7　龙蟠转债转股价格下修条款

从图中可以看出，龙蟠转债的转股价格下修条件为：连续 30 个交易日中至少有 15 个交易日的收盘价低于当期转股价格的 80%。这是比较常见的转股价格下修条款。

下面再来看一下春秋转债的下修条款，如图 3–8 所示。

> 在本次发行的可转换公司债券存续期间，当公司股票在任意连续 30 个交易日中至少有 15 个交易日的收盘价低于当期转股价格的 85%时，公司董事会有权提出转股价格向下修正方案并提交公司股东大会审议表决。
>
> 上述方案须经出席会议的股东所持表决权的三分之二以上通过方可实施。股东大会进行表决时，持有本次发行的可转换公司债券的股东应当回避。修正后的转股价格应不低于本次股东大会召开日前 20 个交易日公司股票交易均价和前 1 个交易日公司股票交易均价之间的较高者。同时，修正后的转股价格不得低于最近一期经审计的每股净资产值和股票面值。
>
> 若在前述 30 个交易日内发生过因除权、除息等引起公司转股价格调整的情形，则转股价格调整日前的交易日按调整前的转股价格和收盘价计算，在转股价格调整日及之后的交易日按调整后的转股价格和收盘价计算。

图 3–8　春秋转债转股价格下修条款

从图中可以看出，春秋转债的转股价格下修条件为：连续30个交易日中至少有15个交易日的收盘价低于当期转股价格的85%。

相对龙蟠转债等可转债的下修条款，春秋转债的下修条款似乎更加友好，更容易触发。

同时，转股价与正股的净资产比值，也是评估下修转股价可能性的一个重要指标。通常情况下，转股价与净资产的比值越大，则越存在下修转股价的可能。反之，若转股价已经跌破净资产，即转股价与净资产的比值小于1，则基本上不会下修转股价。转股价若低于净资产，意味着转股成功的话，可能对现有股东的利益造成损害。

第三节　影响可转债价格的其他因素

在实际交易实战中，除了可转债的内在价值外，还有一些其他因素可能对可转债的价格产生一定的影响。

一、可转债市值占比

可转债市值占比，是指上市公司发行的可转债额度占该公司总市值的比重。这是一个反映上市公司偿债压力的指标。通常情况下，市值占比越高，说明企业到期偿债压力越大，企业越倾向于让投资者进行转股。当正股价格触及下修条款时，这类企业更会积极地向下修正转股价，以利于投资者完成转股操作。

最近两年，随着股市行情逐渐好转，优质上市公司的市值水涨船高。同时，能够发行可转债的上市公司大部分属于比较优质的企业，因而发行可转债的总额占整个上市公司的市值比重不断走低。前些年，一只发行总额在60亿元左右的可转债，就可能占到企业总市值的50%以上。最近几年，可转债发行总额占市值较高的苏银转债，发行总额达到了200亿元规模，也仅占上市公司苏州银行 700 亿元总市值的 28.6% 左右。

目前，可转债发行总额占市值的比重可能并不高，但对可转债发行企业而言，仍是一个较为沉重的负担，特别是对流动资金不足的企业来说更是如此。反之，若只发行了几亿元可转债的上市公司，即使可转债无法转股，对企业经营的影响也不是太大。但不管可转债总额占市值比重有多大，即便占总市值比重仅为 10%，企业也会想方设法让投资者顺利实现转股操作。

同时，可转债上市进入转股期后，会有很多投资者选择转股操作，因而评估可转债发行总额占市值的比重大小已经不重要了。在评估可转债价格时，投资者可以选择根据可转债存量余额占市值的百分比来评估企业未来的偿债压力。这些信息可以通过一些专业的投资网站查询，如天天基金网、和讯网、富投网等。

序号	转债名称	转债代码	股票名称	股票代码	行业	子行业	转债价格	涨跌	日内套利	股价	涨跌	转债成交额	转债换手率	剩余本息	转股价格	P/B	转股价值	转股溢价率	距离转股日	剩余年限	回售年限	余额/市值	余额/股本
177	东音转债!!	128043	东音股份	002793	医药	化学制药	241.3	1.72%	-1.65%	14.05	0.07%	323	181%	115.1	6.27	5.30	224.08	7.7%	转股中	4.23年	2.23年	0.4%	0.8%
167	特发转债!	127008	特发信息	000070	通信互联	通信设备	323.37	-0.50%	1.04%	9.26	0.54%	1,059	534%	111.1	5.61	2.66	165.06	95.9%	转股中	3.52年	1.52年	0.8%	1.3%
186	盛路转债!!	128041	盛路通信	002446	通信互联	通信设备	220	8.91%	-7.90%	7.49	1.08%	1,368	1,195%	115	[illegible]	[illegible]	[illegible]	[illegible]	[illegible]	[illegible]	2.19年	0.8%	0.9%
211	天康转债!!	128030	天康生物	002100	农业	畜牧业	207.77	-2.14%	0.92%	16.19	-1.22%	522	163%	112.	[illegible]	[illegible]	[illegible]	[illegible]	[illegible]	3.62年	1.62年	0.9%	1.8%
156	凯龙转债!	128062	凯龙股份	002783	石油天然	化工	312	10.8%	-10.5%	9.45	0.32%	2,432	2,512%	115	6.77	2.09	139.59	124%	转股中	4.62年	2.62年	0.9%	1.3%
42	乐普转债	123040	乐普医疗	300003	医药	医疗器械	141.83	0.66%	-0.62%	39.6	0.05%	17	1.6%	111.1	32.39	9.03	122.26	16.0%	2月0天	4.65年	2.65年	1.1%	1.3%
99	晶瑞转债!	123031	晶瑞股份	300655	石油天然	化工	283.513	1.04%	1.20%	37.5	2.24%	1,554	721%	116.2	17.94	7.08	209.03	35.6%	转股中	5.30年	3.30年	1.1%	2.3%
148	富祥转债!	123020	富祥药业	300497	医药	原料药	193.6	1.54%	0.17%	27.88	1.71%	213	107%	120.5	14.93	4.62	186.74	3.7%	转股中	4.81年	2.81年	1.3%	2.4%
213	赣锋转债!	128028	赣锋锂业	002460	有色金属	小金属	135.94	1.64%	-2.77%	49.64	-1.51%	244	19.7%	109.3	42.28	7.80	117.41	15.8%	转股中	3.62年	1.62年	1.4%	1.7%
138	长信转债!	123022	长信科技	300088	通信互联	通信设备	170.61	1.37%	0.81%	9.93	0.01%	132	22.3%	114.9	6.25	3.73	158.88	7.3%	转股中	4.86年	2.86年	1.4%	2.3%
103	英科转债!	123029	英科医疗	300677	医药	医疗器械	330.01	-0.64%	-0.45%	53.46	-1.09%	173	32.8%	138.7	16.17	6.13	330.61	-0.2%	转股中	5.27年	3.27年	1.4%	4.5%
190	广电转债!	110044	广电网络	600831	传媒娱乐	影视娱乐	164.94	7.30%	-6.82%	6.79	0.89%	496	424%	112.9	6.90	1.33	98.41	67.6%	转股中	4年48天	2年48天	1.5%	1.5%
52	深南转债	128088	深南电路	002916	电子	元器件制	170.005	1.01%	1.88%	256.3	3.06%	245	9.5%	115.1	149.25	17.10	171.73	-1.0%	51天	5.63年	3.63年	1.7%	3.0%
230	模塑转债!!	127004	模塑科技	000700	汽车	零部件制	226	2.30%	-0.60%	8.29	1.84%	2,311	773%	114.3	7.59	2.93	109.22	107%	转股中	3年23天	1年23天	1.7%	1.9%
170	百合转债	113520	梦百合	603313	其他	家居用品	158.1	2.65%	-0.65%	22.24	2.16%	247	124%	115.2	14.28	3.10	155.74	1.5%	转股中	4.50年	2.50年	1.7%	2.6%
142	视源转债	128059	视源股份	002841	电子	液晶显示	125.997	0.54%	0.19%	77.05	1.22%	5.7	0.5%	113.9	75.72	10.28	101.76	23.8%	转股中	4.84年	2.84年	1.9%	1.9%

余额占市值比重

图 3-9 可转债相关数据表

注：资料来源于富投网。

图 3-9 是截至 2020 年 5 月 8 日市场上流通的可转债额度占其总市值的比重排名。从排名情况来看，东音转债的剩余额度占市值比例最低，仅为 0.4%。这一方面与东音转债的整体发行规模较小（仅为 2.81 亿元）有关；另一方面与东音转债的转股价值高企（截至 2020 年 5 月 8 日，转股价值高达 224.08 元）

有关。由于该可转债已经触发强赎条款，同时转股价值较高，市场上的投资者肯定是不愿意被赎回的，因而很多投资者选择了转股操作，导致可转债剩余额度较少。此时企业如发布强赎公告，只会加速投资者转股，没有人会等着被强赎的。因为可转债的价格早已超过了 130 元强赎警戒线，所以不会出现大幅溢价态势，只能围绕转股价值波动。

二、正股价格波动

正股波动率是影响投资者对可转债估值的一个重要因素，其内在逻辑非常简单：一则，正股价格波动大，意味着正股价格走高或大幅上涨的可能性远大于波动率小的股票，这为可转债的估值提升提供了很大的想象空间；二则，正股价格波动大，即使价格处于转股价下方，也可能会很快重新回到转股价上方，这对于入手可转债的投资者来说非常有利；三则，正股价格波动大，对应的可转债价格波动必然也会很大，这为可转债投机交易者提供了很多操作机会。基于以上 3 点，正股价格波动大的可转债，一般都会获得更高的估值溢价，更受投资者欢迎。

受此影响，前些年，市场上的投资者特别偏爱正股为小盘股的可转债，背后的逻辑非常简单，既然正股价格波动大的可转债更受欢迎，那么小盘股的股价波动肯定大于大盘股，因此市场青睐小盘股的逻辑自然是成立的。不过，随着市场环境的变化，市场资金量不断增加，同时小盘股抗风险能力弱的缺点开始显现，市场上的资金开始越来越青睐那些质地优良的正股，而非单纯的小盘股了。

三、市场环境变化

整个市场环境，特别是股市环境对可转债的估值具有重要的影响。牛市时，可转债的转股溢价率往往较高。熊市时，这种溢价率可能会出现走低的态势，但随着正股价格走低，因可转债还具有转债价格托底，因此其下跌幅度会小于正股。

市场环境变化对可转债价格的影响包括以下两个方面。

第一，随着市场环境的恶化，投资者普遍会对市场后期的价格走势缺乏信心。也就是说，尽管正股价格可能已经非常便宜了，但大家普遍认为正股价格还会继续走低，那么这时可转债的转股溢价率也会降低。其实，在这一时期往往属于可转债投资的黄金期。

第二，与恶化的环境相反，在牛市市场环境中，正股价格即使已经出现了较大幅度的上涨，但市场普遍预期股价还将继续上攻，这就导致可转债的转股溢价率持续高企。当然，一旦正股价格触及强赎价格线，意味着可转债的转股溢价率势必出现回落。

第四节　可转债估值综述

关于可转债的估值，投资者需要明确以下 4 点。

第一，所有的估值方法只能提供一个大致的参照，无法做到精准。按说，当正股价格跌至转股价下方时，投资者按照纯债计算可转债的估值可能相对准确一些，但同时要考虑正股价格未来可能大幅上攻或者企业下修转股价等因素，这就使得本来相对准确的估值不再准确。

第二，可转债兼具股性与债性双重特征，但其所谓的债性，更多地具有托底功能，大多数时间内还是股性在起作用。正因如此，很多可转债信息网站给出的可转债溢价率都只有转股溢价率一种。至于纯债溢价率，更多地只能作为一种托底的参照。

第三，由于可转债相对特殊的交易规则，如实行 T+0 交易，没有涨跌停限制，这就使得很多投机资金喜欢炒作可转债，也使得很多可转债的价格出现异常波动，如单日波动超过 50% 等。此时，投资者就无法使用任何估值分析方法给可转债进行估值，因为此时的债券就是一个单纯的投机工具，与自身价值毫无关系。

第四，在合理的估值区域内进行投资与交易行为。可转债与股票或其他证券不同，在其出现伊始，就被分别赋予了价格上限（正股价格达到转股价格的 130% 左右）和价格下限（100 元面值债券或 70% 的下修触发线）。当可转债的价格偏离了价格上下限时，则意味着投机或套利的时机来临，投资者可根据自身风险承受能力，有选择地制定交易计划。比如：熊市中，部分可转债的价格可能会跌破 100 元面值，甚至下跌至 90 元以下，这就是比较典型的入场套利机会。反之，若可转债价格飙升至 200 元以上，且转股溢价率高达 50% 以上，则意味着可转债进入了投机区间，保守型投资者不宜再介入。

第四章

可转债交易入门

可转债交易与股票交易非常相似，同样需要在券商处开立股票账户，并下载相应的证券交易软件。这个股票账户不仅可以交易可转债，还可以交易股票、基金、权证等。随着理财观念日益深入人心，其实每个家庭至少应该拥有一个证券账户。

第一节　开始可转债交易

开立股票账户，并下载交易软件，是启动可转债交易的第一个步骤。

一、开户的基本流程

开户是新手进入股市的第一件事。对很多新手来说，开户手续显得比较繁杂，涉及券商、银行等。不过，只要你进了券商的营业部，告诉他们你要开户，就会有人主动指导你完成相关的业务流程。

整个开户过程，大致包括这样 4 个环节，如图 4-1 所示。

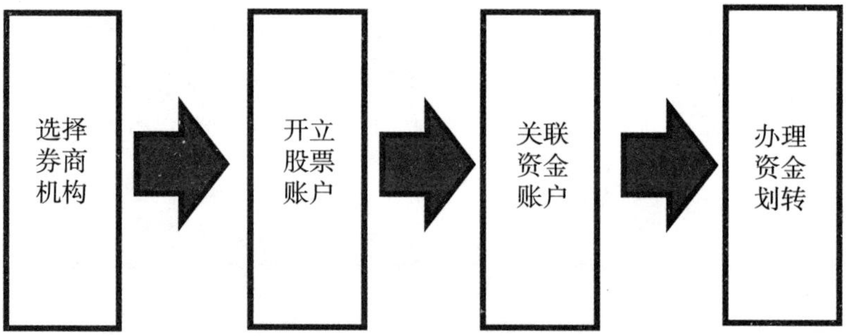

图 4-1　股票开户基本流程

1. 选择券商机构

目前，可供投资者选择的券商机构有几十家，虽说券商实力有差别，但是提供基本的交易服务是没有问题的。在选择券商时，投资者应重点考虑以下 3 个方面的因素。

（1）交易成本

交易成本是选择券商的一个非常重要的依据。尽管政府对券商的交易佣金有相应的规定，即划定了一定的浮动范围，但是各家券商还是存在差别。目前，各大券商的佣金水平在 0.025%～0.3% 之间。投资者千万不能忽视佣金比例，因为如果你交易很频繁的话，这些佣金可能会蚕食你相当大的一部分利润。股票交易过程中，除了交给券商的佣金费用之外，还包括印花税、过户费、交易规费等。当然，后面几种费用相对佣金来说都是比较少的，而且各家券商基本相同，所以在选择券商时可以忽略。

（2）服务水平

券商的服务水平，尤其是硬件水平，也是一条重要依据。每个券商都有自己的交易系统，投资者都会下载券商的交易软件，但交易系统的响应速度是有细微差别的。尤其是某些交易繁忙时段，一秒钟都可能让自己的买入或卖出价格相差很多。例如，2015 年 3 月份大牛市期间，个别券商就曾出现过交易系统瘫痪的问题。

（3）便利程度

尽管现在多数投资者都借助网络进行炒股，但券商营业部有时还是要去的，如更新一些证件信息、签订某些协议等。因而，券商营业部的位置以及交通状况，也是选择券商的一个参考因素。

2. 开立股票账户

投资者选定券商后，可持个人身份证到较近的券商营业部办理开户手续。通常情况下，营业部会提供一份表格以及若干份协议，由投资者逐项填写。完成各项手续后，营业部会提供给投资者两张股东卡：一张是上海证券交易所股东卡；另一张为深圳证券交易所股东卡。目前，我国只有上海和深圳两个证券交易所。

投资者如果想开通创业板和科创板，还需要满足两年以上股龄，并且亲自到证券营业部填写风险揭示书后方可。除此之外，开通创业板还需要满足股票账户连续 20 个交易日日均资产不低于 10 万元的限制；若想开通科创板，则需要满足股票账户连续 20 个交易日日均资产不低于 50 万元的限制。

按照前些年的规定，开通股票账户是要收费的，具体标准为：深市 50 元，沪市 40 元。近年来，为了吸引投资者开户，券商已经将该费用免除。

3．开立资金账户

股票账户开立完毕后，投资者需要选择一家银行作为资金托管行，将股票账户与银行资金账户关联，并与券商签订一份三方协议。当然，投资者如果已经有银行卡或存折，可以直接在证券营业部签订好三方协议后送到银行盖章确认，再将其中一份协议送回证券营业部即可。如果投资者没有银行卡或存折，也可以就近选择银行开户。

4．划转资金，搏击股市

投资者准备买入股票时，可通过炒股软件中的“银证转账”功能，将银行账户的资金转移至股票账户，从而进行股票交易活动。

二、网络开户

投资者可以找到拟开户券商的主页，进入在线开户界面。网络开户时，需要投资者事先准备智能手机、身份证、银行卡、高清摄像头、麦克风和耳机等资料和设备。网络开户通常包括如下 7 步。

第一步：输入手机号码，并根据证券公司提供的验证码进入网络开户流程。

第二步：填写基本资料，并上传身份证照片。证券公司要求上传的身份证照片必须完整。

第三步：选择开户类型。一般情况下，证券公司会提供上海 A 股账户、深圳 A 股账户、沪深基金账户和理财账户等选项。投资者如无其他需要，只选择上海 A 股账户和深圳 A 股账户即可。

第四步：关联资金托管银行。证券公司会提供可以选择的托管银行，并要求投资者填写银行卡账号。对于有些银行，证券公司还会要求开通网上银行或手机银行。

第五步：视频认证。证券公司会向投资者发送视频申请，并将投资者和身份证进行比对，如无意外，很快就可通过审核。

第六步：设置交易密码。投资者需要设置交易密码和资金密码。当然，也可以选择资金密码和交易密码一致选项，这时只设置交易密码即可。

第七步：签署协议。证券公司会要求投资者签署一些协议和一份回访问卷。

以上各步骤，如双方无异议，将很快完成开户操作。完成开户后，证券公司会向你发送开户成功短信，并将资金账号一并发送过来。

三、手机开户

除了可以到证券营业部现场开户外，投资者还可以通过手机开户。目前，由于大多数投资者使用的多为智能手机，因此手机开户相对更为便捷。

手机开户的程序非常简单，主要包括以下 3 步。

第一步：投资者可以用手机搜索自己拟开户券商的手机 APP 应用，或者通过电脑上网搜索该券商主页，然后扫描其 APP 应用二维码（以华泰证券为例），下载并安装该程序，如图 4-2 所示。

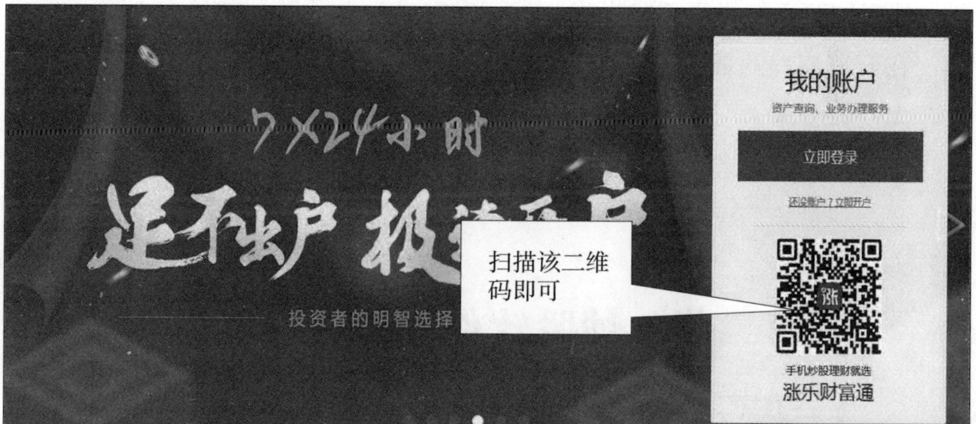

图 4-2　扫描二维码下载 APP

第二步：安装完成后，手机界面中会出现该程序的图标，点击进入该程序后，在“我的”页面，点击“极速开户”选项，如图 4-3 所示。

图 4-3　点击“极速开户”选项

图 4-4　开户界面

第三步：进入开户界面后，系统会提示投资者准备身份证和银行卡等资料，然后按照系统提示逐步操作，就可以完成开户操作，如图 4-4 所示。

在开户流程的最后阶段，证券公司会与投资者进行视频验证，以确保开户者为投资者本人。不过，手机开户或网上开户一般无法开通创业板交易权限。投资者若想交易创业板股票，需要亲自到证券营业部办理开户手续。

第二节　炒股软件的下载与使用

一般情况下，投资者完成开户后，券商都会提供一个下载地址，让投资者下载交易软件。投资者也可以通过网络搜索券商的官网，进入“软件下载”界面，完成交易软件的下载。下面以“中信建投证券”为例进行说明。

一、炒股软件的下载与安装

1. 炒股软件下载

进入中信建投官网后，点击“软件下载”按钮，就会出现如图 4-5 所示的界面。

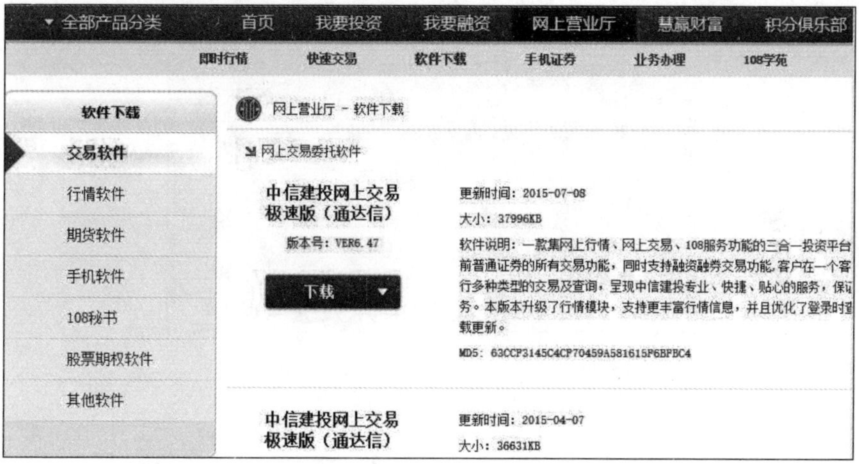

图 4-5　炒股软件下载界面

投资者选择要下载的软件后，只需点击“下载”按钮即可。

下载炒股软件时，需要注意以下两点。

第一，软件类型。券商提供的炒股软件包括两种：其一，单纯的交易软件，即只提供买卖股票和简单的股票走势信息的软件；其二，“交易 + 行情”软件，这类软件融合了网上行情信息、股票走势分析以及网上交易等功能。选择下载软件时，投资者可参考一下软件的功能介绍，然后再做出选择。

第二，软件的品牌。目前，券商与各家交易软件公司合作都非常密切。投资者进入下载界面后，会发现券商提供的炒股软件既有通达信版，又有同花顺或大智慧版。这几类软件是不同的软件公司研发出来的，其基本功能大致相同，都能够满足投资者日常交易与股票走势分析的需求。当然，在一些具体的功能上也都存在某些不同，或者说各家软件各有特色。

2. 炒股软件安装

下载成功后，可用鼠标双击软件程序图标，然后根据指示一步一步完成安装操作。

二、初次使用炒股软件

炒股软件安装好后，点击该软件的图标，就进入了登录界面，如图 4–6 所示。

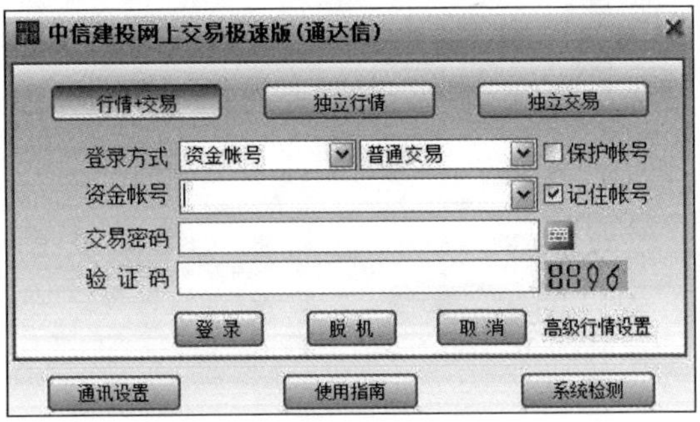

图 4–6　中信建投登录界面

资金账号是在证券营业部开户时分配给你的，交易密码则是你自行设置的。如果你是通过网络开户或手机开户的，那么证券公司会以短信形式将资金账号发送给你。

输入账号、密码和验证码之后，就进入了交易界面，左侧菜单栏中有一项“银证转账”选项，如图 4–7 所示。

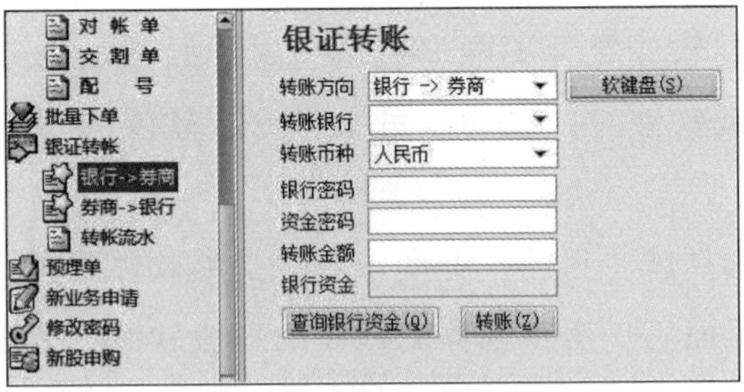

图 4–7　股票交易界面

如果想从银行账户将资金转入股票资金账户，点击“银证转账”选项下的“银行→券商”选项，然后在右侧就可以看见“银证转账”界面。此时只需输入银行密码、资金密码和转账金额即可。同样，如果想把股票账户的资金转出，可点击“银证转账”选项下的“券商→银行”选项完成。

点击左侧菜单中的“买入”选项，右侧就会出现“买入股票”界面。然后输入可转债代码、买入价格和买入数量，点击下面的“买入”按钮并确认提交申请即可，如图 4-8 所示。

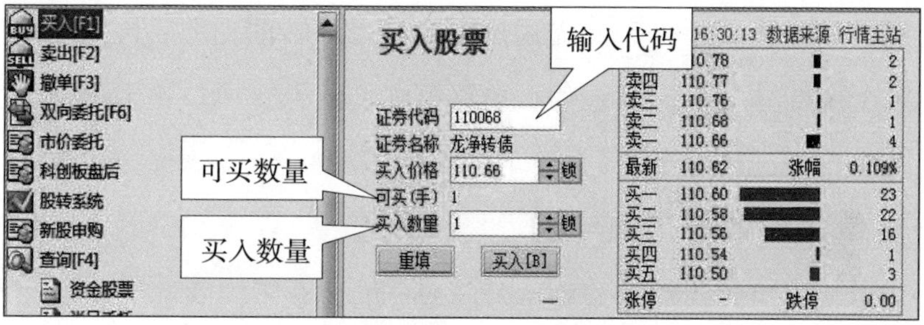

图 4-8　证券交易界面

当然，你输入的买入数量肯定是在自己现有资金范围之内。比如，你持有 10 万元的现金，但输入的买入可转债数量对应的金额已经超过了 10 万元，则就被认为是无效申报。一般在可买（手）数量位置，系统会计算出当前资金可买入的证券数量，在该数量范围内下单即可。

如果想卖出可转债，点击左侧菜单栏中的“卖出”选项，同样会出现“卖出股票”界面。

如果你的委托订单没有成交的话，可以点击“撤单”选项，选择所要撤单的委托，点击交易信息栏上方的“撤单”按钮，系统可能会弹出如图 4-9 所示的对话框，只需点击“是”按钮即可完成撤单操作。

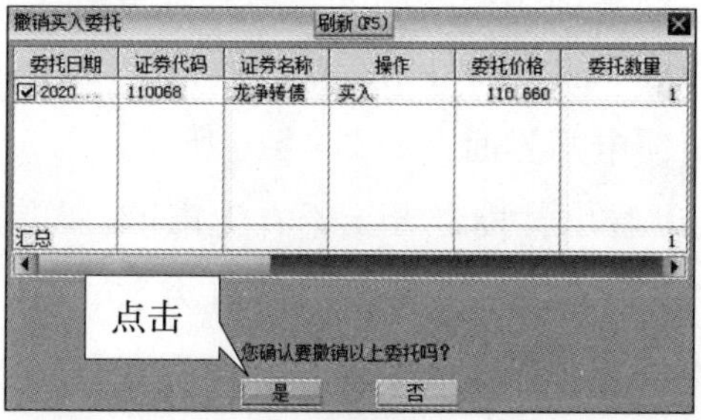

图 4-9　“撤单”操作

第三节　可转债打新规则

对可转债投资新手来说，先通过打新获得可转债，之后再入场交易，似乎是一个不错的选择。毕竟，在大多数情况下，可转债打新中签很少出现亏损的情况。

一、信用申购与市值申购

信用申购是可转债交易规则中与新股申购完全不同的一个规则。

信用申购是指投资者无须持有各类股票市值就可以参与新债的申购，即空仓就可以申购。也就是说，即使是刚入市的新手，有可转债发行申购时，也可以获得顶格申购可转债的资格。当然，最终能够中签多少张可转债，要看投资者的申购情况、申购限制和中签率。

这里的信用申购是与股票市值申购相对的概念。在股市中，投资者若想申购新股，先要持有某一市场内上市股票的市值，然后再根据持有市值情况分配申购的数量。比如，沪市规定，每持有 1 万元沪市股票的市值，可以申购 1 000 股沪市上市的新股；深市则规定每持有 5 000 元深市股票的市值，可以申购 500 股深市上市的新股。由于市场上的投资者普遍热衷于打新，因而大部分新股中签率并不高。

尽管可转债实行的是信用申购制度，但若投资者没有开通科创板或创业板股票交易权限，也是不能申购科创板或创业板上市公司发行的可转债的。

下面来看一下新债申购界面，如图 4-10 所示。

从图 4-10 中可以看出，投资者无论有无市值，都可以最多申购 10 000 张可转债，其中每 10 张为一手，每张的面值为 100 元。也就是说，投资者顶格申购可转债，将会获得 1 000 个配号。投资者每中签一个号，就可以申购10张（1 000元）可转债。有些投资者可能会担心，申购如此数量的可转债，万一都中签了，自己拿不出购买可转债的资金怎么办？其实，这种担心完全是多余的。

图 4-10　新债申购界面

下面来看一下2020年4月发行的几只可转债的中签率，如图4-11所示。

债券代码	债券简称	相关	申购日期	申购代码	申购上限(万元)	正股代码	正股简称	正股价	转股价	转股价值	债现价	转股溢价率	原股东配售：股权登记日	原股东配售：每股配售额	发行规模(亿元)	中签号发布日	中签率(%)
113579	健友转债	详细 股吧	2020-04-23 周四	754707	100	603707	健友股份	59.10	54.97	107.51	100.00	-6.99%	04-22	0.7000	5.03	04-27	0.0009
113581	龙蟠转债	详细 股吧	2020-04-23 周四	754906	100	603906	龙蟠科技	10.30	9.61	106.11	100.00	5.76%	04-22	1.3210	4.00	04-27	0.0016
113580	康隆转债	详细 股吧	2020-04-23 周四	754665	100	603665	康隆达	25.90	24.45	105.93	100.00	-5.60%	04-22	2.0000	2.00	04-27	0.0007
128107	交科转债	详细 股吧	2020-04-22 周三	072061	100	002061	浙江交科	5.72	5.48	104.38	100.00	-4.20%	04-21	1.8173	25.00	04-24	0.0070
113578	全筑转债	详细 股吧	2020-04-20 周一	754030	100	603030	全筑股份	5.30	5.47	96.89	100.00	3.21%	04-17	0.7290	3.84	04-22	0.0019
113573	纵横转债	详细 股吧	2020-04-17 周五	754602	100	603602	纵横通信	24.38	24.49	99.55	100.00	0.45%	04-16	1.7210	2.70	04-21	0.0015
123050	聚飞转债	详细 股吧	2020-04-14 周二	370303	100	300303	聚飞光电	5.90	5.28	111.74	100.00	-10.51%	04-13	0.5513	7.05	04-16	0.0104
113577	春秋转债	详细 股吧	2020-04-14 周二	754890	100	603890	春秋电子	16.68	15.69	106.31	100.00	-5.94%	04-13	0.8750	2.40	04-16	0.0012
123049	维尔转债	详细 股吧	2020-04-13 周一	370190	100	300190	维尔利	7.22	7.58	95.25	100.00	4.99%	04-10	1.1702	9.17	04-15	0.0116
110070	凌钢转债	详细 股吧	2020-04-13 周一	733231	100	600231	凌钢股份	2.20	2.80	78.57	100.00	27.27%	04-10	0.1580	4.40	04-15	0.0047
113576	起步转债	详细 股吧	2020-04-10 周五	754557	100	603557	起步股份	8.19	10.95	74.79	103.07	37.80%	04-09	1.0960	5.20	04-14	0.0083
128106	华统转债	详细 股吧	2020-04-10 周五	072840	100	002840	华统股份	16.64	15.12	110.05	124.20	12.85%	04-09	1.9826	5.50	04-14	0.0032
113034	滨化转债	详细 股吧	2020-04-10 周五	783678	100	601678	滨化股份	4.59	4.78	96.03	108.97	13.48%	04-09	1.5770	24.00	04-14	0.0205
123048	应急转债	详细 股吧	2020-04-10 周五	370527	100	300527	中国应急	8.73	8.90	98.09	117.59	19.92%	04-09	0.8961	8.19	04-14	0.0188
113575	东时转债	详细 股吧	2020-04-09 周四	754377	100	603377	东方时尚	15.71	14.76	106.44	116.24	9.21%	04-08	0.7430	4.28	04-13	0.0059

图 4-11　可转债中签率数据

2020年4月发行的几只可转债，中签率最高的仅为0.020 5%。也就是说，对于获得了1 000个配号的顶格申购者来说，平均每5个人才能中一签。换句话说，顶格申购一只可转债，能中一签已经是运气了，不可能奢望申购到更多的可转债。

二、可转债申购额度与时间规则

目前，可转债的申购采用的是信用申购法，而非新股申购采用的市值申购法。也就是说，投资者申购可转债的最大数量不以持仓市值为参照，而是每个账户都拥有相同的申购上限。

1. 额度限制

目前，沪深两市申购可转债的额度标准稍有不同。沪市可转债申购的下限为 1 手（即 10 张、1 000 元市值），上限为 1 000 手；深市可转债申购的下限为 10 张（1 000 元市值），上限为 10 000 张。投资者在额度内申购的数量必须是 1 手（或 10 张）的整数倍。

从整体上来看，两者其实是相同的，即下限都是 1 手（10 张、1 000 元市值），上限都是 1 000 手。每个账户顶格申购后，都会获得 1 000 个配号。投资者大可不必为配号过多而烦恼，实际上，最终能获得一个中签号就已经很不错了。

2. 账户限制

针对某一可转债，每个股票账户只能申购一次，且一旦确认不可撤销。若投资者同时拥有多个股票账户，也只能有一个账户的申购为有效申购。

3. 申购时间

在申购时间方面，沪市的申购时间为交易日的上午 9:30—11:30，下午 13:00—15:00。深市申购时间与沪市稍有不同，其申购时间为交易日的上午 9:15—11:30，下午 13:00—15:00。

4. 中签缴款

投资者申购成功后，需要在公布中签号的交易日在账户中留足申购资金。若不能及时缴款，则视为放弃申购。若一年内连续 3 次放弃缴款，则 6 个月内不得申购新股新债。

三、市值配售规则

市值配售是指截至股权登记日当天，持有可转债正股的投资者，可以按照一定的比例优先获得配售可转债的权利。假如可转债配售申购日为 T 日，那么股权登记日就是 T–1 交易日。

市值配售是上市公司额外给予股东的一项权利，股东可以选择不参加配售。市值配售与正常的申购在以下两个方面有所不同。

第一，市值配售不需要抽签，也没有所谓的中签一说，因而申购当日必须同时缴款。正常的可转债申购则是中签之后缴款。在深市配售的可转债，可以在限额内多次申报，且可以撤单。在沪市配售的可转债，一经申报不可撤单。

第二，参与市值配售的股东，也可以参与正常的新债申购（即余额申购），此时余额申购部分不需要先行缴款，可以等到中签之后再缴款。

作为持有可转债正股的股东，一般拥有两次参与申购可转债的机会。

第一，优先配售。

通常来说，在可转债发行方案中，会列明原股东能够配售可转债的金额。配售比例一般与上市公司股本数以及发行可转债的额度有关。大部分上市公司可转债配售比例的计算方法如下。

每股所获配售金额 = 可转债配售总金额 ÷ 上市公司股本数

这里有一点需要注意，有些上市公司将发行的可转债总额全部拿出来对股东进行优先配售，有的上市公司可能只是拿出一部分额度（比如 50%）对原股东进行优先配售。

下面来看一下乐普转债的发行公告，如图 4–12 所示。

从图中能够看出，乐普转债的发行总规模为 7.5 亿元，对股东实施优先配售。截至可转债发行前，乐普转债的正股乐普医疗的总股本数为 17.82 亿股。如果按照之前所讲的配售比例计算方法，可以得出如下结果：

配售比例 =7.5 亿元 ÷ 17.82 亿股

=0.4239 元 / 股

在可转债发行公告中，上市公司给出了每股配售 0.4239 元的说明。也就是说，在股权登记日收盘时，投资者持有多少股乐普医疗正股，就能获得相应额度的申购乐普转债的权利。

1、乐普（北京）医疗器械股份有限公司公开发行可转换公司债券（以下简称"乐普转债"）已获得中国证券监督管理委员会"证监许可[2019]2699 号"文核准。

2、本次共发行 75,000 万元可转债，每张面值为人民币 100 元，共计 750.00 万张，按面值发行。

3、本次发行的可转换公司债券简称为"乐普转债"，债券代码为"123040"。

4、原股东可优先配售的可转债数量为其在股权登记日（2020 年 1 月 2 日，T-1 日）收市后登记在册的持有发行人股份数按每股配售 0.4239 元面值可转债的比例计算可配售可转债金额，再按 100 元/张转换为可转债张数，每 1 张为一个申购单位。原股东可根据自身情况自行决定实际认购的可转债数量。本次发行向原股东的优先配售采用网上配售，原股东的优先认购通过深交所交易系统进行，配售代码为"380003"，配售简称为"乐普配债"。

网上配售不足 1 张部分按照登记公司的配股业务指引执行，即所产生的不足 1 张的优先认购数量，按数量大小排序，数量小的进位给数量大的参与优先认购的原股东，以达到最小记账单位为 1 张，循环进行直至全部配完。

图 4–12　乐普转债发行公告

根据配售比例的约定，很多投资者获得的配售额度都是零散的，但在申购时，系统只接受整数申购。比如，沪市只接受最低额度为 1 手的申购，深市接受最低额度为 1 张的申购。这些非整数申购单位的取整，又因市场不同而存在差异。

沪市关于配售的规定：

原股东按配售比例计算不足 1 手的部分，按精确算法原则取整。所谓精确算法，是指通过配售比例计算出的结果，不足 1 手的部分保留小数点后三位（比如 0.876 手等），然后按照尾数从大到小的顺序排序进位，直至每个账户可获得的认购转债加总与可配售总额一致。比如：股东获得的总配售量为 100 万张（即 10 万手），通过配售比例计算后，先按整手数配售，假如配售了 95 000 手可转债，尚有 5 000 手可转债没有分配完（因很多参与配售的投资者获配的手数都带有小数点）。接下来，则对不足 1 手的申购进行排序和分配，从小数点后数字最大的开始配起。比如，0.999 手的投资者优先获得 1 手可转债，有余量再向 0.998 手的投资者分配，以此类推，直至 5 000 手可转债全部分配完。也就是说，按照这一规定，若到获配手数为 0.688 手的投资者位置正好分配完所有的可转债配售总额，那么 0.687 手以下的投资者就不会获得可转债配额额度了。

深市关于配售的规定：

原股东按配售比例计算不足 1 张的部分，按照小数部分由大到小排序，并通过将数值较小的份额贡献给数值较大的份额以补足整个配售额度。比如，配售额度的小数部分最小的为 0.112 张，最大的为 0.998 张。那么，这个配售额度为 0.112 张的投资者就不会获得配售额度，他需要将这个份额贡献给配售额度为 0.998 张的投资者。当然，一个 0.998 张的投资者用不完，可以分配给其他小数部分较大的投资者，以此类推，完成整个配售额度的分配。前面图 4–12 中介绍的乐普转债就是在深市以这种配售规定发行的。

这里有一点需要注意：深市的最低配售单位为张，而沪市为手（1 手 =10 张）。同时，两个市场配售额度计算方法的不同，会直接影响抢权套利战术的实施，这些后面还会详细讲解。

第二，余额申购。

作为原股东，除了可以参与优先配售外，还可以像其他投资者一样参与可转债的余额申购。余额申购的程序与方法跟前面讲述的可转债打新完全一样。其实，可转债打新，相对优先配售来说，就是余额申购。

大家应该清楚，按照可转债优先配售的计算方法，即按照全部正股数量计算得出的每股股票获得的优先配售金额，如果所有股东全部按照获配金额申请优先配售，那么这批可转债就不存在向公众发行的问题了，因为股东已经解决了发债问题。

事实上，并不是所有股东都会参与优先配售，特别是一些持股份额较高的大股东，很少会足额申购优先配售的可转债。这部分未被配售的可转债，就会面向市场上的公众投资者发行，也就是常见的可转债打新。由于申购的人数较多，原股东优先配售后，剩余部分可能并没有多少，这就使得打新变得非常困难。

当然，若原股东认购金额比例较低，则说明原股东对本次发行的可转债并不看好，投资者也要提高警惕。

其实，社会公众投资者在申购可转债时，也会存在中签后弃购的情况，这时就由负责发行债券的券商包销了。

四、首日报价限额规定

尽管可转债没有涨跌幅度限制，但新债首日上市，对报价仍有一定的限制。

1. 沪市

在沪市上市的新债，首日报价范围在 70 元～150 元之间，超过报价范围的委托按废单、无效单处理。同时，沪市还有熔断机制，即当价格涨跌幅度超过 20% 时，将临时停牌 30 分钟；价格涨跌超过 30% 时，将临时停牌至 14:57。14:57 之后，交易系统将不再熔断。

这里还有一点应注意：若可转债上市首日第一次临时停牌，且停牌时间超过 14:57 的，应该在 14:57 恢复交易。也就是说，即使可转债第一次触及临时停牌是在 14:45，但在 14:57（不足 30 分钟）也必须恢复交易。

下面来看一只在沪市上市的可转债——翰蓝转债。如图 4–13 所示。

翰蓝转债的走势比较具有代表性。翰蓝转债是在上海交易所上市交易的可转债，翰蓝转债上市时，其内在的转股价值高于 100 元的票面价格，因而上市伊始，该可转债成交价格立即达到了沪市的临停标准，即 120 元。其后的 10:00（第一次停牌 30 分钟），该可转债恢复交易后，立即触发了 130 元的熔断标准。按照沪市交易规则，该可转债需要停牌至 14:57。

到了 14:57，该可转债恢复交易后，价格出现了回落。

通过这只可转债，投资者可对沪市可转债交易规则有所了解，以便制定自身的交易计划。

这里有一个比较特殊的地方需要注意：沪市集合竞价阶段的报价范围是 70 元～150 元，同时又规定了超过 20% 的涨幅就会临时停牌，因此，当可

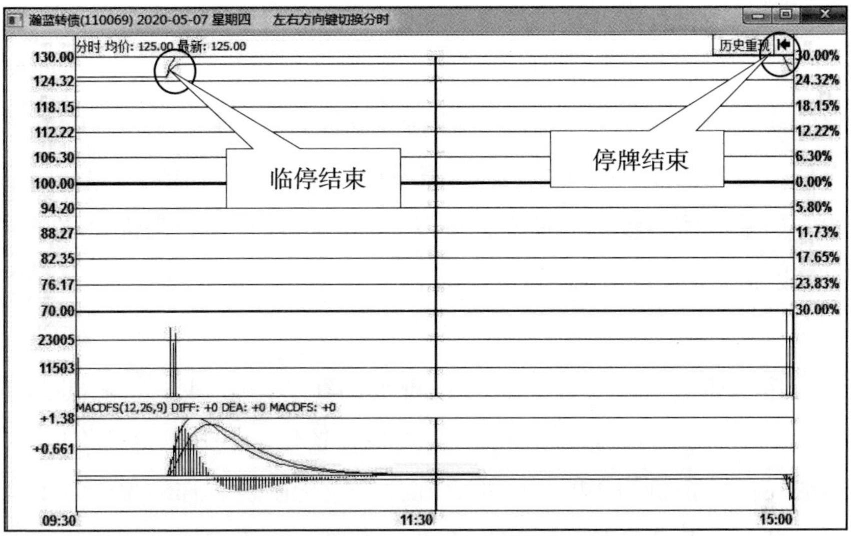

图 4–13　翰蓝转债（110069）分时走势图（2020.5.7）

转债的首日开盘报价在 120 元以上时，就会直接以临停形式开盘，持续 30 分钟后才能继续交易。

下面来看一下华体转债的案例，如图 4–14 所示。

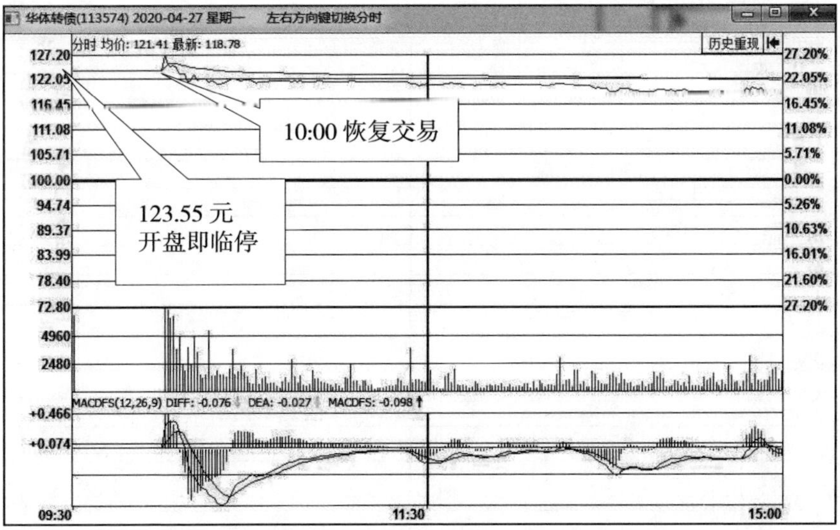

图 4–14　华体转债（113574）分时走势图（2020.4.27）

2020 年 4 月 27 日，华体转债正式上市交易。在集合竞价阶段，形成了 123.55 元的开盘价。由于沪市有新债上市首日价格超过面值 20% 即转入临时停牌的规则，因而 9:30 开盘后，该债券立即转入临停，直至 10:00 才开始恢复交易。也就是说，在债券的集合竞价阶段，投资者不能被 20% 的临停规则制约，如果有值得投资的债券，可以新债上市首日集合竞价阶段在 150 元以内报价申买。

2. 深市

在深市上市的新债，规定首日报价范围在 70 元～130 元之间。按照深市的规定，对于超出报价范围的委托，可以保留但不计入集合竞价撮合范围。假如你的委托单报价为 140 元，那么在集合竞价阶段，你的单子是不会成交的。但开盘后，若债券价格上涨至 140 元位置，由于你的委托单仍然有效，所以还是可能成交的，这一点与沪市明显不同。在深市，连续竞价和收盘集合竞价的有效竞价范围，应该在最近成交价的 ±10% 以内。

下面来看一下海大转债上市首日的走势情况，如图 4-15 所示。

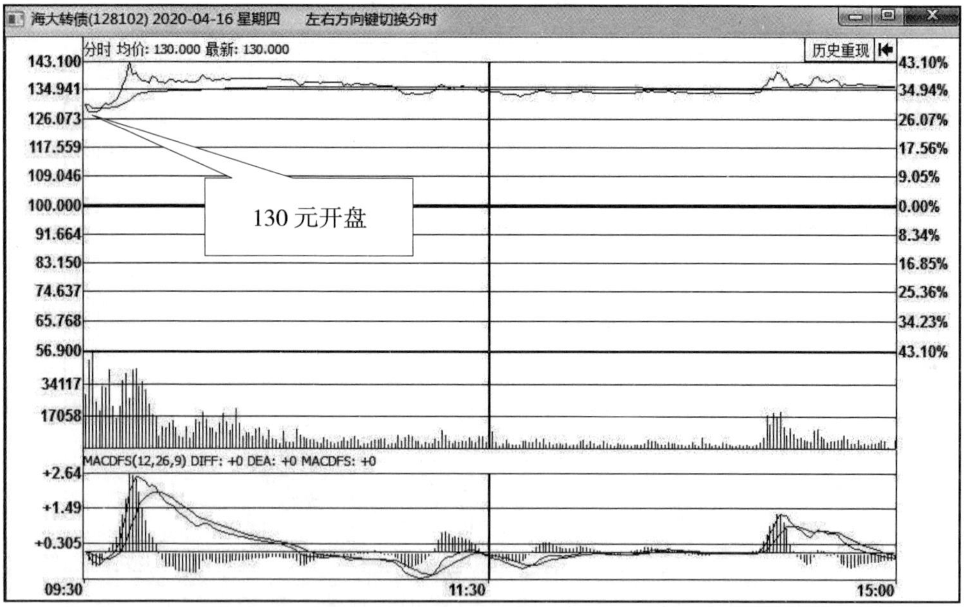

图 4-15 海大转债（128102）分时走势图（2020.4.16）

海大转债是一只在深市上市交易的可转债品种。2020 年 4 月 16 日，该可转债开始交易。上市当日，该可转债以 130 元的价格开盘，其后价格一度上涨至 146.545 元。该可转债的涨幅超过了 45%，但并未出现临时停牌的情况，这就是深市与沪市交易规则的不同。当日，该可转债开盘价为 130 元，说明该可转债上市首日开盘集合竞价时，必须在首日报价范围内填报交易价格。

第四节　可转债基本交易规则

为了便于投资者进行可转债交易，下面简单介绍可转债交易的基本规则。

一、交易时间、数量以及价格

交易时间、数量以及价格方面的规定，是可转债交易市场中最基础的交易规则。

1. 交易时间

交易日是除节假日外的工作日。因调休将周六或周日变为工作日的，市场仍旧不交易。证券市场每天交易时段及起止时间如下。

上午：9:30—11:30；

下午：13:00—15:00。

另外，9:15—9:25 为集合竞价阶段。同时，深市最后 3 分钟，即 14:57 开始进入集合竞价阶段，其余交易时段为连续竞价阶段。也就是说，深市的可转债收盘价通过集合竞价产生，沪市在尾盘则没有集合竞价。对于集合竞价规则，后面还会详细介绍。

2. 交易数量

在市场上，可转债的交易单位为“张”，10 张 =1 手。每次交易必须是

10 张或其整数倍，即买卖多少手。

因正股配售等原因产生不足 1 手的情况（如深市的配售规则中，是以张为单位的，这很容易产生不足 10 张即一手的可转债），可一次性卖出，不可以买入不足 1 手的可转债。

3. 交易价格

沪深可转债市场的最小报价单位为“0.01 元”。买入和卖出可转债，需将价格精确至 0.01 元。

4. 竞价规则

投资者填报的买入或卖出价格是有一定限制的。其中，交易时段不同，具体的规定也有所不同。

（1）早盘集合竞价阶段

按照沪市交易规则，早盘集合竞价阶段的报价应该在前一交易日收盘价的 70%～150% 之间，超过该报价范围的委托会被视为无效报价，即废单。比如，某只可转债前一交易日的收盘价为 110 元，则下一交易日的集合竞价有效报价范围在 77 元～165 元之间。

深市的规定与沪市稍有不同。非首日上市的可转债，早盘集合竞价阶段有效报价范围为前一交易日收盘价上下 10% 的幅度。若某一可转债前一交易日的收盘价为 110 元，则下一交易日集合竞价阶段有效报价范围在 99 元～121 元之间，超过该报价范围的报价在集合竞价阶段不会成交，但会予以保留，开盘后的连续竞价阶段，这一报价仍有可能成交。

（2）连续竞价阶段

在连续竞价阶段，沪深两市的规定相差不大。

沪市对可转债连续竞价阶段的报价限制如下：在连续竞价阶段，投资者申报的卖出价格不得高于即时揭示的最低卖出价格的 110%，且不低于即时揭示的最高买入价格的 90%。同时，不高于上述最高申报价与最低申报价平均数的 130%，且不低于该平均数的 70%。即时揭示中无买入申报价格的，即时揭示的最低卖出价格、最新成交价格中较低者视为前项最高买入价格。

即时揭示中无卖出申报价格的，即时揭示的最高买入价格、最新成交价格中较高者视为前项最低卖出价格。

图 4–16 展示的是 2020 年 5 月 13 日上午 10:35 翰蓝转债的五档盘口。从该盘口来看，即时最低卖出价格为卖 1 位置的 128.02 元，最高买入价格为买 1 位置的 127.72 元。那么，投资者申报的交易价格必须在 141.02（128.02 × 110%）元～114.95（127.72 × 90%）元之间。

委比		-9.28%	-9
卖盘	5	128.07	1
	4	128.05	35
	3	128.04	1
	2	128.03	6
	1	128.02	10
买盘	1	127.72	3
	2	127.70	7
	3	127.66	10
	4	127.64	10
	5	127.63	14

图 4–16　翰蓝转债（110069）五档交易盘口（2020.5.13）

深市对可转债连续竞价阶段的报价限制如下：连续竞价、收盘集合竞价的有效竞价范围为最近成交价的上下 10%。相比沪市的申报规则，深市的规则更为简单，它是以即时成交价格为基准的。比如，之前刚刚成交的价格为 100 元，那么投资者委托单的价格就只能在 90 元～110 元之间。同时，深市相比沪市还多了一个尾盘集合竞价，尾盘集合竞价的报价规则与连续竞价的规则相同。

交易报价的策略需要尽可能灵活：买入量较大的，在报价时尽量做到锱铢必较，因为每一分钱都可能关系最终盈利数额。投资者若想快速追涨买入或杀跌卖出某只可转债，则不应计较价格，应为价格变动预留足够的空间。

例如，一只正在快速拉升的可转债，即时成交报价为 110.01 元，此时若想快速跟进，则不应将报价停留在 110.02 元，而要直接报到 110.05 元甚至 110.10 元。因为报价过低，可能会让你无法成交，最终不得不撤单后重新报价，此时价格可能已经上涨一大截了。高报价一则能够让你快速成交，二则仍会按照卖方价格成交，使得买入可转债的成交价低于申报价格。卖出可转债是同样的道理。

二、集合竞价规则

集合竞价是指对一段时间内接受的买卖申报一次性集中撮合成交的竞价方式。集合竞价需要遵循以下 3 个原则。

（1）以此价格成交，能够获得最大成交量。

（2）高于参考价买入申报和低于参考价卖出申报必须全部成交。

（3）与参考价位相同的申报，其中买入申报和卖出申报必须有一方能全部成交。

若有几个价格同时符合上述 3 个条件，沪市按照几个价格的中间价成交，而深市则按照与前一交易日收盘价最近的价格成交。

目前，与股市相同，可转债每天早盘的开盘价都是通过集合竞价获得的，即每个交易日的 9:15—9:25 属于集合竞价时间。

早盘集合竞价阶段，实质上又可以分为 3 个不同的时间段（点）。

（1）第一个时间段：9:15—9:20。

在此时间段内，投资者可以发出买入或卖出指令，也可以撤销买卖指令（即可以挂单，也可以撤单）。炒股交易软件中，会显示出虚拟的成交信息。

（2）第二个时间段：9:20—9:25。

在此时间段内，投资者可以发出买入或卖出指令，但不可撤掉买卖指令（即只能挂单，不可撤单）。系统会根据投资者的挂单情况，按照集合竞价成交规则自动撮合成交。

9:20—9:25 之间提交的撤销命令，若集合竞价阶段没有成交，将会在 9:30 之后撤销，不参与连续竞价阶段的撮合交易。也就是说，9:20 是一个关键的时间点。

（3）第三个时间点：9:25。

在此时间点，系统会给出当日开盘价，即根据集合竞价得到的最优化成交价格，在此价格以上的买入订单已全部成交，在此价格以下的卖出订单也全部成交。

除此时段外，深市每天的收盘价也是通过集合竞价的方式获得的，即每个交易日的 14:57—15:00。

投资者在集合竞价阶段如要买入或卖出可转债，应尽量将价格设置得高于其他投资者的买入价格或低于其他投资者的卖出价格，这样既能保证成交，又因为交易价格是集合竞价的结果，自己也不会吃亏。当然，在填写申报价格时，投资者还应该考虑申报价格的限制因素，不能超过限价，否则会形成废单、无效单。

三、T+0 交易规则

T+0 交易规则是可转债交易与股票交易最大的不同点。投资者当天买入的可转债，可在当天卖出，同时，卖出可转债收回的该笔资金可继续交易使用，这就极大地提升了资金的使用效率。当然，卖出可转债的资金当天无法提现，提现需要 T+1 交易日才能实现。

在投资市场上，可转债市场执行的 T+0 交易规则，是与股票市场的 T+1 规则相对应的。T+1 交易制度中的 T 是指交易当天，T+1 是指交易完成后的下一交易日。T+1 交易制度是指投资者当天买入的证券要到下一交易日才能卖出，但卖出证券当天收回的资金当日就可以买入新的证券，不过，当天卖出股票收回的资金当日不能提现。T+0 交易则是指当天买入可转债，当天即可卖出。

相比股票市场，可转债市场的投资标的和参与投资者数量都比较少，通过执行 T+0 交易规则，可以提高可转债市场的活跃度，避免交易清淡。

图 4-17 展示的是 2020 年 3 月 18 日晶瑞转债的价格波动情况。从分时走势图中可以看出，该可转债的价格波动比较剧烈，非常适合投资者进行短

线投机交易。比如，投资者在买点一位置买入债券，当日在卖点一位置发现价格无力向上突破，就可以执行卖出操作。在下午时段，可以用卖出获得的资金再度买入，并在卖点二位置再次卖出债券。一天之内，投资者可多次进行买卖交易。也就是说，投资者发现价格运行趋势与自己预判相反时，就可以执行卖出操作，不用等到下一个交易日卖出，这就是 T+0 交易的优势所在。

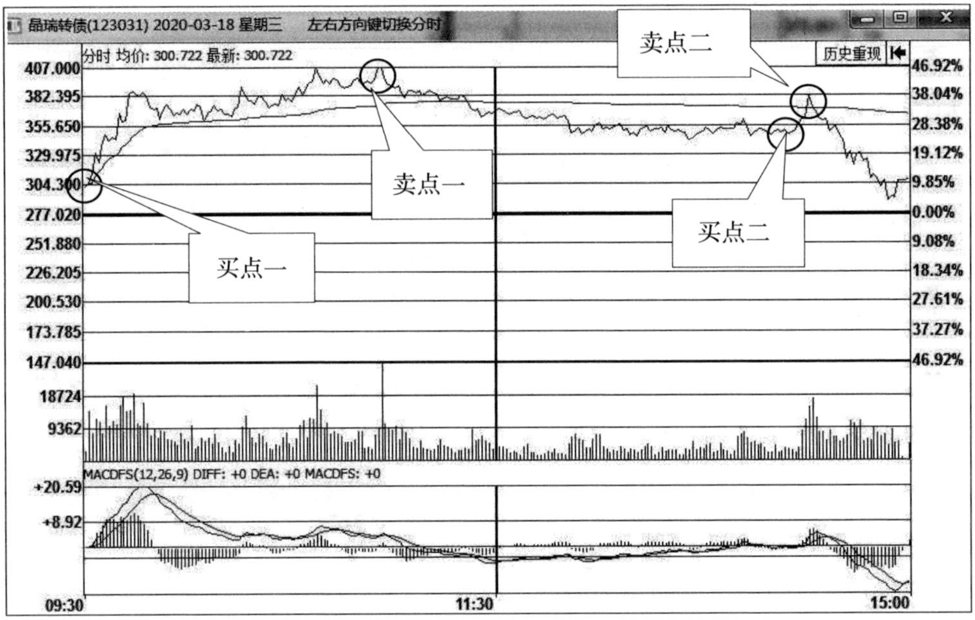

图 4–17 晶瑞转债（123031）分时走势图（2020.3.18）

投资者若在 A 股市场上交易股票，则无法进行 T+0 交易。如图 4–18 所示，2019 年 3 月 29 日，德展健康的股价开盘后一直呈幅度较大的波动，这说明多空争斗非常激烈，也可能是主力在引诱散户入场接盘。其后，在临近尾盘时段，该股股价被快速拉升，给人一种即将冲击涨停板的感觉，很多散户纷纷入场追涨，其后主力反手向下打压股价。由于股市执行 T+1 规则，散户即使知道自己中了主力的诱多圈套，也无法立即卖出手中的股票，只能等待下一交易日卖出。

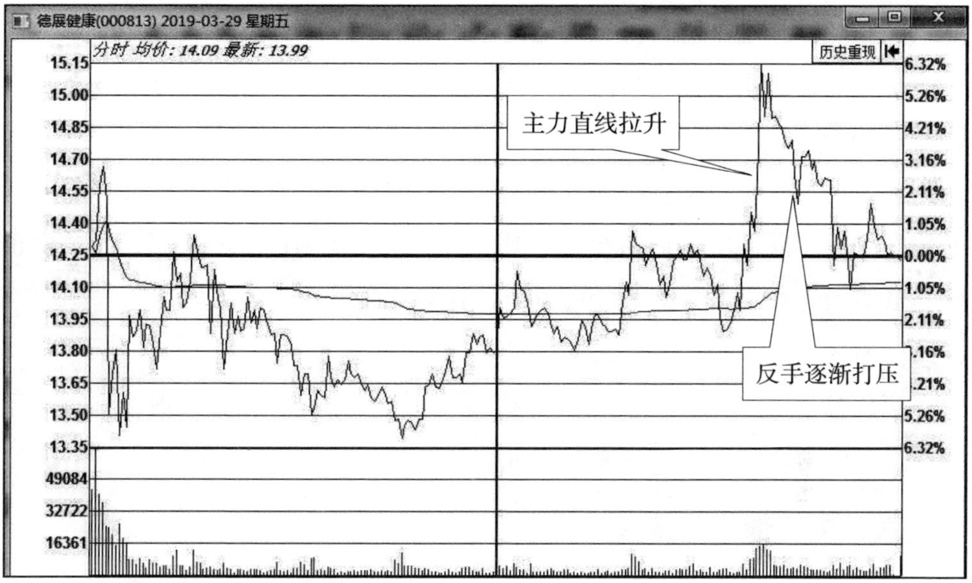

图 4–18　德展健康（000813）分时走势图（2019.3.29）

四、可转债涨跌幅度规则

不设涨跌停限制，也是可转债与股票交易非常明显的一个区别。不过，沪深两市在可转债价格出现大幅波动时，也是有一些限制措施的。比如，上海证券交易所规定，当日债券价格较前一交易日上涨或下跌幅度达到 20%（含），或单次上涨或下跌超过 30%（含），则需进行临时停牌。其中，第一次临时停牌时间为 30 分钟，第二次临时停牌持续至当日 14:57。深圳市场则没有上述规定。

尽管沪深两市对可转债都没有设置涨跌停限制的规定，但由于沪市有临时停牌和开盘价范围的规定，使得可转债的价格波动不至于过大。相反，在深市，尽管没有临时停牌的规定，但开盘价被限制在前一交易日收盘价 ± 10% 的波动范围，连续竞价也被限制在 ± 10% 的波动范围，使得这些报价不至于出现过大的偏离幅度。不过，总体上来说，深市的可转债波动幅度要大一些，特别容易出现暴涨暴跌的走势，投机氛围更浓一些。

五、交易费用

证券交易费用通常包括两类：其一是印花税，其二是券商佣金。

1. 印花税

相比股票交易，可转债的交易费用是非常低的。目前，可转债交易与普通债券交易相同，不收取印花税。对经常交易股票的投资者来说，印花税也是一笔不小的费用，而交易可转债则没有这一费用。

2. 佣金

可转债的交易佣金低于股票交易，不过券商不同，佣金收取标准也不尽相同，一般为 0.02% 左右，最低 1 元。

六、可转债交易要点

可转债作为一种相对特殊的债券，在交易过程中，投资者需要注意以下 3 点。

第一，可转债属于“进可攻，退可守”的债券。在最差的行情中，即使投资者无法通过转股获利，还可以将可转债回售给发行企业，获得票面金额和约定的利息收入，这就为投资者提供了一种托底保障。若可转债的正股价格上升，会带动可转债价格上涨，此时投资者还可通过卖出可转债或转股获利，这种收益一般来说会远高于债券的本息收入。

第二，尽管可转债属于一种有托底的债券，但不是只赚不赔的债券。在交易过程中，可转债会产生若干的高点与低点。若在高点买入可转债，价格下跌时卖出，投资者无疑会亏损。因此，保守型投资者在交易可转债之前，需要分析可转债的转股价值、溢价情况以及正股价格走势，进而确定自己的大致交易区间，不能盲目入场。

第三，注意风险防控。由于可转债交易规则与股票、债券不同，特别是实行 T+0 交易规则，没有涨跌停限制，都给投资者带来了新的挑战，因而在交易过程中，投资者必须合理控制仓位，注意风险防控。

第五节　可转债的转股操作

转股套利是可转债投资经常应用的一种套利方法。不过，对可转债新手来说，可转债的转股操作有时总是让人感到一头雾水。特别是临近强赎日时，投资者必须进行转股操作，方可保证投资收益。

一、可转债转股需注意的问题

可转债转股前，投资者需要明确这样 6 个问题。

第一，可转债转股是没有费用的，投资者只需考虑转股价格与正股价格之间的价差，即只要存在价差即可通过转股获利。

第二，可转债转股是有约定期限的，并不是所有时间都可以转股。通常可转债都是申购日后 6 个月开始进入转股期，直至可转债退市。不在转股期，可转债是无法转股的。

第三，投资者需要留心可转债发行公司的赎回公告，特别是强赎公告，一定要在赎回日前完成转股操作。上海电力可转债由于触发强赎条款（正股价格高于转股价格 130%），2007 年 8 月 14 日完成最后一天的债券交易后，该可转债被以 102.76 元的价格强制赎回。正常情况下，持有上海电力可转债的投资者都会将其可转债转股，否则以 102.76 元的价格被上市公司强制赎回，会造成较大的投资损失。但是，当日确实有 3 只基金因未进行转股操作，导致持有的可转债被强赎，直接造成了 2 000 多万元的损失。

第四，各大券商的交易系统有所不同，转股操作方式也不同。目前，常用的可转债转股方式包括两类：一是直接借助转股代码完成转股，二是通过证券交易系统的股转功能完成交易。

第五，可转债转股是在当日申请，下一交易日才能换回股票。当日申请转股的操作当日可以撤单，这一点非常重要。有时，投资者盘中发现可转债转股溢价率可能是负值，便想买入可转债进行套利转股操作，但由于下一交易日才能拿到股票，次日股市开盘后，股票价格会出现变动，导致套利空间消失或出现亏损，因此套利交易需要承担一定的风险。

第六，沪深两市可转债转股操作方法上稍有不同。深市可转债发行时，可以使用深市提供的转股代码进行转股操作。沪市没有提供转股代码，需要借助转债代码进行转股操作。

二、通过转股代码完成转股

通过转股代码进行转股操作，是一种最普遍、最简单的可转债转股方法。通常情况下，深圳市场发行的可转债会提供一个转股代码，在可转债开始转股前，上市公司会发布一个可转债"开始转股"的公告，这份公告会提供 3 个相关的代码，即正股股票代码、转债代码和转股代码，如图 4–19 所示。

证券代码：603313	证券简称：梦百合	公告编号：2019-037
转债代码：113520	转债简称：百合转债	
转股代码：191520	转股简称：百合转股	

图 4–19　梦百合关于"百合转债"开始转股的公告

图 4–19 展示的是梦百合发行的百合转债开始转股的公告。在这份公告的开头部分提供了 3 个代码，分别为梦百合证券代码、百合转债代码、百合转股代码。

在实际交易实战中，对持有百合转债的投资者来说，只要在卖出证券的窗口输入转股代码，然后填写转股数量即可。这里有一点必须注意，投资者必须填写转股代码，而非转债代码，否则就会变成单纯的可转债买卖交易而非转股操作了。当然，在有些券商的交易系统中，即使在买入对话框中填写转股代码也是可以申报成交的。手中有可转债，如果填写转股代码，系统就会默认你要进行转股操作。

如图 4-20 所示，当投资者输入百合转股代码后，系统自动给出了转股价格 14.28 元，此时，投资者根据要转股的比例填写卖出数量即可。

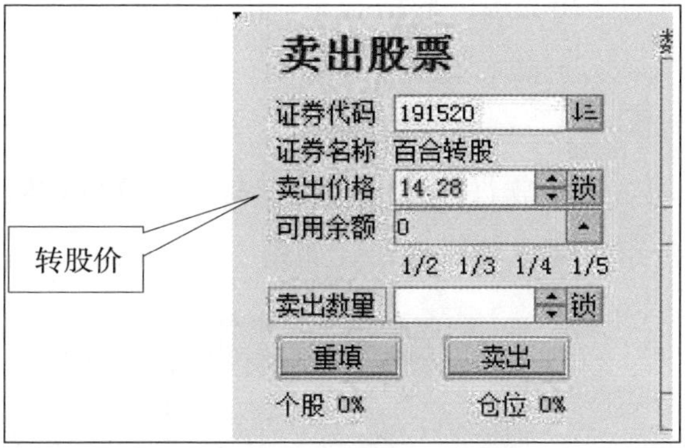

图 4-20　转股操作界面

当然，可转债的转股操作是不可逆的，也就是说，将手中的可转债转换为股票后，不能再将股票转回可转债。沪市的可转债产品不能通过该方法进行转股，因为沪市没有提供可转债的转股代码。

三、通过股转功能完成转股

在有些券商的交易系统中，提供了可转债直接转股的功能。比如，在华泰证券的交易系统中，点击“其他交易”，选中“其他买卖”，就会给出一个可转债转股对话框，如图 4-21 所示。

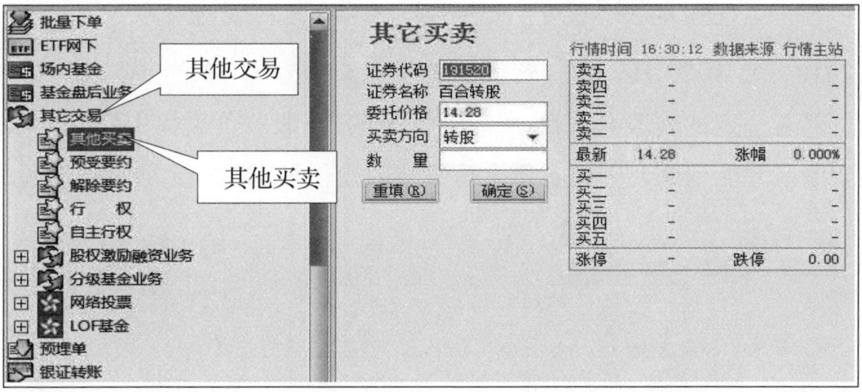

图 4-21　“其他交易”｜“其他买卖”（华泰证券）

图 4–21 展示的是点击“其他交易”下的“其他买卖”选项卡后出现的对话框。投资者输入可转债转股代码后（沪市上市的可转债可直接输入转债代码），系统会自动给出相应的转股价格。由于投资者都是要完成转股操作，因而就不需要对买卖方向进行调整了。此时，投资者只输入需要转股的数量即可。

投资者可以通过手机软件中的“其他交易”|“债转股”，输入转股代码或转债代码（沪市）完成转股操作，如图 4–22 所示。

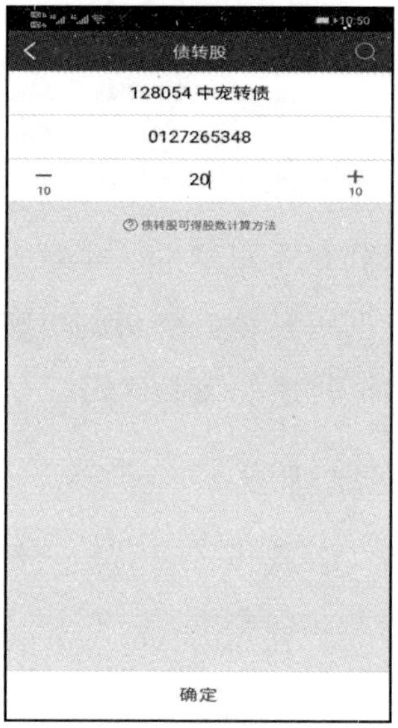

图 4–22　债转股操作界面（华泰证券手机界面）

2010 年 5 月 22 日，中宠转债的转股溢价率为 –1.5% 左右。从即时情况来看，具有一定的转股套利机会，但由于当日正股股价大幅走低，且债转股后次日股票才能到账，因而实质上这种转股操作是面临一定的亏损风险的。

第五章

可转债底线价值投资攻略

从某种意义上来讲，采用可转债底线价值投资策略，对投资者来说是一种最为稳妥的投资方式。该投资策略通过计量可转债的内在价值，之后再以相对或绝对的低价购入可转债产品，在价格明显偏离内在价值时卖出。实际操作中，执行该投资策略，盈利的概率会远大于亏损。

第一节　底线价值投资基本策略

底线价值投资策略是指投资者基于可转债内在价值评估基础之上，寻找最具投资价值的可转债品种，且越便宜越好。

底线价值投资策略实施的关键点包括以下 4 个方面，如图 5–1 所示。

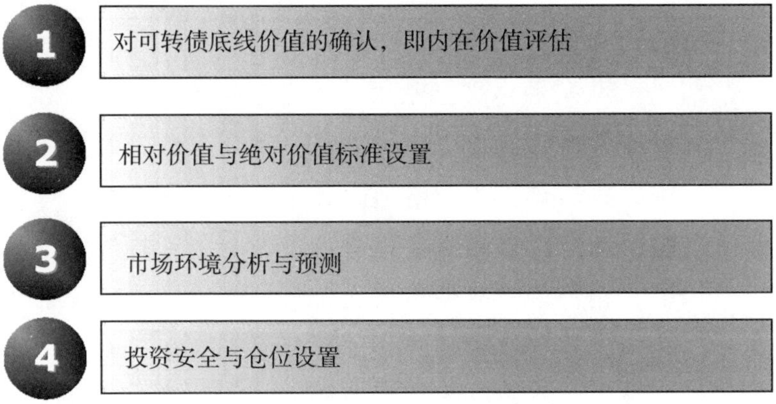

图 5–1　底线价值投资策略实施要点

一、底线价值的确认

通过前面对可转债价值评估的介绍可以发现，其实可转债的底线价值包括两类：一是转股的底线价值，二是作为纯债的底线价值。

1. 转股的底线价值

转股的底线价值即可转债的转股价格。从理论上来说，可转债的价格更应该与其转股价值相匹配。但在实际交易过程中，受可转债市场溢价率、正股成长性等诸多因素的影响，可转债的交易价格常常高于可转债的转股价值。作为一名坚守底线价值投资的投资者，转股溢价率过高时，绝不是理想的入场时机。只有等待转股溢价率到达很低的水平，甚至是负值的水平时，才属于最佳的入场时机。

2. 可转债的纯债价值

在熊市中，很多可转债的正股价格都会低于转股价格，这就使得通过分析转股价值来筛选可转债投资标的变得不太现实。同时，由于可转债还具有债券的属性，可转债的市场价格不至于下跌过多，这就使得可转债的转股溢价率可能变得很高，已经失去了参考价值，此时投资者可以从纯债价值的角度分析可转债的投资价值。基于债券到期本息贴现计算出的纯债收益率，就是衡量可转债有无投资价值的重要标尺。

其实，以上两项都可以作为筛选投资标的的参考指标，若可转债的市场价格低于转股价值或纯债价值，都属于较佳的投资时机。

二、绝对与相对标准设置

在进行底线价值投资时，要设置绝对标准还是相对标准呢？一般来说，绝对标准更容易操作，且成功的概率较高。比如，可转债的价格低于转股价值或纯债价值时，投资者买入获利的概率非常高。但是，这种情况并不多见，且在可转债领域，转股溢价、转债溢价是一种常态，因而，通过相对标准选择投资标的似乎更为现实。

比如，投资者将拟投资的标的和其他可转债的转股溢价率或纯债溢价率进行对比，发现相对的投资价值，就是一种在正常市场条件下较佳的目标选择。

当然，到底选择何种标准，还要依照投资者个人对风险的理解和承受能力不同而异。若追求无风险投资，那么坐等可转债打新（转股溢价率为负值的品种），或者耐心等到熊市期间可转债的转股溢价率或纯债溢价率为负值时再介入，也是一种不错的选择。

三、市场环境确认

在实际投资过程中，偏离市场环境单独分析投资标的价格高低是没有意义的。在牛市环境中，可转债的正股价格逐步走高，可转债的溢价率势必随之走高，此时投资者再想寻找低转股溢价率，甚至转股溢价率为负值的可转债进行投资是不切实际的。反之，在熊市行情中，可转债对应的正股价格持续走低，可转债的价格也会随之走低，但由于其具有的债券属性，使其价格不可能大幅低于100元面值，也就是说，可转债的转股溢价率可能在下跌至一定水平后重新走高，这时可转债的价值分析已经进入债券属性区域了。因此，投资者需要理解市场环境和可转债属性的转换，这在前面已经介绍过。

四、投资安全与仓位

通常情况下，能够被批准发行可转债的企业，基本上都属于上市公司中业绩较佳的企业，这些企业的信用状况一般比较不错。但凡事都有例外，最近几年爆出的债券违约和财务造假案例中，其中就有一些典型的优质企业和白马股。正因如此，出于投资安全考虑，投资者不应将所有资金押在少量的可转债品种上。当然，这并不意味着投资者可以持有数量众多的可转债品种，数量过多和过少都不是最佳选择。

一般来说，投资者持有5只左右的可转债产品为最佳，当然，还需要根据市场环境以及可转债产品的估值情况来调整。比如，在熊市中，可转债转股溢价率较低，可转债对应的正股价格较低，投资者依照底线价值投资策略筛选出来的合适标的众多。与此同时，由于经济环境相对恶化，企业更容易出现问题，因此适当地分散投资标的无疑是一个不错的选择。反之，在牛市中，由于可转债转股溢价率较高，投资者很难找到非常便宜的、低溢价率高质量的投资标的，因而可以考虑适当减少投资品种的数量。

第二节　可转债绝对低价投资

绝对低价是与相对低价相对的概念，在实际操作中，可转债绝对低价投资方法以寻找价格低于转股价值或纯债价值的可转债品种作为投资目标，发现目标后果断买入，在价格回归后卖出，一般来说都会获得盈利。当然，市场上能够满足该方法的投资标的较少，在熊市中，当正股股价大幅走低，投资者对可转债投资失去兴趣后，才有可能出现这样的交易机会。

一、寻找低转股溢价率品种

低转股溢价率甚至转股溢价率为负值的可转债产品，理论上来说是最佳的投资品种。然而，极低的转股溢价率可转债品种，未必是最佳的投资标的。大家来看一下截至 2020 年 5 月 18 日市场上的可转债转股溢价率情况，如图 5-2 所示。

从图中可以看出，尽管列出了 14 只转股溢价率为负值的可转债产品，最低的转股溢价率为 –13.57%，然而，对照可转债的申购时间就会发现，表中的绝大部分可转债产品并未进入转股期。也就是说，这里转股溢价率为负值只能表示未来转股时，大概率会盈利，但由于当下无法转股，投资者无法立即兑现盈利。如果等到转股期卖出，可能需要好几个月的时间，时间成本较高。如果接近转股期时买进，那时转股溢价率可能已经不是表中的数值了。

同时，即使进入转股期，还可能因为正股分红、配股等因素暂时无法转股。因此，投资者筛选可转债投资品种时，需要熟悉备选可转债产品的相关公告情况，同时对正股价格及走势有清晰的认识。

通过初步分析，图中能够进行转股的可转债产品其实只有 4 只，且转股溢价率普遍来说并不低，即投资者进场买入，获利空间也极为有限，如果正

债券代码	债券简称	相关	申购日期	申购代码	申购上限(万元)	正股代码	正股简称	正股价	转股价	转股价值	债现价	转股溢价率	原股东配售		发行规模(亿元)
													股权登记日	每股配售额	
113579	健友转债	详细 股吧	2020-04-23 周四	754707	100	603707	健友股份	63.60	54.97	115.70	100.00	-13.57%	04-22	0.7000	5.03
128086	国轩转债	详细 股吧	2019-12-17 周二	072074	100	002074	国轩高科	25.14	12.19	206.23	187.50	-9.08%	12-16	1.6320	18.50
113555	振德转债	详细 股吧	2019-12-19 周四	754301	100	603301	振德医疗	38.79	20.04	193.56	178.44	-7.81%	12-18	3.1420	4.40
113578	全筑转债	详细 股吧	2020-04-20 周一	754030	100	603030	全筑股份	5.91	5.47	108.04	100.00	-7.45%	04-17	0.7290	3.84
113580	康隆转债	详细 股吧	2020-04-23 周四	754665	100	603665	康隆达	25.99	24.45	106.30	100.00	-5.93%	04-22	2.0000	2.00
127015	希望转债	详细 股吧	2020-01-03 周五	070876	100	000876	新希望	30.83	19.78	155.86	152.80	-1.97%	01-02	0.9653	40.00
128088	深南转债	详细 股吧	2019-12-24 周二	072916	100	002916	深南电路	169.62	105.79	160.34	157.29	-1.90%	12-23	4.4790	15.20
113581	龙蟠转债	详细 股吧	2020-04-23 周四	754906	100	603906	龙蟠科技	9.77	9.61	101.66	100.00	-1.64%	04-22	1.3210	4.00
128089	麦米转债	详细 股吧	2019-12-26 周四	072851	100	002851	麦格米特	26.85	20.31	132.20	130.30	-1.44%	12-25	1.3952	6.55
128054	中宠转债	详细 股吧	2019-02-15 周五	072891	100	002891	中宠股份	32.00	22.28	143.63	142.57	-0.74%	02-14	1.9424	1.94
113548	石英转债	详细 股吧	2019-10-28 周一	754688	100	603688	石英股份	23.45	15.25	153.77	152.99	-0.51%	10-25	1.0780	3.60
113565	宏辉转债	详细 股吧	2020-02-26 周三	754336	100	603336	宏辉果蔬	19.51	14.61	133.54	132.94	-0.45%	02-25	1.4730	3.32
123029	英科转债	详细 股吧	2019-08-16 周五	370677	100	300677	英科医疗	62.42	16.17	386.02	384.65	-0.36%	08-15	2.3687	4.70
123018	溢利转债	详细 股吧	2018-12-20 周四	370381	100	300381	溢多利	12.22	8.35	146.35	146.00	-0.24%	12-19	1.6348	6.65

图 5–2　可转债转股溢价率数据

注：资料来源于天天基金网。

股价格出现剧烈波动，还有可能出现亏损。

阳光下没有任何秘密。所有转股溢价率为负值的可转债产品都有获利空间，这也是所有炒作可转债的投资者都熟悉的获利套路。通常情况下，只有在熊市中，市场交易极度清淡时，才可能存在转股溢价率极低或为负值的情况，这也是投资者买入可转债的最佳机会。

二、最低的纯债溢价率

相对转股收益率，纯债收益率为负值的情况要多一些，特别是在熊市期间，很多可转债产品的价格可能会跌破 90 元，这其中就有一些具有较高投资价值的品种。下面来看一下图 5–3 所列的可转债纯债溢价率情况。

从图中可以看出，市场上有很多纯债溢价率为负值的可转债品种，其中亚药转债的纯债溢价率最低，达到了 –16.03%。单从数据来看，这是一个非常理想的投资标的，但是对其进行进一步分析就会发现，亚药转债的低溢价率是有其背后原因的：其一，该可转债对应的正股亚太药业失去了对上海新高峰药业及其子公司的控制，并被调查；其二，亚太药业的审计报告被出具了保留意见；其三，业绩大幅亏损，市场担心该公司的履约能力等。以上多种因素，共同导致了亚药转债价格走低。在这种情况下，投资者肯定要将防御风险放到第一位，放弃这类投资标的，并从其他可供投资的标的中选择低纯债溢价率的品种。

序号	转债代码	转债名称	最新价	涨跌幅	相关链接		正股代码	正股名称	最新价	涨跌幅	转股价	转股价值	转股溢价率	纯债溢价率	回售触发价	强赎触发价	到期赎回价	纯债价值	开始转股日	上市日期	申购日期
1	128062	亚药转债	86.879	-1.59%	股吧	详细	002370	亚太药业	4.83	-2.42%	16.25	29.7231	192.29%	-16.03%	11.38	21.13	115.00	103.46	2019-10-09	2019-04-24	2019-04-02
2	113527	维格转债	96.47	-1.56%	股吧	详细	603518	锦泓集团	6.22	-0.48%	10.52	59.1255	63.16%	-7.75%	7.36	13.68	115.00	104.57	2019-07-30	2019-02-19	2019-01-24
3	113581	龙蟠转债	-	-	股吧	详细	603906	龙蟠科技	9.77	1.77%	9.61	101.6649	-1.64%	-6.70%	6.73	12.49	120.00	107.18	2020-10-29	2020-05-19	2020-04-23
4	128023	亚太转债	97.750	-0.35%	股吧	详细	002284	亚太股份	4.74	0.85%	10.34	45.8414	113.24%	-4.34%	7.24	13.44	108.00	102.18	2018-06-08	2017-12-26	2017-12-04
5	128013	洪涛转债	101.758	-0.35%	股吧	详细	002325	洪涛股份	3.05	-0.33%	8.00	38.1250	166.91%	-4.06%	5.60	10.40	108.00	106.07	2017-02-06	2016-08-23	2016-07-29
6	113573	纵横转债	-	-	股吧	详细	603602	纵横通信	22.72	-2.86%	24.49	92.7726	7.79%	-2.94%	17.14	31.84	118.00	103.03	2020-10-23	-	2020-04-17
7	128014	永东转债	101.540	-1.45%	股吧	详细	002753	永东股份	7.59	-0.78%	12.64	60.0475	69.10%	-2.01%	8.85	16.43	108.00	103.62	2017-10-23	2017-05-12	2017-04-17
8	128063	未来转债	109.100	-1.62%	股吧	详细	002631	德尔未来	7.36	-2.13%	8.67	84.8904	28.52%	-1.61%	6.07	11.27	120.00	110.89	2019-10-11	2019-04-24	2019-04-03
9	128015	久其转债	102.000	-0.49%	股吧	详细	002279	久其软件	6.61	-0.90%	9.48	69.7257	46.29%	-1.56%	6.64	12.32	108.00	103.62	2017-12-15	2017-06-27	2017-06-08
10	113016	小康转债	99.25	-1.08%	股吧	详细	601127	小康股份	7.94	-1.98%	17.12	46.3785	114.00%	-1.42%	11.98	22.26	106.00	100.67	2018-05-11	2017-11-21	2017-11-06
11	128093	百川转债	108.000	-1.73%	股吧	详细	002455	百川股份	4.92	-0.20%	6.00	82.0000	31.71%	-1.23%	4.20	7.80	120.00	109.34	2020-07-09	2020-01-21	2020-01-03
12	128100	搜特转债	96.260	-1.98%	股吧	详细	002503	搜于特	2.99	-3.86%	5.36	55.7836	72.56%	-1.07%	3.75	6.97	112.00	97.30	2020-09-18	2020-04-09	2020-03-12
13	123011	德尔转债	102.900	-3.27%	股吧	详细	300473	德尔股份	26.46	5.80%	34.66	76.3416	34.79%	-0.98%	24.26	45.06	112.00	103.92	2019-01-24	2018-08-14	2018-07-18
14	113535	大业转债	100.06	-1.20%	股吧	详细	603278	大业股份	7.49	-1.71%	12.56	59.6338	67.79%	-0.95%	8.79	16.33	110.00	101.02	2019-11-15	2019-06-03	2019-05-09
15	128037	岩土转债	100.100	-0.63%	股吧	详细	002542	中化岩土	3.54	0.00%	8.01	44.1948	126.50%	-0.92%	5.61	10.41	108.00	101.03	2018-09-21	2018-04-25	2018-03-15
16	128018	时达转债	100.251	-1.53%	股吧	详细	002527	新时达	4.84	-1.22%	7.45	64.9664	54.31%	-0.42%	5.22	9.69	106.00	100.67	2018-05-10	2017-12-04	2017-11-06
17	113502	嘉澳转债	102.12	-2.73%	股吧	详细	603822	嘉澳环保	24.12	-0.21%	44.79	53.8513	89.63%	-0.32%	31.35	58.23	108.00	102.45	2018-05-17	2017-11-27	2017-11-10
18	128012	辉丰转债	-	-	股吧	详细	002496	*ST辉丰	2.08	-1.42%	7.71	26.9780	270.67%	-0.10%	5.40	10.02	103.00	100.10	2016-10-28	2016-05-17	2016-04-21

图 5-3 可转债纯债溢价率

注：资料来源于天天基金网，截至 2020 年 5 月 18 日。

下面再来看一下海印转债日 K 线走势图，如图 5-4 所示。

2018 年上半年，随着正股股价走低，海印转债的价格持续下跌。特别是到了 5 月下旬，海印转债的价格下跌速度明显加快，并早已跌破了 100 元的票面价格。到了 6 月 20 日，更是创出了 81.60 元的极低价。

此时，大家来分析一下海印转债的基本情况。截至 2018 年 6 月 20 日，海印转债的转股价为 5.25 元，而其正股海印股份的当日收盘价为 2.50 元。也就是说，海印转债的转股溢价率超过了 70%，如果该可转债不能下修转股价的话，相当长的一段时间内，该可转债几乎没有转股的可能。

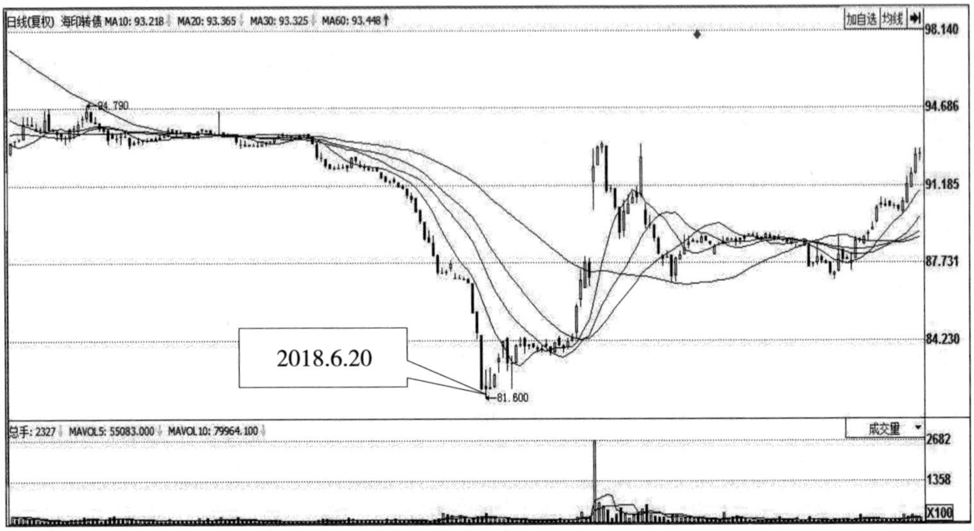

图 5-4　海印转债（127003）日 K 线走势图

不过，从纯债的角度分析，则可以得出另一种结论。先来看一下海印转债的基本情况。

（1）海印转债的发行期为 6 年：2016 年 6 月 8 日—2022 年 6 月 7 日。

（2）票面利率：第一年 0.50%，第二年 0.70%，第三年 1.00%，第四年 1.50%，第五年 1.80%，第六年 2.00%。

（3）债券到期偿还：可转债到期后 5 个交易日内，发行人将按债券面值 110%（含最后一期利息）的价格赎回未转股的可转债。

也就是说，不考虑贴现问题，在 2018 年 6 月 20 日买入的话，持有到 2022 年 6 月 7 日，可获得 114.3 元 / 张的回报。

考虑 2018 年 6 月 20 日该可转债的交易价格仅为 81.60 元，那么 4 年后的到期收益率将会高达 40%。从市场上来看，很少能够有这样高收益的投资品种，更何况该可转债当时已经触及回售线和下修价格线，存在一定的下修可能。综合来看，该可转债属于较佳的投资标的。

2018 年 6 月底前后，市场上确实存在一个投资可转债的绝佳机遇，很多可转债品种的价格都跌至 80 元左右的水平。当然，这种机遇可遇而不可求，投资者还是要立足当下，从当前具有投资价值的品种中甄选投资标的。

三、绝对低价搜寻策略

前面曾经介绍过，对投资者来说，这种绝对低价往往出现在特殊时期。在投资过程中，需要注意这样 3 点。

第一，通常情况下，在转股期间，很少会有可转债的转股溢价率为负值，因为一旦出现这种情况，就会有套利资金入场，迅速抹平这种落差，所以在寻找投资标的时，还是应该重点关注纯债溢价率。

第二，熊市尤其熊市末期，是可转债投资的最佳入场时机。相对于股票来说，可转债的投资时机更容易把握。毕竟股价进入下跌趋势后，低价之后还可能存在更低的价格，而可转债则不然，通常情况下，当可转债的价格下跌至 80 元左右的位置，基本上就是大底了，毕竟可转债有回售价格托底。既然持有可转债到期都能获得 110 元以上的收益，那么 80 元绝对是一个非常有吸引力的价位。

第三，个股遭遇突发事件。可转债发行企业若出现突发性的“黑天鹅”事件，或者整个市场出现异常下跌，可能会给正股股价短期内造成重大的影响。同时，由于可转债交易是没有涨跌停限制的，那么可转债价格的跌幅会远远超过正股，其中一些可转债可能会跌破 100 元的面值，这往往就是较好的入场时机。

比如，2020 年 2 月初，由于春节假期，A 股多日未开市。国外市场受新冠疫情的影响，出现了大幅下跌走势。2 月 3 日节后第一个交易日，A 股市场开盘后直接呈现补跌格局，很多股票甚至以跌停板开盘。可转债由于没有涨跌停板的限制，价格出现了大幅下滑，甚至有些可转债品种的价格跌破了 100 元面值。

下面来看一下维格转债的日 K 线走势图，如图 5–5 所示。

2020 年年初，维格转债的价格一直在低位震荡，投资者可关注一下该可转债的具体情况。

首先，从转股数据来看，该可转债的转股价格为 10.52 元，而 2 月 3 日正股锦泓集团的股价仅为 6.04 元，该股的回售触发价为 7.36 元。该可转债

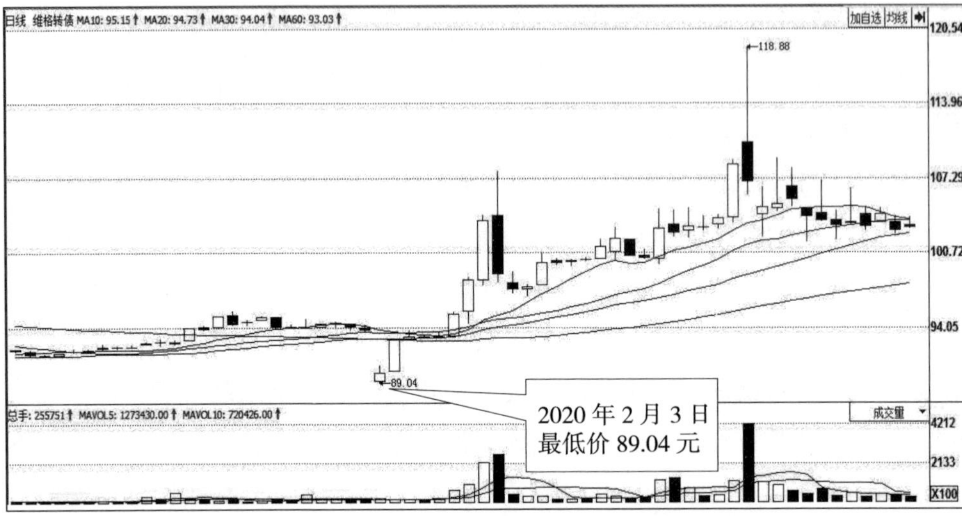

图 5-5　维格转债（113527）日 K 线走势图

发行时约定的下修触发条款为：当公司股票在任意连续 20 个交易日中至少有 10 个交易日收盘价低于当期转股价格的 90% 时，即可由董事会提请下修。也就是说，该可转债早已触发下修条款。

其次，从纯债角度来看，其具体情况如下。

（1）债券期限：该可转债存续期限为 6 年，即 2019 年 1 月 24 日—2025 年 1 月 23 日。

（2）票面利率：第一年 0.50%，第二年 0.70%，第三年 1.00%，第四年 1.50%，第五年 2.00%，第六年 2.50%。

（3）债券到期偿还：可转债到期后 5 个交易日内，发行人将按债券面值 115%（含最后一期利息）的价格赎回未转股的可转债。

也就是说，如果投资者在 2020 年 2 月 3 日入场买入该债券，到期将会获得 120.2 元。而当日债券价格已经下跌至 89.04 元。若当日入场买入，持有到期获利幅度大约为 35% 左右。这是一个很有吸引力的数字。

同时，考虑到该可转债还存在下修转股价格的可能，投资者在当日的价格低位入场，获利成功的概率极高，投资者可积极入场买入该债券。

第三节　可转债相对低价投资

从某种意义上来说，绝对低价且具有投资价值的可转债投资标的，一般都出现在特殊时段。比如，整个股市进入熊市阶段，或者可转债发行企业遇到了困境。如前面提及的亚药转债遭遇财务困境，甚至审计报告被出具了保留意见。也就是说，在正常情况下，投资者很难找到拥有绝对低价的投资品种。在绝对低价投资机会缺乏的情况下，相对低价、低估值的可转债产品，则是一种可考虑的选择。

一、寻找次新可转债产品

在对比可转债数据时可以看出，有一些可转债产品正式上市前，拥有极低的转股溢价率，大家要清楚这种低转股溢价率产生的原因。转股溢价率与当前的正股价格和转股价格具有直接联系，正股价格是随时波动的，只有转股价格是相对稳定的。同时，这个稳定的转股价格，其实是基于具有很强波动性的正股价格而来的。

通常情况下，可转债的转股价要求不低于募集公告发布前20个交易日的股票交易均价和前一个交易日的股票交易价。也就是说，过去20个交易日正股股价走势对转股价的形成具有重要影响。比如，过去20个交易日以及可转债上市时，正股股价处于上升趋势，那么可转债的转股价会明显低于正股股价；反之，则会高于正股股价。

基于以上分析，可以做出以下3点判断。

第一，新债上市后，必然会有一波估值修正的走势，特别是转股价低于正股股价，转股价值超过100元时，新债开盘后必然会受到炒作，从而导致债价走高。不过，即使转股价值低于100元，也可能因为新发上市而被热炒。

此时，并不是追涨买入可转债的时机。

第二，物极必反。当新债上市遭遇一轮热炒之后，很多新债由于偏离自身价值过多，接下来价格就会被打回原形，即上市次日开始逐渐向下回调，并很可能会触及阶段低点。

第三，新债价格回调到位后，就是投资者入场买入新债的最佳时机。当然，并不是每只新债都是适合入手的，投资者需要挑选那些转股溢价率相对较低，且正股股价处于上升趋势或回调到位的标的。

下面来看一下博特转债的案例，如图 5-6 所示。

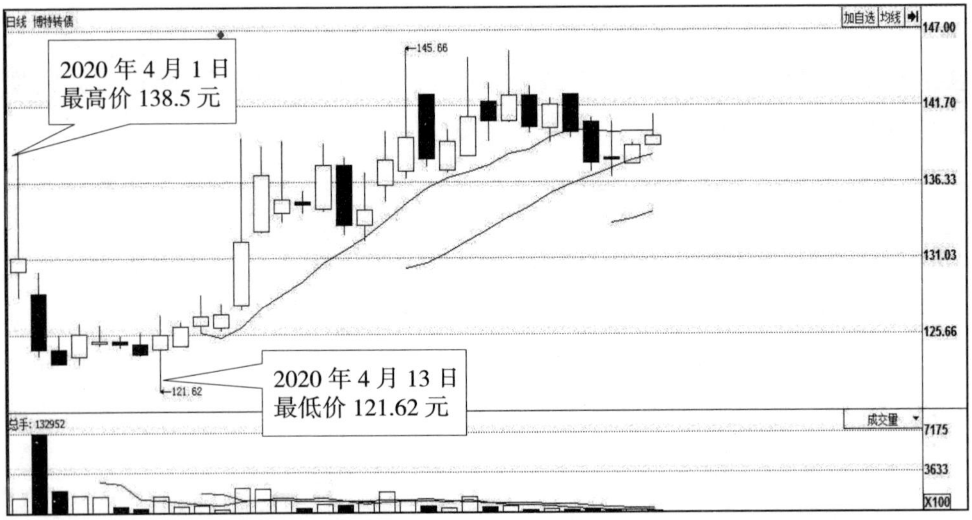

图 5-6 博特转债（113571）日 K 线走势图

博特转债在上市伊始遭到了爆炒，该可转债的发行价为 100 元，直接以 130 元的价位开盘。由于沪市可转债交易规则的限制，可转债以超过 130 元的价格开盘后，会直接停牌至 14:57。因此，当日该可转债其实只交易了 3 分钟。当日停牌结束后，价格出现了剧烈震荡，最终以 131.02 元的价格收盘。

与此同时，2020 年 4 月 1 日，博特转债正股股价收盘于 20.40 元，该可转债的转股价为 19.18 元，可以知道该可转债的转股价值为 106.36 元，当日转股溢价率为 23.19%。对照市场上的新债转股溢价率来说，这并不是一个很高的水平。博特转债上市后的几个交易日，转债价格持续走低，到 4 月 13 日，该可转债的价格最低达到 121.62 元的位置。当然，可转债的价格走势还与正股价格走低有关。

再来看一下正股苏博特的价格走势，如图 5-7 所示。

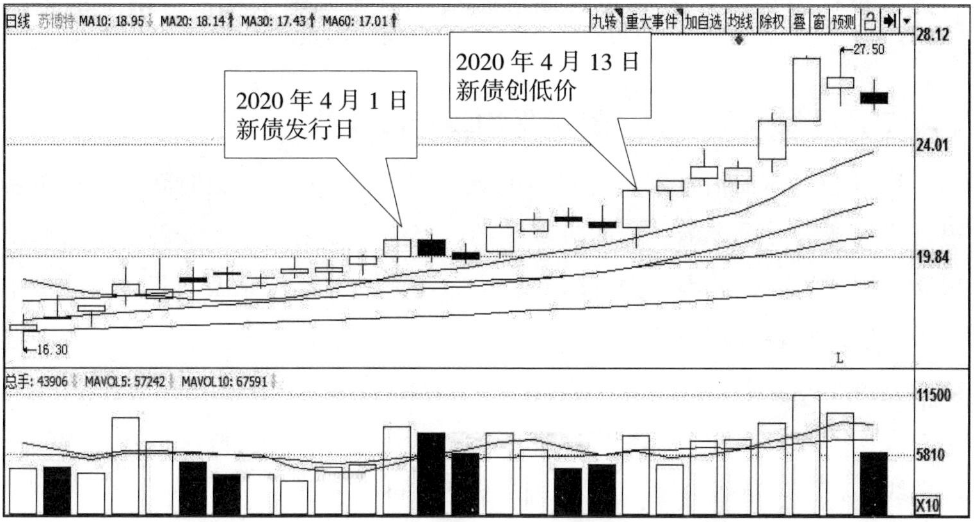

图 5-7　苏博特（603916）日 K 线走势图

从苏博特的日 K 线走势图中可以发现这样 3 点。

其一，尽管从新债上市交易到 4 月 13 日期间，可转债的价格一直处于下行趋势，但正股苏博特的价格一直呈现震荡上升态势。

第二，苏博特的股价一直处于各条均线之上，且各条均线呈多头发散状态。了解股票技术分析的投资者应该清楚，此时正股苏博特正处于上升趋势中，未来苏博特股价继续走高的概率极高。

第三，2020 年 4 月 13 日，股市大盘出现了大幅走低态势，正股苏博特和博特转债也同步走低，苏博特最低价达到 20.84 元。但其后苏博特的股价迅速拉升，并收于 22.27 元。

此时，可对 4 月 13 日博特转债的价格再次进行研判。

第一，转股价值。按当日正股价格最低点来计算，博特转债的转股价值为 108.65 元，转股溢价率为 11.94%。按当日收盘价来计算，博特转债的转股价值为 116.11 元，转股溢价率为 4.7%。

第二，4 月 13 日，博特转债的最低价格达到了 121.62 元。也就是说，相对处于上升趋势的正股苏博特来说，该可转债的溢价率已经处于很低的位置，投资者可放心入场买入该可转债，以博取未来转债价格上的差价利润。

二、寻找低于转股溢价率平均线产品

所有的可转债信息都是公开和透明的，因而，在大多数时间内，投资者很难找到转股溢价率为负值的投资标的。当然，如果有，投资者也要权衡出现这种情况的内在原因，抛开未到转股时间或其他特殊原因，若转股溢价率仍为负值，则要分析正股股价有无异常。换句话说，在投资过程中，要筛选市场上转股溢价率为正值的可转债品种，然后找出合适的投资标的。

在实际投资过程中，可考虑将市场上可转债的平均转股溢价率作为一条基准线，在该基准线以下寻找合适的投资标的。

在分析可转债平均转股溢价率时，还要注意以下 3 个因素。

第一，剔除触及强赎线的可转债品种。这类可转债由于触及强赎线，甚至已经进入强赎周期，可转债的价格必然向转股价值靠拢，转股溢价率也必然会回归，因此评估这类可转债的转股溢价率意义不大。

第二，剔除临近赎回期的可转债品种，这类可转债品种因有赎回价作为保底，其交易价格更多地是与纯债溢价率挂钩，而非转股溢价率。

第三，投资者可将转股溢价率从低到高排名，同时排除异常品种，包括信用等级较低的品种、正股被 ST 的品种等，然后从中选择交易标的。

当然，投资者不必自己统计可转债的相关数据，关注一些专门研究可转债的网站，它们提供了非常详细的相关分析数据。比如，富投网就在每日收盘后给出可转债转股溢价率统计数据，方便投资者使用，如图 5-8 所示。

类别	总数	均值	<=0	0至15	15至30	30至45	45-60	>60
转股溢价	255	31.7%	15	67	82	43	20	28
AAA	25	30.2%	1	4	7	8	4	1
AA+	33	29.4%		5	17	7	1	3
AA	104	34.3%	5	30	30	15	8	16
AA-	57	21.1%	6	18	18	8	3	4
A+	35	39.8%	3	10	10	5	4	3
A-	1	184.5%						1
80-90	1	184.5%						1
90-100	12	98.2%					4	8
100-110	102	36.2%		7	41	30	14	10
110-120	66	19.6%		23	31	12		
120-130	26	9.9%	1	18	7			
>130	48	30.7%	14	19	3	1	2	9

图 5–8　可转债转股溢价率统计表

从图中可转债转股溢价率分布情况来看，作为可转债最高信用等级的AAA 级可转债的转股溢价率，还没有 A+ 和 AA 两个相对低等级的债券转股溢价率高，也就是说，市场上很多资金更愿意炒作信用等级稍低的债券（当然，这与信用等级高的债券票面利率往往较低有关）。从这一点上来看，投资者在挑选可转债时，只要信用等级符合一般要求即可，无须选择最高信用等级的债券，大家必须追随市场。

从市场整体来看，可转债的转股溢价率平均值为 31.7%。也就是说，在选择投资标的时，尽量选择转股溢价率低于 30% 的标的。然后，再按照上面介绍的排除法，排除其中不可投资的品种，寻找最合适的标的。

比如，大家可以从已经上市并进入转股期内的可转债中，选择低转股溢价率且信用等级相对较高的产品，如图 5–9 所示。

从图 5–9 中可以看出，三星转债和海印转债的转股溢价率都在 10% 以内，同时两只可转债的信用评级都在 AA 级以上。从图 5–8 中也可以发现，AA 级可转债的平均转股溢价率高达 34.3%。也就是说，这两只可转债的转股溢价率远低于平均水平，投资者持有该类可转债产品，后期上涨的概率较大。当然，在买入前，投资者还需要综合评估正股的走势，若正股处于上行或上升趋势中的回调中，可转债未来上涨的概率更大。

序号	转债名称	转债代码	股票名称	股票代码	行业	子行业	转债价格	涨跌	日内套利	股价	涨跌	转债成交额	转债换手率	剩余本息	转股价格	P/B	转股价值	转股溢价率	距离转股日	剩余年限	回售年限	余额/市值	余额/股本
27	鼎胜转债!	113534	鼎胜新材	603876	有色金属	小金属	111.43	-0.65%	-1.67%	14.04	-4.88%	32	2.4%	114.9	15.28	1.65	91.88	21.3%	转股中	4.88年	2.88年	19.7%	18.1%
31	杭电转债!	113505	杭电股份	603618	能源电力	电力设备	106.69	1.57%	1.12%	6.63	6.08%	91	11.4%	112.3	7.24	1.91	91.57	16.5%	转股中	3.79年	1.79年	16.4%	15.0%
16	白电转债	113549	白云电器	603861	能源电力	电力设备	106.2	0.41%	-0.15%	8.22	0.49%	16	1.8%	115.1	8.99	1.57	91.43	16.1%	转股中	5.49年	3.49年	23.7%	21.7%
35	金禾转债!	128017	金禾实业	002597	石油天然	化工	119.51	-0.24%	1.04%	21.9	1.48%	3.5	0.5%	109.8	22.42	2.93	97.68	22.3%	转股中	3.45年	1.45年	4.9%	4.8%
19	金能转债	113545	金能科技	603113	煤炭	炼焦	107.1	-1.20%	1.67%	9.95	1.02%	3.4	0.2%	115.3	11.40	1.17	87.28	22.7%	转股中	5.40年	3.40年	22.3%	19.5%
23	三星转债	113536	三星新材	603578	家电	零部件制	114.67	-0.67%	-0.51%	21	-1.82%	7.6	3.5%	115.2	19.75	3.04	106.33	7.8%	转股中	5年9天	3年9天	10.2%	10.8%
25	雅化转债!	128065	雅化集团	002497	石油天然	化工	111.5	-1.51%	-1.32%	7.84	-6.11%	15	1.7%	110.9	8.96	2.82	87.50	27.4%	转股中	4.90年	2.90年	10.6%	9.3%
28	司尔转债!	128064	司尔特	002538	石油天然	农化	104.6	0.06%	-0.67%	4.94	-1.79%	3.5	0.4%	114.9	6.07	0.95	81.38	28.5%	转股中	4.88年	2.88年	22.6%	18.4%
30	岭南转债!	128044	岭南股份	002717	城市公用	生态环境	103.151	-0.91%	-0.12%	4.74	-3.27%	12	1.8%	111.8	5.92	1.59	80.07	28.8%	转股中	4.23年	2.23年	9.1%	7.2%
18	索发转债	113547	索通发展	603612	其他	其他	117.65	-0.04%	-0.29%	10.94	-0.55%	4.9	0.4%	119.1	10.67	1.47	102.53	14.7%	转股中	5.43年	3.43年	25.6%	26.3%
17	天路转债	110060	西藏天路	600326	建筑	水泥	116.7	0.97%	-1.90%	7.29	-1.49%	10	0.8%	115.3	7.24	1.87	100.69	15.9%	转股中	5.44年	3.44年	17.2%	17.3%
22	好客转债	113542	好莱客	603898	其他	家居用品	105.82	0.01%	0.69%	13.89	1.68%	6.1	0.9%	115.3	16.62	1.82	83.57	26.6%	转股中	5.20年	3.20年	14.6%	12.2%
26	创维转债!	127013	创维数字	000810	电子	电子行业	114.084	0.50%	-0.23%	11.25	0.54%	20	1.8%	117.9	11.49	3.18	97.91	16.5%	转股中	4.90年	2.90年	8.2%	8.0%
36	海印转债!	127003	海印股份	000861	商业零售	商场	110.436	0.27%	0.02%	3.03	0.66%	10	1.0%	113.3	3.01	1.92	100.66	9.7%	转股中	2年17天	17天	13.9%	14.0%
34	久立转2!	128019	久立特材	002318	石油天然	石油天然	109.2	0.37%	-0.62%	6.84	-0.58%	14	1.2%	109.8	7.62	1.75	89.76	21.7%	转股中	3.47年	1.47年	18.1%	16.2%
21	合兴转债!	128071	合兴包装	002228	造纸包装	包装材料	107.95	0.55%	0.32%	3.84	1.86%	7.9	1.2%	115.1	4.38	1.50	87.67	23.1%	转股中	5.24年	3.24年	13.3%	11.6%
29	拓邦转债	128058	拓邦股份	002139	电子	电子行业	115.45	-1.35%	0.18%	5.33	-2.56%	42	6.3%	122.6	5.54	2.20	96.21	20.0%	转股中	4.79年	2.79年	10.6%	10.2%
33	济川转债!	110038	济川药业	600566	医药	中药	109.68	0.16%	-0.06%	21.62	0.32%	7.1	1.0%	108.3	24.27	2.72	89.08	23.1%	转股中	2.48年	0.48年	3.6%	3.2%
24	永鼎转债!	110058	永鼎股份	600105	通信互联	通信设备	101.91	-0.28%	0.05%	4.01	-0.74%	23	2.3%	114.9	5.10	2.05	78.63	29.6%	转股中	4.90年	2.90年	19.6%	15.4%
20	远东转债	128075	远东传动	002406	汽车	零部件制	113.668	0.34%	-1.49%	5.88	-1.84%	18	1.8%	115.2	5.79	1.21	101.55	11.9%	转股中	5.34年	3.34年	27.1%	27.5%
32	兄弟转债!	128021	兄弟科技	002562	医药	原料药	114	0.62%	-1.54%	5.08	-1.74%	12	2.1%	109.8	5.25	2.17	96.76	17.8%	转股中	3.52年	1.52年	11.0%	10.7%

图 5-9　低转股溢价率的可转债产品

注：资料来源于富投网，截至 2020 年 5 月 21 日。

三、相对低价搜寻策略

除了前面讲解的两种相对低价搜寻策略外，投资者还可以尝试通过以下 3 种方法寻找相对低价的可转债产品。

第一，与该可转债历史上的转股溢价率进行对比，若当前的转股溢价率已经达到历史最低水平，则可考虑入场。当然，这里有一些特殊情况应该注意：其一，可转债必须处于转股期，只有这样才能保证及时转股；其二，该可转债不能触及强赎价或回售价；其三，该可转债不在强赎期间、回售期间或正常赎回期间内。

第二，与 100 元的票面金额相似，纯债价值也可以作为底线入场的重要参照标准，即当可转债的价格跌破该可转债的纯债价值时，就是投资者最佳的入场点。当然，这种情况出现的概率不高。

第三，100 元是可转债投资的一个重要分界线。大部分可转债产品跌破 100 元的面值后，都可能具有一定的投资或投机价值，特别是那些转股溢价率不是很高的品种，如转股溢价率在 30% 以内的品种。当然，一些低于下修触发线的可转债因存在下修的可能，因而也具备一定的投资价值，这也是可转债价格不会出现大幅下跌的原因之一。

下面来看一下德尔转债的日 K 线走势图，如图 5-10 所示。

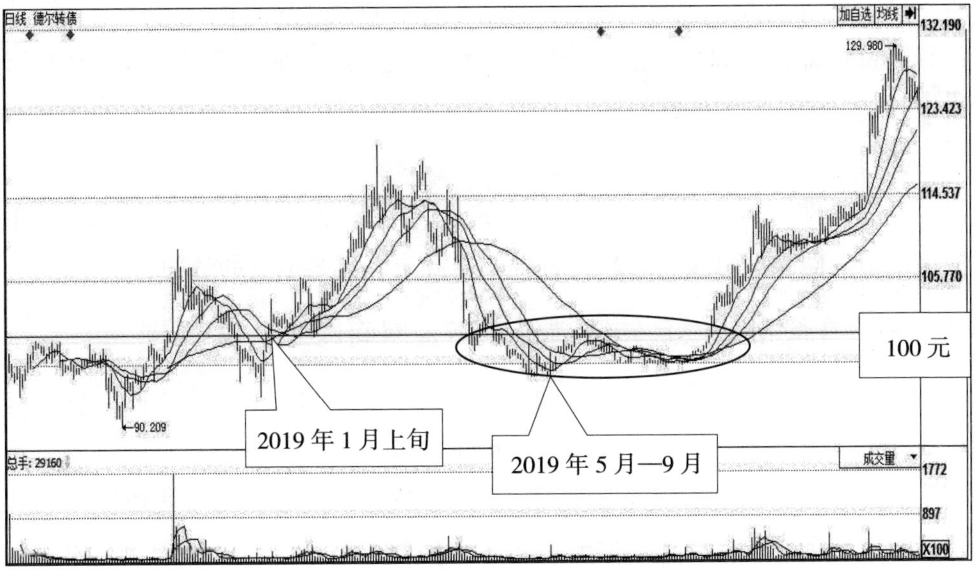

图 5-10　德尔转债（123011）日 K 线走势图

2019 年 1 月上旬，德尔转债的价格突破 100 元的价格线后，一直在 100 元上方震荡。到了 2019 年 5 月，因正股价格走低，转债价格再度跌破 100 元的价格线。对投资者来说，其实这是一个较佳的入场时机，投资者可中线入场建仓该可转债，并在价格重新回到 100 元上方后再择机出货。

第四节　底线投资策略操盘计划

可转债底线投资策略，本质上是要遵循可转债价格波动的特征，在合适的时机入场与离场。可转债产品与其他投资产品存在明显的不同，比如，转股溢价率是投资可转债产品的一个核心参照指标，除了未到转股期等特殊情况外，转股溢价率很少出现负值。

当可转债的转股价值大于 130 元时，转股溢价率可能会进入高位期间，由于很多投资者的投机式爆炒，可转债的价格与转股价值出现巨大偏差，此时不是投资者买入可转债的时机。反之，当股市进入熊市时，大部分可转债的转股价格都会大幅高于正股价格，同样会使转股溢价率进入高位，这时可认定为一个较佳的投资区域。

这种情况下，主要有两点考虑：其一，未来可转债存在下修转股价的可能；其二，熊市可能会过去，正股价格在未来可能会被修复。很多 2018 年股市熊市期间投资可转债的投资者都收获颇丰，就是最好的证明。

一、在股市低位且转股溢价率高企期间建立仓位

在转股溢价率高企，且转债溢价率走低甚至为负值时寻求入场时机。通常情况下，股市进入熊市后，可转债的价格会与正股价格同步走低。由于可转债具有债券属性，投资收益具有很强的保底功能，因而，可转债价格向下运行的空间远小于正股。这时，当正股价格持续下跌后，可转债的转股溢价率会进入高位区间，从而失去转股的意义。由于整个市场不振，可转债的价格可能会继续走低，进而跌破纯债收益水平，即纯债收益率为负值，比如，可转债的价格跌破 90 元，甚至达到 80 多元的水平。

先来看一下最近两年的股市走势情况，如图 5-11 所示。从图中可以看出，自 2018 年 1 月底开始，A 股市场出现了一波单边下行走势。大部分股票和可转债都受到大盘的影响，出现价格走低的态势。

再来看一下可转债的相关指标走势情况，如图 5-12 所示。从图中可以看到这样一个现象，在股市下跌过程中，可转债的均价同步下跌，可转债的转股溢价率却呈现了较大的波动。2018 年 11 月 18 日，可转债均价第一次触底后出现了一波短暂的反弹，其后重新创出更低的低位。

到了 2019 年 1 月 4 日，股票市场见底反转时，可转债的均价也触底反弹，可转债的转股溢价率却反向从高点回落。出现这一现象，是由于可转

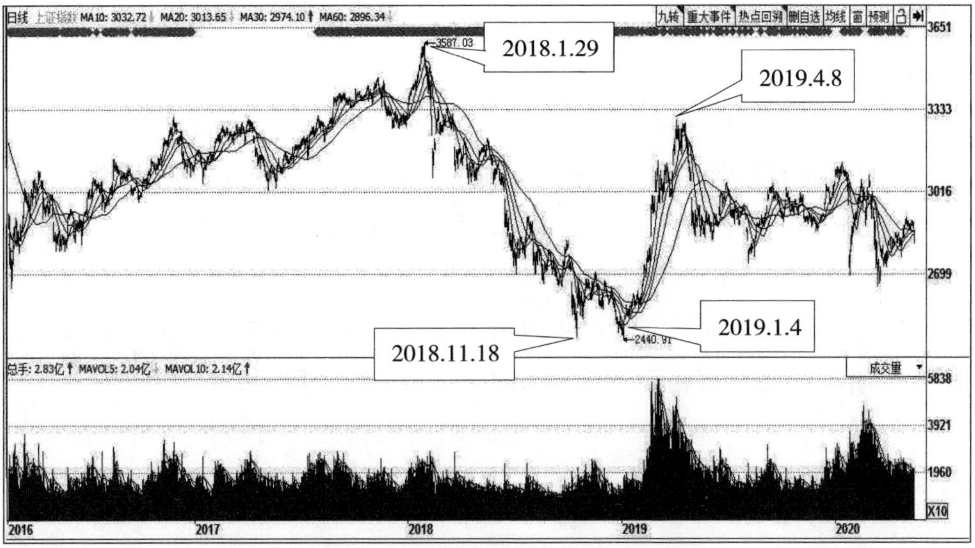

图 5-11 上证指数日 K 线走势图

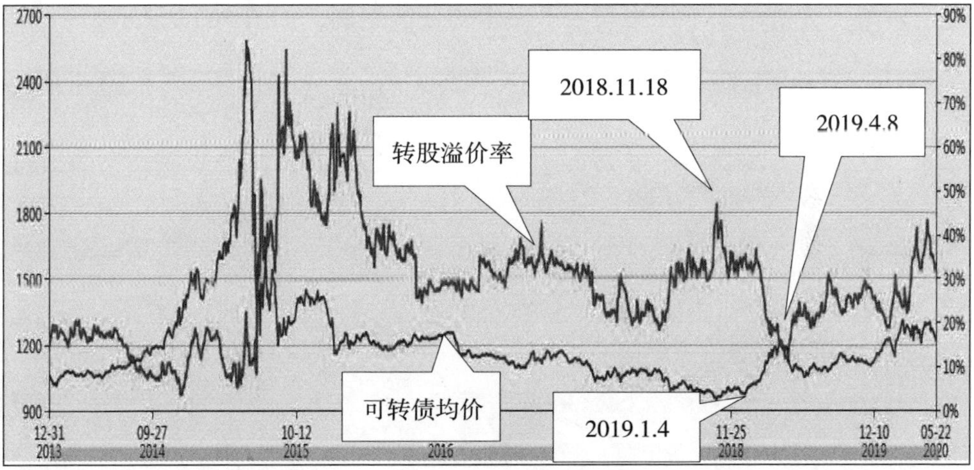

图 5-12 可转债均价与转股溢价率走势图

注：资料来源于富投网。

债产品的估值从以债券为核心切换到以股票期权为核心。当正股价格下跌到一定程度后，转股已经没有意义了，可转债的价值更多地是由其债券价值决定的。

此后，尽管正股价格再次走低，但可转债的价格不再大幅走低了。与此同时，可转债的转股溢价率却因可转债价格的稳定而迅速走高。到了 2018 年 11 月 18 日之后，随着股市的第一波反弹，正股价格迅速走高，可转债的价值迅速向股票期权转移，转股溢价率因正股价格上升而迅速回落。

从这种运行态势中可以发现一个规律，即当可转债的转股溢价率达到高点，而可转债的价格又在低点位置时，往往就是可转债市场即将启动反转的时机，此时入场，未来获利的概率很大。

同时，从这一波动态势中可以看出，可转债价格的反转要早于股市，且可转债均价与股市指数存在一定程度的背离，即股市在 2019 年 1 月初创出新低时，可转债的均价并没有随之创出新低（可转债均价的最低点出现在 2018 年 11 月 18 日），这说明未来可转债价格存在很大的止跌回升可能。

关于股市指数与可转债均价的背离现象，从单只可转债的价格走势上可能会看得更为清晰。下面来看一下辉丰转债的案例，如图 5-13 所示。

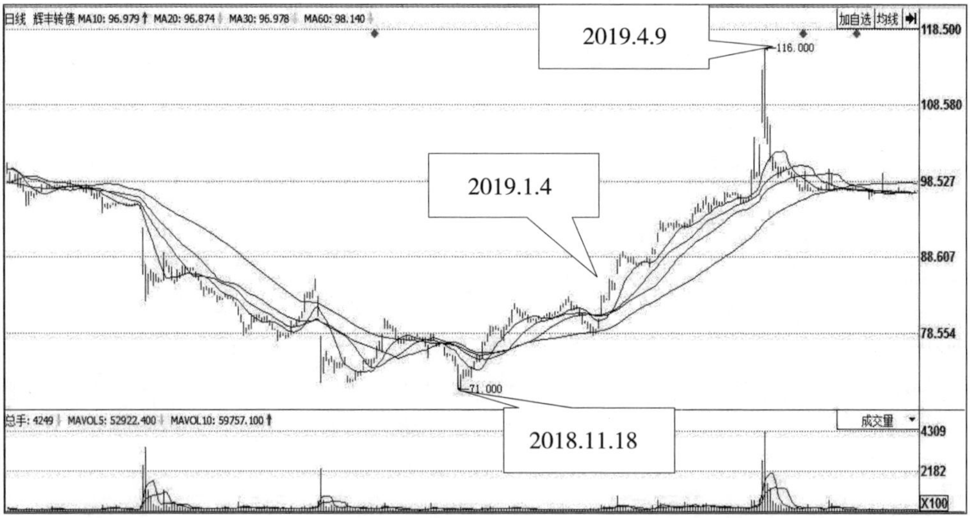

图 5-13　辉丰转债（128012）日 K 线走势图

从图中可以看出，辉丰转债的价格自 2018 年年初启动下跌行情后一直下跌，2018 年 11 月 18 日，股市第一个反弹位出现后就启动了反向上攻走势，且在 2019 年 1 月 4 日形成的低点要远高于 2018 年 11 月 18 日形成的低点，单只可转债走势与股市指数的背离更为清晰。此时，由于可转债的价格远低于 100 元，存在明显的超跌现象。

其实，无论从债券还是股票期权角度来看，该可转债的价格都存在明显的低估，因而资金纷纷入场买入，将可转债的价格拉回至正常区间。也就是说，即使从纯债的角度来看，该可转债的价格也会回到 100 元左右。2018 年 11 月 18 日，该可转债的价格已经下跌至 71 元的水平，未来估值修复的空间很大。其实，这也是这一阶段可转债价格上升幅度较大、可转债转股溢价率上升较快的原因所在。

二、转股溢价率走低时逐渐释放仓位

当可转债的价值评估进入以股票期权为主的区域后，可转债的价格就会与正股价格保持一致。同时，随着可转债价格逐步攀升，可转债的转股溢价率会走低。

前面介绍过，当可转债的内在价值逼近 130 元时，意味着可转债存在强赎的风险，因此市场上的投资者对这类可转债的估值就会趋于保守，整个市场的可转债转股溢价率也会逐渐走低，并向 0 靠拢。当然，由于可转债有特殊的交易规则，很多投机资金可能会不时地炒作某只或几只可转债产品，使其价格与价值产生严重背离。

比如，泰晶转债在强赎前，市场价格一度上涨至 420 元的价位。大家清楚，当可转债的转股价值超过 130 元时，就面临被强赎的情况，更何况 420 元。其实，大多数参与其中的投资者都了解可转债的规则，这时参与市场炒作，只能当作是去赌博，或者是参与一场博傻游戏。当强赎到期日临近后，泰晶转债的价格迅速回落。

从投资的角度来看，当可转债的内在价值和市场价格超过 130 元后，其市场价格必然会出现回落，促使转股溢价率走低。因此，当正股价格经过一段时间的上涨，接近或触发强赎线时，可转债的平均转股溢价率必然会回落。当可转债市场价格转头向下时，就意味着可转债一波行情即将结束。

大家回顾图 5-12 的走势，可以清晰地看出这种规律。2019 年 4 月 8 日前后，由于 A 股市场临近阶段高位，可转债的转股溢价率下跌至极低水平，此时恰恰又是可转债平均价格的一个高点。此后，可转债市场平均价格出现回落，可转债的转股溢价率同步重新上升，此时投资者就可以考虑逐步减仓。

当然，具体到单只可转债品种上，还需要依照可转债的市场报价和正股的价格运动趋势而定。下面再来回头看一下辉丰转债正股 *ST 辉丰的走势，如图 5-14 所示。

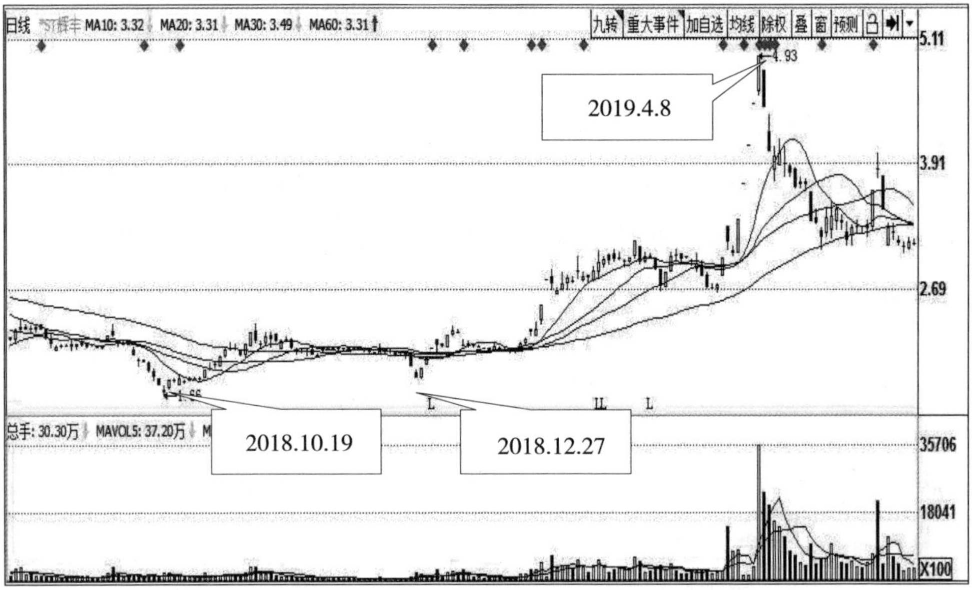

图 5-14 *ST 辉丰（002496）日 K 线走势图

从图 5-14 中可以看出，2018 年 10 月 19 日和 12 月 27 日，*ST 辉丰的股价分别创下了两个低点，且 10 月 19 日的低点更低。对照图 5-13 辉丰转债就会发现，在此期间，两者的走势基本吻合。此时，辉丰转债的正股 *ST 辉丰的股价在 2 元左右的水平，辉丰转债的转股价却高达 7.71 元，这也就意味着若辉丰转债不下修转股价，可转债基本失去了转股价值。

当然，辉丰转债作为一种债券，其具有的债券功能还存在。不过，相比其他债券，辉丰转债的到期赎回价仅为 103 元（含最后一年的利息），且该可转债的利率水平相对较低，6 年的利率分别为：第一年 0.5%，第二年 0.7%，第三年 1.0%，第四年 1.3%，第五年 1.3%，第六年 1.6%。

截至 2018 年 10 月底，该可转债还有 4 期的利息未发放，加上到期赎回金额，持有该可转债的投资者到期可获得的本息合计为 106.6 元。若将该金额进行贴现计算，该可转债的贴现金额不足 100 元。相对其他可转债品种，该可转债的内在价值明显偏低，这也是该可转债价格能够下跌至 71 元的原因。

不过，2018 年 10 月下旬，随着该可转债对应的正股股价大幅走高，辉丰转债又具有了转股的可能，因而可转债的价格随之大幅拉升。

到了 2019 年 4 月 8 日，*ST 辉丰的股价连续拉出几个涨停板后，达到了 4.93 元的高位。即便如此，该股股价距离转股价仍有较大距离。此后，该股股价反转向下。观察图 5–13 中辉丰转债的价格走势也可以发现，该可转债在 2019 年 4 月 9 日创下阶段高点后，与正股同步向下运行。

结合整个可转债转股溢价率和平均价格运行趋势，以及正股价格走势分析后可以发现，该可转债短期高点已经出现，投资者可考虑离场。

第六章

可转债套利与博弈操作

相比底线价值投资策略，可转债套利操作更适合投资者的日常投资与交易。

第一节　可转债套利策略

套利本质上是一种价差交易。由于可转债具有债券和股票的双重特性，同时又具有转股的权利，这就使得可转债存在套利的基础。也就是说，当可转债的价格与正股价格、纯债收益存在背离时，投资者就可以采取一定的套利模式，完成套利操作。

可转债的套利操作主要有 3 类，如图 6–1 所示。

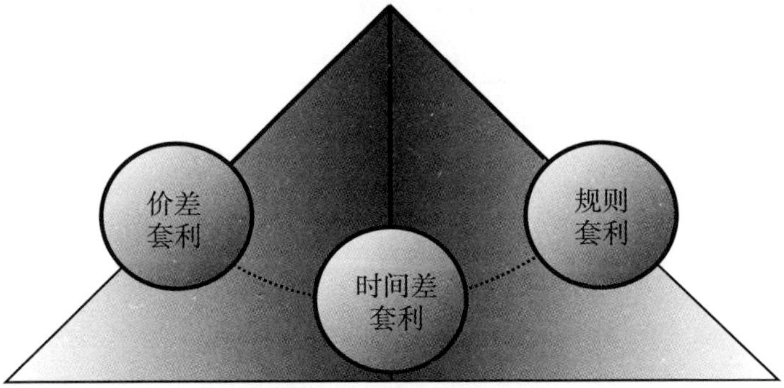

图 6–1　可转债套利途径

一、价差套利

在交易过程中，可转债除了本身的交易价格外，由于还兼有股权和债权的属性，这就使得可转债在股权和债权两个方向上有机会实现套利操作。

1. 股权套利

可转换股权的性质，使可转债不仅有交易价格，还有转股价，以及与转股价相关的转股价值。按照理想的情况，可转债的转股价值应该等于其交易价格。不过，由于可转债的转股权还具有一定的期权性质，即在未来可以转股，也可以不转股，这就使得在多数情况下，可转债的价格都高于转股价值，存在正向的转股溢价率。

当转股溢价率为正值时，根本不存在任何套利空间。然而，在交易时段内，由于可转债的价格和对应的正股价格总是处于变化之中，特别是转股溢价率较低的可转债，在某些时段存在可转债价格走低，正股价格走高，甚至可转债的转股溢价率为负值的情况，出现这种情况，就是一次绝佳的套利机会。

当然，这种情况持续的时间一般都非常短暂，很可能瞬间消失，一方面投资者需要及时把握这种机会，另一方面也要防止套利失败的问题。即投资者买入可转债时，确实存在套利的机会，但在转股时，由于正股价格短线迅速回落，导致价差消失，甚至转股溢价率重新转为正值，导致套利交易失败。因此，在套利交易过程中，投资者需要平衡好收益与风险的关系。

2. 债权套利

正常情况下，可转债套利机会来自股权方面，而债权方面的套利机会则属于异常状态。由于可转债本身具有债券的属性，既然属于债券，那么债券到期后，债券发行方必然会支付相应的本息。不过，由于可转债的本息都是未来支付的，因而在计算债券本息现值时，需要进行一定的折现，这也是在熊市时，很多可转债的价格跌破面值 100 元的原因所在。从债券角度来看，计量债券的价值时，需要对其进行贴现计算，而非简单的本金合计计量。在很多可转债资讯网站上，都可以查到可转债的纯债价值和当前的纯债溢价率。

从理论上来说，当可转债的价格低于纯债价值时，就存在一定的套利空间，这种套利空间是一种确定的套利机会，几乎是稳赚不赔的买卖。当然，这种套利机会一般都是在股市进入熊市后才可能出现的，即大多数可转债对应的正股价格持续走低，使得可转债已经没有了转股的价值，市场上很多投资者对可转债也失去了兴趣，这就使得可转债抛售量大于买入的量，导致短暂出现可转债价格低于纯债价值的情况。当然，这种套利机会出现的概率并不高，一旦出现，投资者需要积极把握。

二、时间差套利

相对而言，价差套利的风险极低，同时留给投资者套利的机会也很少。时间差套利的机会更多一些，风险也相应大一些。

时间差套利是指可转债发行后存在若干个时间窗口，在时间窗口到来之前，可转债的价格与之后的价格会存在一定的差异。

1. 上市交易时间

可转债的转股价格是按照一定的规则和程序制定的，因而在可转债正式上市前，可转债的价格是固定的 100 元。上市之后，由于其转股价值的变化（如正股价格上涨），可转债的价格势必会随之出现变化（通常都是上涨的），这就造成了一个非常明显的价差，即存在一个明显的套利机会。对于普通投资者来说，这种机会只能通过可转债打新或者买入具有优先配售权的正股获得。通常情况下，当可转债上市后，该套利机会会立即消失。

下面来看一下即将发行上市的可转债数据，如图 6-2 所示。

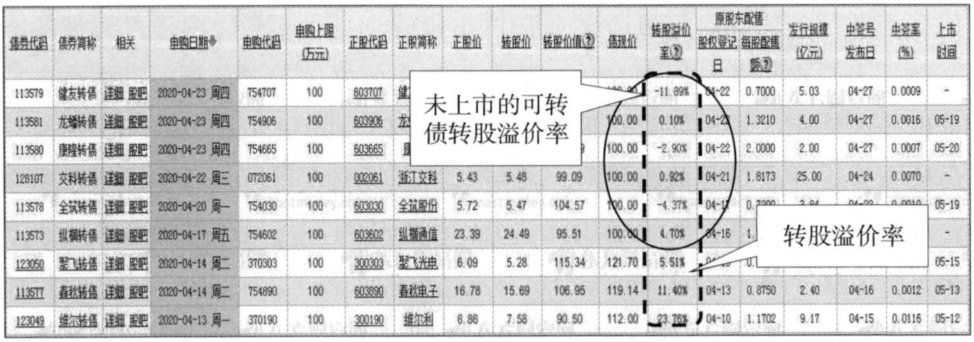

债券代码	债券简称	相关	申购日期	申购代码	申购上限(万元)	正股代码	正股简称	正股价	转股价	转股价值	债现价	转股溢价率	原股东配售 股权登记日	原股东配售 每股配售额	发行规模(亿元)	中签号发布日	中签率(%)	上市时间
113579	健友转债	详细 股吧	2020-04-23 周四	754707	100	603707	[illegible]	[illegible]	[illegible]	[illegible]	[illegible]	-11.89%	04-22	0.7000	5.03	04-27	0.0009	-
113581	龙蟠转债	详细 股吧	2020-04-23 周四	754906	100	603906	[illegible]	[illegible]	[illegible]	[illegible]	100.00	0.10%	04-22	1.3210	4.00	04-27	0.0016	05-19
113580	康隆转债	详细 股吧	2020-04-23 周四	754665	100	603665	[illegible]	[illegible]	[illegible]	[illegible]	100.00	-2.90%	04-22	2.0000	2.00	04-27	0.0007	05-20
128107	交科转债	详细 股吧	2020-04-22 周三	072061	100	002061	浙江交科	5.43	5.48	99.09	100.00	0.92%	04-21	1.8173	25.00	04-24	0.0070	-
113578	全筑转债	详细 股吧	2020-04-20 周一	754030	100	603030	全筑股份	5.72	5.47	104.57	100.00	-4.37%	[illegible]	[illegible]	[illegible]	[illegible]	[illegible]	05-19
113573	纵横转债	详细 股吧	2020-04-17 周五	754602	100	603602	纵横通信	23.39	24.49	95.51	100.00	4.70%	04-16	[illegible]	[illegible]	[illegible]	[illegible]	-
123050	聚飞转债	详细 股吧	2020-04-14 周二	370303	100	300303	聚飞光电	6.09	5.28	115.34	121.70	5.51%	[illegible]	[illegible]	[illegible]	[illegible]	[illegible]	05-15
113577	春秋转债	详细 股吧	2020-04-14 周二	754890	100	603890	春秋电子	16.78	15.69	106.95	119.14	11.40%	04-13	0.8750	2.40	04-16	0.0012	05-13
123049	维尔转债	详细 股吧	2020-04-13 周一	370190	100	300190	维尔利	6.86	7.58	90.50	112.00	23.76%	04-10	1.1702	9.17	04-15	0.0116	05-12

图 6-2 可转债发行与上市数据

从图中可以看出，转股溢价率在可转债上市前后出现了较为明显的变化。在可转债上市前，其转股溢价率通常较低，甚至会出现负数。如表中健友转

债的转股溢价率为 -11.89%，参与申购该可转债的投资者就具有了一个较为确定的套利机会，至少有 10% 以上的利润空间。实际上，考虑到可转债上市当日存在溢价的情况，该可转债的获利空间应该在 20% 以上。不过，由于可转债打新命中率较低，最终能够获得这个套利机会的投资者少之又少。

2. 转股时间

通常情况下，可转债申购日后 6 个月即可进行转股操作。在此之前，即使可转债的转股溢价率为负值，实际上投资者也无法兑现这部分利润，只有等到转股日后才能进行转股，兑现利润，在这段时间内，往往会存在一个套利机会。当然，由于距离转股日还有些时间，期间正股价格存在下跌的可能，也就意味着套利存在亏损的风险。投资者想要利用转股日套利，就必须承担正股股价下跌带来的风险。

3. 到期赎回时间

在熊市中，可转债的价格可能会出现非理性下跌。若可转债距离到期赎回日较近时（比如 1 年以内），那么这些可转债就存在一个明确的到期赎回套利空间。可转债到期赎回的本金和利息是事先约定好的，在熊市中，若可转债的价格因非理性下跌以至于跌破到期赎回金额，就存在一个明确的套利空间。

三、规则套利

由于可转债存在一些相对特殊的规则，如下修条款、强赎规则、转股规则等，所以相比其他投资品种，可转债具有更多的套利机会。同时，利用可转债诸多规则进行套利，也是可转债套利最常用的方法。

常用的规则套利方法包括如下 3 种。

第一，利用下修条款套利。大多数上市公司的可转债发行公告中均载明，当正股股价低于转股价格 70% 或 80%（有的公司规定为 85%）的水平时，可转债发行企业可能对转股价格进行下修调整。一旦转股价格下修，可转债势必需要进行估值调整，这样可转债就拥有了一个套利空间。

第二，利用回售条款套利。按照可转债的相关规则，当正股股价低于转股价格 70% 且处于回售期间，投资者即可将手中的可转债回售给上市公司，这个回售价格就是可转债的托底价格，也是产生套利机会的保底价格。因正股价格走低，使得可转债价格大幅走低，并跌破了回售价格，若此时可转债正处于回售期，投资者就拥有了一个较佳的套利机会。当然，这里投资者要注意一点，即只有处在回售期的可转债才能进行回售套利，若该可转债未在回售期（以上市公司公告为准），那么即使正股价格已经触发了回售条款，投资者也无法进行回售。

第三，利用其他条款套利。上述两个条款是应用最为频繁的套利条款。事实上，投资者还可以利用强赎条款、正股涨停等寻找套利机会，后面会详细讲解这些内容。总之，可转债的操作方法很多，套利机会也很多。

第二节　可转债日常套利技法

在日常的可转债操作中，蕴含的机会通常包括最基本的转股套利、抢权配售套利、正股涨停套利等。

一、日常转股套利

转股套利是可转债最基本的一种套利模式。其操作方法非常简单，即在市场上买入可转债产品，然后通过转股功能将手中的可转债转为股票，再卖出股票以获得其中的差价。不过，在现实的投资交易过程中，这一最简单的套利方法，操作起来往往又是最困难的。

该套利模式的操作难点包括以下 3 个方面。

第一，只有处于转股期间的可转债才能进行转股套利。并不是所有的可转债产品都能实施转股套利操作，往往是处于非转股期间的可转债产品，才会拥有较低甚至是负值的转股溢价率。

第二，在大多数情况下，市场上的可转债产品都存在溢价交易的现象，很少有产品会出现负的转股溢价率。即使有一些可转债的转股溢价率为负值，其幅度也非常有限。

第三，基于可转债的转股规则，当日提交转股申请，下一交易日才能获得股票，这也就意味着在执行转股套利时，投资者需要承担一定的股价波动风险。比如，某一交易日，投资者发现某只可转债产品的转股溢价率为 –1.5%，当其买入可转债产品后，需要持有到当日收盘，其中可能存在可转债价格和正股价格双下跌的风险。同时，投资者提交转股申请后，次日才能得到股票，这时股票的价格与投资者入场套利时的价格可能会产生较大偏差，这就为套利操作制造了不少障碍。因此，在进行转股套利前，投资者需要做足准备功课，并尽量在套利空间足够大的情况下入场。

先来看一下 2020 年 5 月 25 日的可转债实时转股溢价率情况，如图 6–3 所示。

债券代码	债券简称	相关	申购日期	申购代码	申购上限(万元)	正股代码	正股简称	正股价	转股价	转股价值	债现价	转股溢价率	原股东配售 股权登记日	原股东配售 每股配售额	发行规模(亿元)	中签号发布日	中签率(%)	上市时间
128086	国轩转债	详细 股吧	2019-12-17 周二	072074	100	002074	国轩高科	0.00	12.19	222.97	0.00	-10.21%	12-16	1.6320	18.50	12-19	0.0183	01-10
113565	宏辉转债	详细 股吧	2020-02-26 周三	754336	100	603336	宏辉果蔬	13.86	10.00	138.60	130.19	-6.07%	02-25	1.4730	3.32	02-28	0.0017	03-16
113555	振德转债	详细 股吧	2019-12-19 周四	754301	100	603301	振德医疗	37.00	20.04	184.63	174.08	-5.71%	12-18	3.1420	4.40	12-23	0.0067	01-14
123037	新莱转债	详细 股吧	2019-12-19 周四	370260	100	300260	新莱应材	19.29	11.18	172.54	162.95	-5.56%	12-18	1.3865	2.80	12-23	0.0134	01-22
128088	深南转债	详细 股吧	2019-12-24 周二	072916	100	002916	深南电路	157.05	105.79	148.45	144.48	-2.68%	12-23	4.4790	15.20	12-26	0.0642	01-16
128089	麦米转债	详细 股吧	2019-12-26 周四	072851	100	002851	麦格米特	26.75	20.31	131.71	128.31	-2.58%	12-25	1.3952	6.55	12-30	0.0160	01-21
127015	希望转债	详细 股吧	2020-01-03 周五	070876	100	000876	新希望	28.49	19.78	144.03	142.18	-1.29%	01-02	0.9653	40.00	01-07	0.0493	02-04
128054	中宠转债	详细 股吧	2019-02-15 周五	072891	100	002891	中宠股份	31.17	22.22	140.28	138.88	-1.00%	02-14	1.9424	1.94	02-19	0.1276	03-14
128102	海大转债	详细 股吧	2020-03-19 周四	072311	100	002311	海大集团	47.81	34.74	137.62	136.38	-0.90%	03-18	1.7907	28.30	03-23	0.0104	04-16
128077	华夏转债	详细 股吧	2019-10-16 周三	072928	100	002928	华夏航空	13.17	10.52	125.19	124.29	-0.72%	10-15	1.3150	7.90	10-18	0.0203	11-07
113504	艾华转债	详细 股吧	2018-03-02 周五	754989	100	603989	艾华集团	27.04	21.43	126.18	125.45	-0.58%	03-01	2.3030	6.91	03-06	0.0219	03-23
113571	博特转债	详细 股吧	2020-03-12 周四	754916	100	603916	苏博特	24.51	19.18	127.79	127.20	-0.46%	03-11	2.2430	6.97	03-16	0.0089	04-01
113515	高能转债	详细 股吧	2018-07-26 周四	754588	100	603588	高能环境	11.16	9.33	119.40	118.91	-0.41%	07-25	1.2680	8.40	07-30	0.3366	08-27
123020	富祥转债	详细 股吧	2019-03-01 周五	370497	100	300497	富祥药业	16.11	9.28	173.60	173.19	-0.23%	02-28	1.8709	4.20	03-05	0.0412	03-29

图 6–3 可转债转股溢价率数据表

注：资料来源于天天基金网。

截至 2020 年 5 月 25 日，市场上正常交易的可转债产品中，理论上存在转股套利的产品共 14 只，其中有 9 只不在转股期。也就是说，市场上符合转股条件的可转债产品仅有 5 只，而其中负溢价率最高的是中宠转债，转股溢价率为 –1%。

如果投资者想要入场套利，就必须权衡一下此时的转债价格和正股价格走势情况。中宠转债存在 1% 的套利空间，而到 15:00 收盘还有很长的时间，同时其正股走势投资者也要重点关注。

如图 6–4 所示，中宠股份当日的分时走势并不理想，下午存在走低的可能。此时，投资者若入场进行中宠转债的套利交易，可能会存在较大的亏损风险。在这种情况下，投资者可继续跟踪观察转债和正股的价格走势，直至下午收盘时段，看看中宠转债的套利窗口是否还存在。通常情况下，1% 以上的获利空间是套利交易必须的前提条件，否则投资者可能会承受较大的亏损风险。

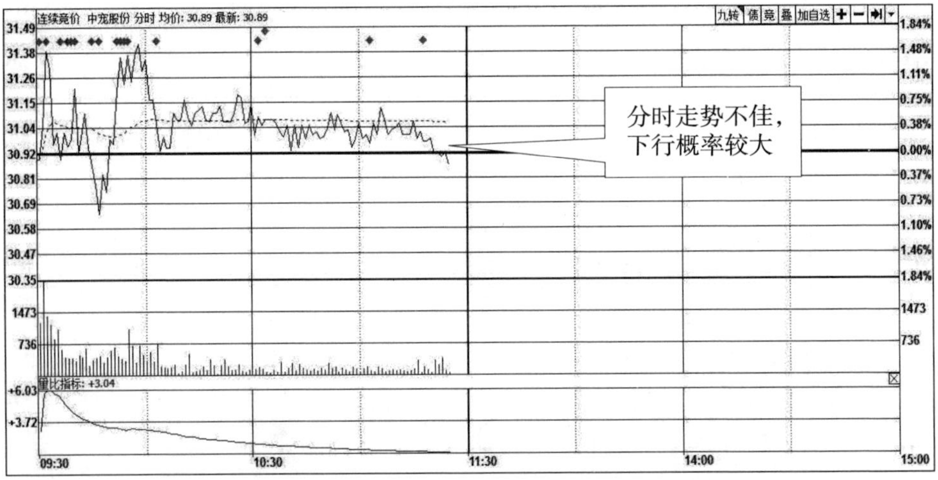

图 6–4　中宠股份（002891）分时走势图（2020.5.25）

二、抢权配售套利

可转债打新是一种盈利水平较高的可转债获利方式，但打新债的中签率通常较低。对普通投资者来说，获得新发行可转债的途径，除了申购打新外，还有优先配售。优先配售是指上市公司在发行可转债时，会拿出全部或一部分发行金额，优先让正股股票持有人认购。当然，这种优先配售是一种权利，投资者也可以选择不参与认购。既然持有正股股票可以获得配售可转债的权利，这就为投资者提供了一个在股权登记日前买入正股然后获得优先配售权的契机，这就是所谓的抢权配售。

从目前的市场环境来看，可转债上市首日上涨的概率很高，特别是低转股溢价率的可转债，更有可能获得较大的涨幅。不过，这并不意味着抢权套利就是万无一失的交易方法。

1. 抢权套利的操作步骤

通常情况下，投资者进行抢权配售套利操作需要从以下 3 个维度入手。如图 6–5 所示。

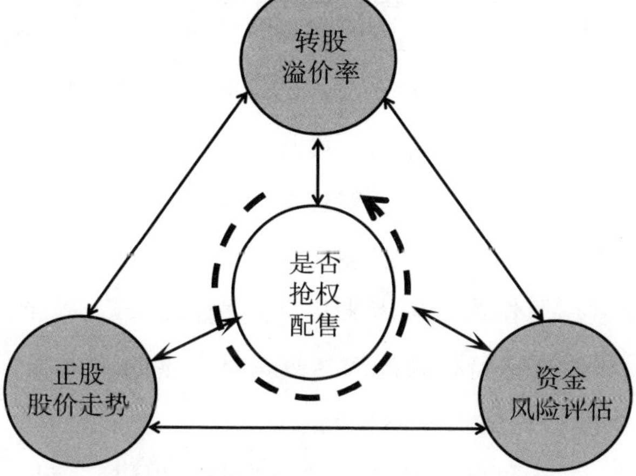

图 6–5　可转债抢权前评估的维度

（1）第一维度，评估拟操作标的转股溢价率。

并不是所有的可转债产品都适合抢权配售套利，转股溢价率不同，操作的空间和价值自然不同。

大家所选的投资标的，首先在转股溢价率方面应该是比较低的，转股溢价率为负值最佳。这样才能保证可转债上市首日涨幅达到 20% 甚至更高的水平。相反，若上市前转股溢价率高达 30% 以上，那么上市首日可能也会上涨，但涨幅肯定偏小。

下面来看一下2020年5月份上市的可转债上市首日涨幅情况。如表6-1所示。

表6-1 部分可转债上市首日表现

可转债名称	上市日期	上市前日转股溢价率	上市首日开盘价	上市首日最高价	上市首日收盘价	上市首日最低价
龙蟠转债	2020.5.19	–1.77%	112元	112.99元	110.38元	110元
康隆转债	2020.5.20	–5.64%	116.2元	108.97元	117.5元	108.7元
建友转债	2020.5.22	–12.79%	130元	133元	129.02元	126.32元
交科转债	2020.5.22	3.79%	106.33元	106.522元	106.16元	105.152元
全筑转债	2020.5.19	–8.04%	116元	116.94元	111.45元	111元
纵横转债	2020.5.22	12.55%	106元	114.8元	105.19元	105.06元
聚飞转债	2020.5.15	–11.56%	123.11元	125元	121.7元	120.13元

从表中所列的可转债转股溢价率及其上市首日的表现可以看出，转股溢价率越低的品种，上市首日上涨的幅度通常越大。当然，从可转债申购或者正股股权登记日到可转债上市，一般还会间隔数个交易日，这期间会出现很多情况，可转债的转股溢价率可能会上升或下降，这都为投资者的抢权配售增加了风险和变数。但作为投资者来讲，挑选拟发行可转债产品中转股溢价率较低的品种，然后再进行抢权配售，这样才是明智的选择。

（2）第二维度，评估抢权资金风险。

通常情况下，发行可转债的企业都会为股东提供一定比例的优先配售权利。优先配售一般是按照债券发行金额和股本数换算而来的，前面曾经介绍过。不过，投资者不能因为存在这种抢权套利的机会，发现有上市公司发行可转债就入场抢入正股，以期获得可转债配售的权利。

在进行这种操作前，投资者必须清楚以下两点。

首先，每百元股票含权量，是一个是否参与抢权的关键指标，也是评估投资者参与抢权配售有无价值的一个参考性指标。

每百元股票含权量的计算方法如下。

每百元股票含权量 = 债券发行金额 ÷ 发行企业总市值 ×100

比如，2020 年 5 月 26 日，福莱特发行了总额为 14.5 亿元的可转债。截至 2020 年 5 月 25 日收盘，福莱特的总市值为 258 亿元，则其每百元股票含权量为：

每百元股票含权量 =14.5 ÷ 258 × 100

=5.61

通常来说，每百元股票含权量越高，说明投资者抢权配售的资金利用率越高，投资者为获得一手（张）可转债配售权利动用的资金量越少，投资者承受的因抢权配售持有正股股价下跌带来的风险也越小。

试想一下，为了获得一手可转债，有的需要买入价值 3 000 元的正股，有的则需要买入价值 10 000 元的正股。那么，肯定持有 10 000 元正股面临的风险更大，一旦股价下跌 1 个百分点，那就意味着 100 元的利润空间被蚕食了，而获得一手可转债的收益还未必有 100 元呢。

投资者自己不用费力计算每只新发可转债的每百元含权量情况，通过查看一些专门的网站（如集思录等），就可以获得这方面的数据，如图 6–6 所示。

代码	名称	类型	发行规模(亿元)	方案进展	进展公告日/申购建议	百元股票含权(元)	转股价	现价	涨幅	PB	现价比转股价	股东配售率	评级
002382 128108	蓝帆医疗 蓝帆转债	可转债	31.44	2020-05-28申 申购代码0723		18.26	17.79	17.86	4.32%	1.986	100.39%	-	AA
601865 113035	福莱特 福莱转债	可转债	14.50	2020-05-27申 申购代码7838		5.61	13.56	13.25	-2.21%	5.466	97.71%	-	AA
603678 113582	火炬电子 火炬转债	可转债	6.00	2020-05-27申 申购代码754678		5.28	25.33	25.12	4.41%	3.568	99.17%	-	AA
600028	中国石化	可交换债	500.00	证监会核准批文	2018-07-27	12.40	4.43	4.22	-0.71%	0.717	95.26%	-	-
601328	交通银行	可转债	600.00	证监会核准批文	2018-12-28	30.03	5.14	5.09	0.39%	0.467	99.03%	-	-

含权数据

图 6–6　可转债申购数据

注：资料来源于集思录。

从图中可以看出，2020 年 5 月 27 日和 5 月 28 日申购的 3 只可转债中，蓝帆医疗的每百元含权比最高，从这一点上来看，该品种就比较适合进行可转债抢权配售。

其次，投资者还需要了解抢权配售最低的资金使用量。这是与每百元股票含权量有关的概念，但又有所不同。由于沪深两市的可转债配售规则不同（前面章节曾经介绍过），深市以张为计量单位（计算配售量时精确到“张”），沪市则以手为计量单位（计算配售量时精确到“手”），这就使得同样是抢权配售，要获得1 000元面值的可转债，投资者需要买入的股票数量明显不同。

比如：A公司和B公司的股本数都为10亿股，市值都是100亿元，且都在同步发售总额为10亿元的可转债，其中A公司属于沪市上市企业，B公司属于深市上市企业。那么，按照正常的配售来说，每1 000股A公司或B公司的股票都可以获得1 000元的可转债市值。不过，大家进行抢权配售，肯定希望用最少的资金来获得最大的额度。假如同样想获得1 000元面值的可转债，买入在沪市上市的A公司股票时，肯定买入600股就可以成功获得1手可转债的配售量，即1 000元面值。而同样买入深市上市的B公司的600股股票，投资者仅能获得6张可转债，即价值600元面值的可转债，这主要是因为深市的可转债市值计算精确到“张”。

正因如此，在抢权配售时，很多投资者往往只针对沪市上市的股票，而不去深市抢权配售，因为深市的配售规则无法让资金效率最大化。

（3）第三维度，评估正股股价走势情况。

投资者为了抢权而买入正股，那么必然要承受正股股价波动带来的影响。很多出于抢权配售目的而入场的投资者，为了回避正股股价可能下调的风险，往往选择在股权登记日的盘中股价回调低点位置入场，毕竟等到尾盘入场，可能会有很多资金入场抢买，导致股价被推高。

比如，长集转债的申购日期为2020年4月9日，而正股长青集团股权登记日为4月8日。大家来看一下长青集团的股价在2020年4月8日的波动情况，如图6-7所示。

早盘经历一波短暂拉升后，长青集团的股价迅速回落，全天震荡走低，但到了尾盘时段，股价被快速拉升。在很大程度上，这波拉升是由于抢权资金入场造成的。尽管长青集团在深市上市，并不是理想的抢权标的，但长集转债拥有-10%的较低转股溢价率，这吸引了很多抢权配售者的注意。不过，主力资金经常反向利用这种心理来引诱投资者。

再来看一下长青集团的日K线走势情况，如图6-8所示。

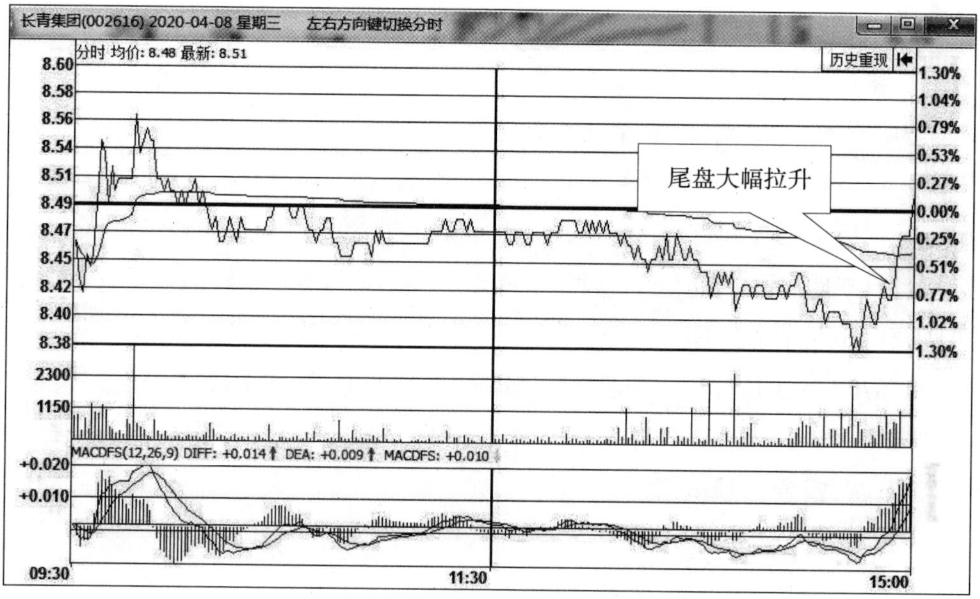

图 6-7　长青集团（002616）分时走势图（2020.4.8）

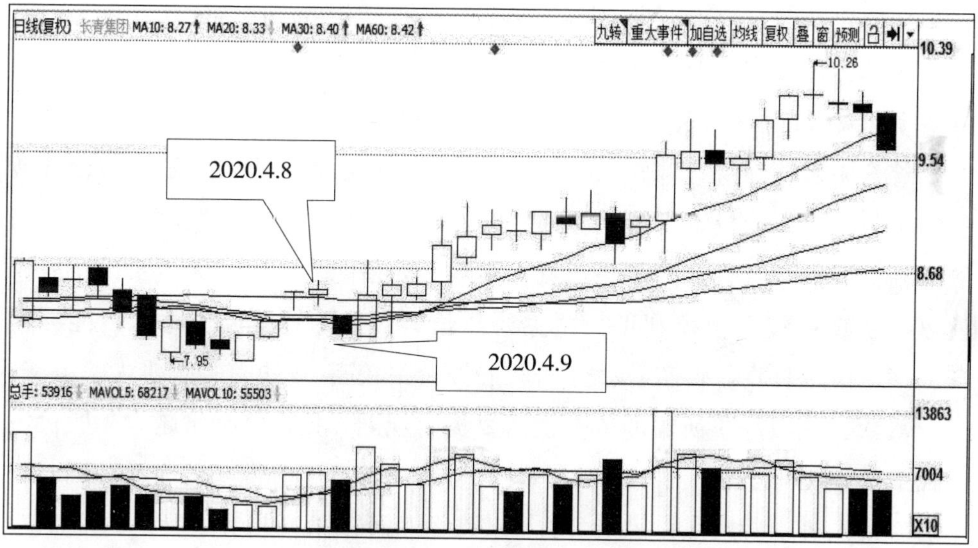

图 6-8　长青集团（002616）日 K 线走势图

2020 年 4 月 8 日，长青集团的股价高开低走，并在尾盘被快速拉升。之前分析过，这种走势是由抢权资金入场抢筹造成的。到了 4 月 9 日，该股股价直接低开低走，并收出了跌幅达 –4% 的阴线。

通过看长青集团的股价走势就会发现，这只股票的价格走势一直处于强势上行通道，但在4月9日出现了大幅走低的情况，其实，这完全属于主力刻意而为的操作。由于抢权资金并不热衷于长线持股，大多数投资者买入股票获得配售资格后，下一交易日就会立即抛出股票，即使略有亏损也不在乎。主力资金就利用了抢权资金的这一特点，4月9日直接低开，低开后抢权资金往往会不计成本地出逃，因为担心股价继续走低。尽管持有长集转债的投资者每手可以获得300元左右的收益，但获得1手长集转债至少需要买入900股（每股配售1.0783元）长青集团的股票，这需要占用900×8.50=7 650（元）的资金。

若以长青集团次日的收盘价计算，长青集团的股票跌幅为–4%，则在买入正股时，投资者亏损额为：

亏损额=7 650元 ×4%

=306元

相比获配长集转债每手的300元收益，投资者此次抢权配售还要亏损6元（306元–300元），这还不算交易股票、可转债的手续费和印花税等。

因此，抢权配售前，投资者需要权衡利害得失，特别要对正股股价走势有一个相对准确的研判，不能轻易落入主力的圈套。

综合来看，在进行可转债抢权配售前，投资者首先需要了解可转债的转股溢价率，以帮助投资者建立缓冲区间。比如，长青集团正股即使有4个点的跌幅，但投资者只是亏了一点点，实际上如果能多持股一天再卖出正股，就可以实现抢权配售盈利了，这主要是长集转债的转股溢价率低，能够保证新债上市首日收益较高。反之，若转股溢价率较高，上市首日很难大幅上涨。

其次，抢权配售所需的资金也需要提前规划。投入资金量越大，股价波动造成的损失也会越大，也越容易蚕食可转债首日上市带来的收益。同时，正股股价走势不易忽视，尽量参与那些股价正处于上升趋势的股票的抢权。

三、正股涨停套利

正股涨停套利也是可转债投资中经常使用的一种套利方法，不过，这种套利更接近超短线交易。正股涨停套利实施的条件包括以下4项。

第一，因为正股交易存在涨跌停板的限制，可转债交易没有此限制，所以当正股价格直线拉升至涨停板而无法继续上升时，可转债价格由于与正股价格具有很好的联动性，价格也会随之上扬，因其没有涨停的限制，往往会在正股涨停后继续冲高。

第二，上市公司面对的利好越大，正股涨停板越多，可转债的冲高势头就会越猛。当正股涨停而无法继续冲高时，买入其对应的可转债品种是一个不错的选择。

第三，通常情况下，正股涨停结束后会出现调整走势，可转债价格冲高之后也会回落，且冲高幅度越大，回落的幅度也越大，因而正股涨停博弈是以快进快出为主。

第四，可转债的 T+0 交易规则为投资者做涨停套利提供了绝佳的机会。投资者可以在可转债价格启动快速上冲时入场，并在价格触及高点开始回落时执行卖出操作，不能恋战。

下面来看一下国轩高科的案例，图 6-9 是 2020 年 1 月 17 日国轩高科的分时走势图。

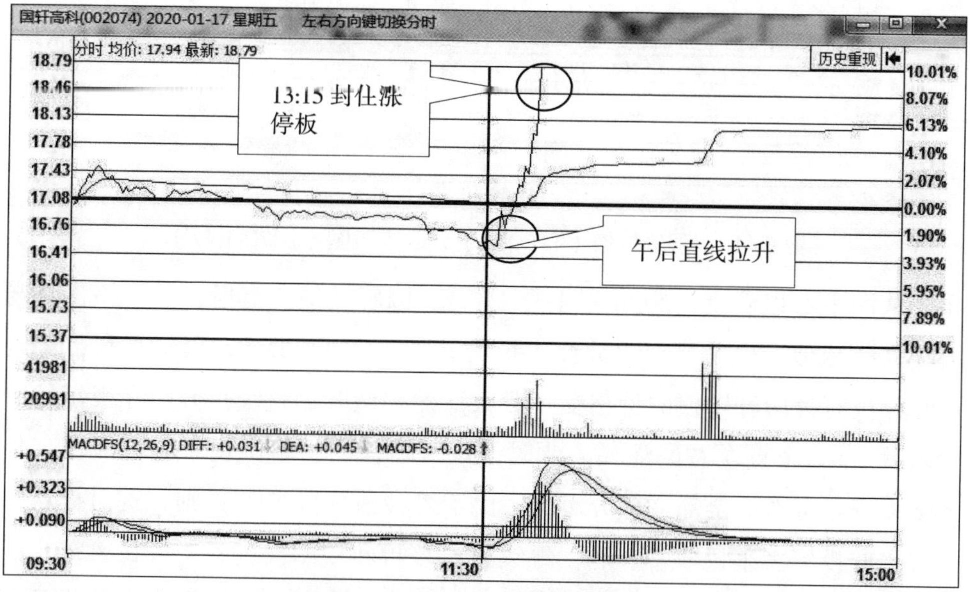

图 6-9 国轩高科（002074）分时走势图（2020.1.17）

2020 年 1 月 17 日，国轩转债的正股国轩高科的股价开盘后一路震荡下挫，并没有给人将要上涨的感觉。午盘之后，有消息称德国大众集团将收购国轩高科 20% 的股份，该消息引发了国轩高科的股价盘中直线拉升。13:15，该股股价被封死在涨停板。对于普通投资者来说，冒险追涨股价不一定能成功，且面临的风险极大，此时转而关注国轩高科的相关品种——国轩转债，是一个非常明智的选择。

再来看一下国轩转债的走势情况，如图 6-10 所示。

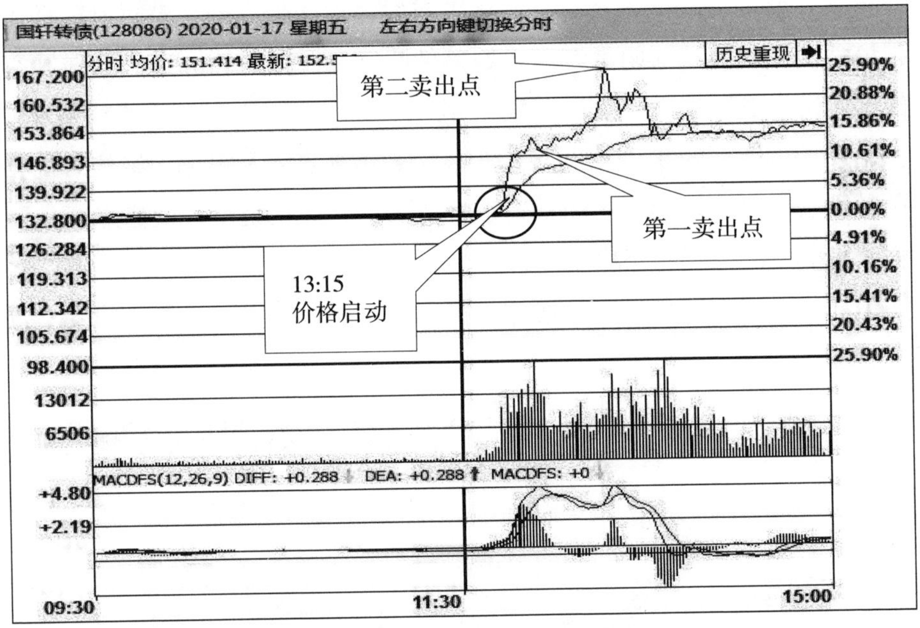

图 6-10　国轩转债（128086）分时走势图（2020.1.17）

从图中可以看出，2020 年 1 月 17 日，国轩转债开盘后，其价格走势与国轩高科相似，也是呈现出波澜不惊的状态。到了 13:15，国轩高科已经封住涨停板时，国轩转债的价格受正股大涨的刺激开始直线拉升，在很短的时间内就有 10 个点左右的涨幅。此时，该可转债的价格出现了小幅回调，保守型投资者可考虑全部或部分卖出。由于可转债执行 T+0 规则，这对喜欢快进快出的投资者来说非常有利。继续持有该可转债的投资者，可在第二卖出点出现时执行卖出操作。半天的时间，就可以获得大约 15 个点左右的收益。

当然，这种机会可遇而不可求，投资者需要密切关注盘面，发现可转债正股有打板的可能，就要考虑快速介入这类正股相关联的可转债品种。

第三节　可转债强赎套利

强赎是指因正股价格上涨并触发了可转债的强赎线，导致企业强制赎回已发售在外的可转债。可转债强赎套利主要包括两类套利策略：其一为持有可转债等待强赎套利；其二为正股强赎博弈。

一、可转债强赎套利技法

坐等可转债强赎，是一种类似守株待兔的战法，不过这是一种成功率极高的战法。从历史经验来看，绝大多数可转债都会在存续期内因正股价格触及强赎线而完成退市的使命。这是一个非常有意思的现象，下面逐层分析和研判强赎套利技法。如图 6-11 所示。

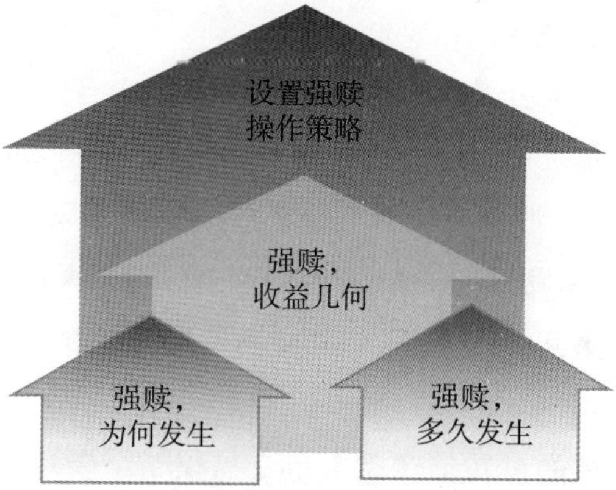

图 6-11　强赎套利技法关键因素

1. 强赎，为何会发生

从字面意义上来看，强赎意味着上市公司提前用现金向可转债持有者赎回可转债，且这种赎回具有强制性。对上市公司来说，赎回可转债并不是一种理想的选择，毕竟上市公司发行可转债就是为了获得现金，不愿意再用现金赎回可转债。投资者更不愿意被上市公司赎回手中的可转债，因为强赎可转债时，上市公司支付的本息少得可怜。那么，为何强赎又是上市公司期望的结果呢？其中的关键点在于可转债具有转股特性。

当正股股价因上涨而触发强赎线，且满足事先约定的强赎条件后，上市公司就会发出强赎公告，这个公告的真实目的并不是最终将可转债全部赎回，否则就失去了发行可转债的意义了。发行企业发布强赎公告，实际上是强制可转债持有人快速完成转股操作。

站在可转债发行者角度考虑，可转债强赎线触发得越早越好。一旦可转债实现上市交易，其融资使命就已经完成，那么尽可能少地支付利息和本金，是可转债发行企业需要考虑的问题。也就是说，可转债强赎发生得越早，企业支付的债券利息就越少。

正因如此，市场上的可转债品种，正股股价最终触发强赎线且可转债被强赎的情况占据相当大的比重。即使遇到熊市，正股价格下跌，上市公司也会通过下修转股价的方式下移强赎线，为正股价格触发强赎线创造条件。

2. 强赎，多久会发生

尽管很多投资者认可大部分可转债会被强赎，但仍不愿意长期持有可转债，原因很简单，因为不知道什么时候能够实现强赎。如果持有四五年，甚至到了第六年才强赎，收益并不算高，还要面临很多风险。

不过，根据可转债发行与强赎历史情况分析，可以大致得出如下 3 个结论。

第一，绝大多数可转债产品上市交易两年左右的时间，就会进入强赎环节。

第二，历史最短的可转债产品上市交易仅 7 个多月，即进入转股期后 1 个多月的时间，就开始强赎退市了。

第三，最长年限为 5 年左右。也就是说，如果投资者选择的可转债产品质地不佳，那么最多可能要持有 5 年才能强赎退市。

综合评估，对大多数可转债产品而言，投资者只要持有可转债产品两年左右，就可以等来强赎退市的机会。

3. 强赎，收益几何？是 30% 吗？

按照通常理解，可转债的发行价格一般在 100 元，而触发强赎线时，正股价格相比转股价需要至少有 30% 以上的涨幅，这是否意味着持有可转债到强赎时收益为30%呢？答案是不一定。可转债产品大多存在一定幅度的溢价，若没有溢价，就会有套利资金入场，因而绝大多数可转债产品强赎退市时，价格都会超过 130 元的标准。按照可转债强赎的规定，通常是正股价格触及强赎线之后才开始强赎，那么，从发出强赎公告到最后执行强赎也有一段时间，在这段时间内，很多可转债和正股价格也会同步出现一定的涨幅。

根据历史经验，可转债强赎退市时的平均价格在 150 元左右，强赎退市时价格最高的通鼎转债，退市时的收盘价达到了 355 元。投资者若能在 100 元左右的位置入手可转债并持有到强赎退市，那么按照平均两年左右的时间强赎退市，也有 50% 左右的收益，这是相当不错的一个收益了。

4. 如何设置守株待兔的策略

综合以上分析，大致可以得出这样 3 点结论。

第一，大部分可转债产品都会触及强赎线，但仍会有例外。

第二，从入场到强赎所需的时间不会很长。

第三，若能在合适的时机买入，适当地回避风险，绝大多数可转债产品是具有投资价值的。

基于以上 3 点结论，大家可以尝试设计如下守株待兔的投资战术。如图 6–12 所示。

（1）品种策略

前面曾经分析过，可转债强赎时的平均价格在 150 元左右，因而投资者在设计入场线时，最好以 100 元为基准，价格越低越好。若入场线过高，则会蚕食未来的利润，还可能让自己的投资承受更大的风险。

基于以上分析，在熊市行情中买入，似乎是可转债产品最佳的入场时机。

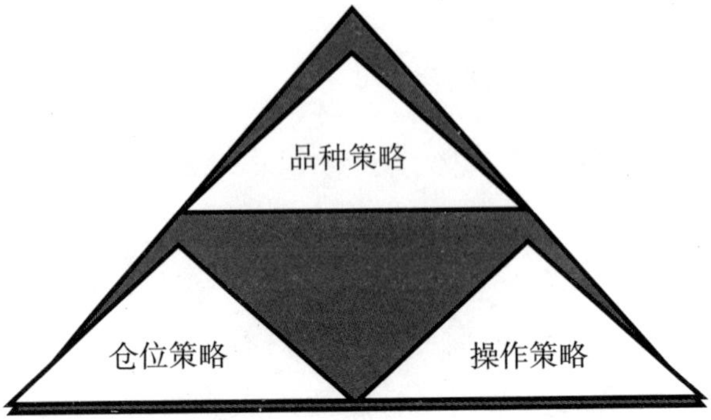

图 6–12　强赎操作策略

当然，即使不是熊市，只要满足以下 4 个条件，也可以将可转债作为候选投资标的。

第一，既然大部分可转债产品都可能实现强赎退市，那么价格越低的产品无疑获利空间越大。投资者可以优先将市场上可转债产品的价格从低到高排序，重点观察 100 元面值以下的产品，如图 6–13 所示。

债券代码	债券简称	相关	申购日期	申购代码	申购上限(万元)	正股代码	正股简称	正股价	转股价	转股价值	债现价	转股溢价率	原股东配售		发行规模(亿元)
													股权登记日	每股配售额	
128062	亚药转债	详细 股吧	2019-04-02 周二	072370	100	002370	亚太药业	4.73	16.25	29.17	81.29	178.69%	04-01	1.7987	9.65
113527	维格转债	详细 股吧	2019-01-24 周四	754518	100	603518	锦泓集团	6.21	10.52	59.03	91.76	55.46%	01-23	4.1310	7.46
128100	搜特转债	详细 股吧	2020-03-12 周四	072503	100	002503	搜于特	2.73	5.36	50.93	93.34	83.27%	03-11	0.2622	8.00
128023	亚太转债	详细 股吧	2017-12-04 周一	072284	100	002284	亚太股份	4.76	10.34	46.03	97.50	111.51%	12-01	1.3558	10.00
113016	小康转债	详细 股吧	2017-11-06 周一	783127	100	601127	小康股份	8.00	15.74	50.83	97.52	91.73%	[illegible]	[illegible]	[illegible]
128087	孚日转债	详细 股吧	2019-12-17 周二	072083	100	002083	孚日股份	4.88	6.39	76.21	98.98	29.87%	[illegible]	[illegible]	[illegible]
128032	双环转债	详细 股吧	2017-12-25 周一	072472	100	002472	双环传动	4.93	9.93	49.65	99.29	99.96%	12-22	1.4626	10.00
128037	岩土转债	详细 股吧	2018-03-15 周四	072542	100	002542	中化岩土	3.47	8.01	43.20	99.30	129.88%	03-14	0.3333	6.04
128018	时达转债	详细 股吧	2017-11-06 周一	072527	100	002527	新时达	4.86	7.45	65.23	99.70	52.84%	11-03	1.4230	8.83
113576	起步转债	详细 股吧	2020-04-10 周五	754557	100	603557	起步股份	8.17	10.95	74.61	99.75	33.69%	04-09	1.0960	5.20
110066	盛屯转债	详细 股吧	2020-03-02 周一	733711	100	600711	盛屯矿业	3.68	4.92	74.80	99.91	33.58%	02-28	1.0330	23.86
110045	海澜转债	详细 股吧	2018-07-13 周五	733398	100	600398	海澜之家	6.15	12.02	51.16	99.97	95.39%	07-12	0.6670	30.00

可转债现价

图 6–13　低于 100 元的可转债品种（截至 2020 年 5 月 28 日）

从当前的市场情况来看，市场上共有 12 只可转债产品的价格在 100 元之下。当然，若从入场建仓的角度考虑，为了获得更多优质的可转债品种，可以适当放宽价格准入标准，比如将 103 元或 105 元作为筛选门槛，这样可供分析的备选品种就会多很多。

第二，对于转股溢价率需辩证看待。通常情况下，转股溢价率越低，未来正股上升至强赎线的可能性就越大，也就越有利于投资收益最大化。实际操作中，还存在这样一种情况，即某只可转债的转股溢价率极高，且已经触发了转股价下修条款，此时由于存在转股价下修的可能，这类可转债就具有了一定的投资价值。在熊市底部区域，这类可转债溢价率较高的品种，也是值得考虑的对象。反之，一些可转债产品已经触发了下修条款，但这类企业仍然没有下修的意愿，或者等待可转债进入最后的回售期（即可转债存续期中的最后两个计息年度）后再下修转股价，则要远离这类产品。

第三，寻找到期赎回价较高的产品。从理论上来讲，持有可转债产品特别是 100 元以下入场的可转债产品，一般来说收益都具有一定的托底功能，毕竟到期赎回价算得上比较优厚，特别是很多产品的到期赎回价达到了 120 元。在筛选可转债投资标的时，可转债到期赎回价格高，可以列为优先投资标的。

第四，剔除信用风险高的品种。尽管发行可转债产品的企业都是上市公司中信用等级相对较高的，但在之后的经营中，很难避免出现经营风险或其他风险，导致企业经营出现异常，甚至存在退市风险。比如，*ST 辉丰因连续两年亏损，自 2020 年 5 月 25 日辉丰转债被暂停上市，持有该可转债的投资者将因此面临很大风险。基于这种原因，一些 ST 企业发行的可转债产品，是投资者需要回避的对象。

（2）仓位策略

与其他投资品种相似，可转债投资也存在一定的风险，而事实上也存在个别无法实施强赎的品种，因而，在建仓时，投资者需要同时筛选多个品种组合建仓，不能让单一品种占据过大的仓位。不过，建仓品种也不宜太多，毕竟市场上的优质品种并不多，选择品种过多，容易将一些不适合的投资品种纳入投资范围，一般以 5 只左右为宜。

（3）操作策略

在操作方面，投资者不宜一次性完成建仓，最好分批次、分品种建仓。

也就是说，当一些可转债品种符合建仓要求后，可逐步分批建仓，然后耐心持有即可。当一些可转债的正股触及强赎线后，即可考虑分批次止盈撤出。当然，有一些可转债在正股价格触及强赎线后还会继续上攻，但此后的走势与正股走势趋于一致，且转股溢价率一般会走低，已不再适合继续持有了。

二、正股股价冲击强赎线

前面曾经介绍过，从上市公司的立场来看，可转债触及强赎线且实施强赎是最好的结果，而且强赎越早实施越好。很多与大股东有关联的资金，很可能在正股价格即将满足强赎条件时助其一臂之力。

从投资者的角度来讲，在正股股价即将冲击强赎线时入场，也是一个不错的选择，这样操作有可能在短期内博取不错的收益。当然，这种操作也存在一定的风险。从以往的经验来看，正股股价冲击强赎线时往往会有多次反复，期间投资者也可以进行多次交易。

下面大家来看一下精测转债的案例。

精测转债的正股是精测电子，属于 A 股市场上比较典型的优质股票，其价格也一直维持在高位。2019 年 3 月 29 日，精测转债正式发行上市，上市伊始的转股价为 75.88 元。其后的 5 月 28 日，因该股分红送股，该可转债的转股价格被调整为 50.25 元，强赎价相应地被调整为 65.33 元。10 月 8 日，精测转债正式进入转股期，其相关的转股规则、下修规则以及强赎规则开始生效。

这就意味着，当正股股价来到强赎线附近时，很有可能会倾向于向上突破该线。当然，除了自身原因外，股价的运行也会受到大盘和市场氛围的影响。如图 6–14 所示。

2020 年 1 月初，精测电子的股价已经距强赎线很近了。特别是 1 月 16 日，该股股价经过一段时间的整理后重新启动上攻，此时能够预感到主力很可能会拉升股价突破强赎线，以满足强赎的条件。其后经过多日上攻，股价终于在 1 月 22 日成功收盘于强赎线上方。之后受疫情的影响，该股股价在顶部震荡整理了一段时间，期间围绕强赎线发生了多次争夺。

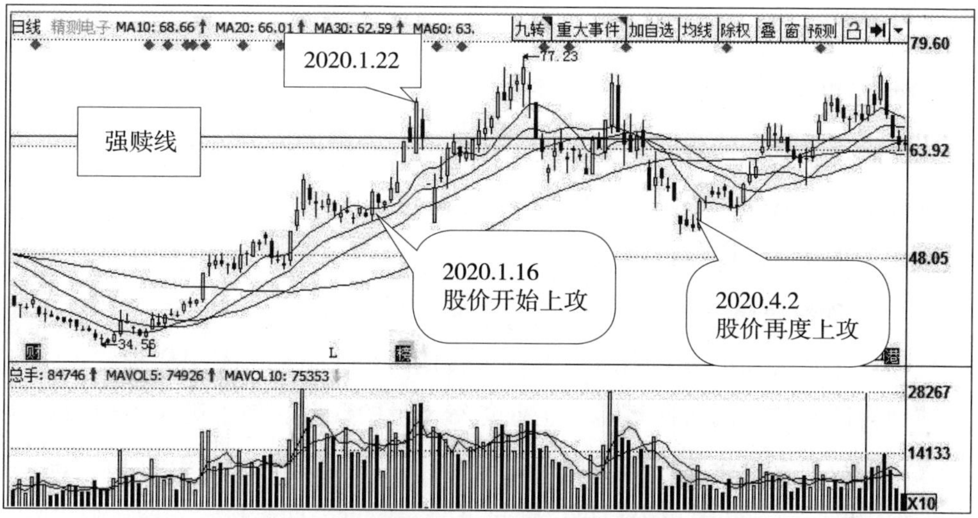

图 6-14　精测电子（300567）日 K 线走势图

受大盘走势拖累，精测电子的股价随后也出现了一波下跌，没能在 1 个月内保持 15 个交易日收于强赎线上方。

4 月 2 日，精测电子重新启动了一波上升走势。此时，投资者应该清楚主力的目标仍是使股价突破强赎线，因此可积极入场等待。

通常情况下，当正股股价距离强赎线不远时，价格向上突破肯定是大概率事件，只要市场环境不至于太差，大都能够完成突破。正因如此，投资者应该充分把握这一机会。

第四节　可转债回售套利

在可转债的规则体系中，回售规则也是非常重要的一条，这也是保障投资者利益的关键条款。在熊市中，由于正股价格走低，可转债失去转股意义，但由于存在回售条款，投资者可以在回售价的保护下继续持有可转债。当然，当市场风向不利时，可转债的市场报价可能会出现低于回售价的情况，此时就为投资者提供了一个绝佳的套利机会。

一、可转债回售套利的条件

从表面来看，回售套利似乎是一种无风险套利模式，实际上，在执行套利过程中也会遇到一些障碍或困难。也就是说，只有在满足一定的条件下，投资者才能进行回售套利。

1. 回售期的限制

站在上市公司的立场来看，发行可转债的企业是根本不想让投资者将可转债回售回来的，因为回售需要企业花费大量的现金。为了避免出现回售的情况，可转债发行企业才在发行公告中加入了下修转股价和回售期的条款。从理论上来说，这些上市公司可以通过下修转股价来回避投资者回售可转债。

事实上，很多发行可转债的上市公司股本量并不大，发行在外的可转债数量却很可观，特别是正股价格大幅下跌时，若采取下修转股价的方式回避投资者回售，那么就可能面临转股量过大的情况，对原有股东的利益造成较大的冲击。因此，很多上市公司在股价已经触发转股价下修线甚至回售线后，仍然选择不作为。有些企业宁愿等到回售期再采取相应的行动，一方面是因为前几年可转债支付的利息很低；另一方面，若未来遇到牛市，正股股价存在上涨至回售价甚至转股价的可能。

总之，并不是正股价格低于回售线，投资者就可以将可转债回售给上市公司，只能在回售期内进行回售操作。通常情况下，可转债的回售期为最后两个计息年度。比如，维格转债的发行日期为 2019 年 1 月 24 日，到期日为 2025 年 1 月 23 日。关于回售，该公司的可转债发行公告这样约定：“在本次发行的可转换公司债券最后两个计息年度，如果公司股票在任何连续 30 个交易日的收盘价格低于当期转股价的 70% 时，可转换公司债券持有人有权将其持有的可转换公司债券全部或部分按债券面值加上当期应计利息的价格回售给公司。”

也就是说，维格转债的回售期是最后两个计息年度，即 2023 年 1 月 24 日—2025 年 1 月 23 日。在 2023 年 1 月 24 日之前，即使该公司的可转债已经触发回售条款，投资者也不能将手中的可转债回售给上市公司。

2. 与回售期的距离以及收益情况

在正常情况下，已经进入回售期的可转债，很少会出现跌破回售价的情况。一旦因市场大幅下挫而出现此类情况，便会有套利资金入场进行套利操作，从而推动可转债价格迅速走高。不过，由于可转债回售价格通常都是某一固定价格（如103元或票面价格）加上本期利息，相比到期赎回价要低很多，因此，投资者必须评估买入可转债的时间成本，考察可转债距离回售期还有多久，长时间持有是否值得。

3. 可转债的信用风险

尽管可转债发行企业都是经过筛选的优质上市公司，但在可转债发行后的几年里，企业也可能会遇到一些意想不到的困难。比如企业因经营不善，可能会被要求退市等，*ST 辉丰就是一个典型的案例。因此，在筛选备选标的时，投资者必须对可转债的质地有所了解，尽量回避风险。

4. 可转债回售套利需要等待机会

可转债回售套利并不是一种随时都存在的机会，在大部分时间里，投资者可能都找不到合适的标的。下面来看一下 2020 年 5 月 29 日的可转债报价情况，如图 6–15 所示。

从图中可以看出，目前市场上可转债品种的报价大都在 100 元以上，低于 100 元的很少。报价最低的 3 种分别为：亚药转债 81.12 元、维格转债 92.22 元和搜特转债 93.74 元。其他转债的价格都在 100 元左右。前面曾经介绍过，可转债回售价格一般就在 100 元左右，市价 100 元左右的可转债品种几乎没有多少投资价值。

不过，大家对低于 100 元的 3 种可转债进行分析就可以发现，这 3 种标的并非理想的投资品种。

其一，从距离回售时间来看，离回售时间最近的维格转债，也需要投资者等待 3 年左右的时间。该可转债的价格为 92.22 元，距离 100 元的空间不足 9%。也就是说，投资者需要持有 3 年（承担 3 年的风险），然后获得不足 9% 的收益（考虑贴现率，实质上远远不足 9%），这一收益比例比很多一般性

债券代码	债券简称	相关	申购日期	申购代码	申购上限(万元)	正股代码	正股简称	正股价	转股价	转股价值?	债现价	转股溢价率?	原股东配售		发行规模(亿元)	中签号发布日	中签率(%)	上市时间
													股权登记日	每股配售额?				
128062	亚药转债	详细 股吧	2019-04-02 周二	072370	100	002370	亚太药业	4.71	16.25	28.98	81.12	179.88%	04-01	1.7987	9.65	04-04	0.0288	04-24
113527	维格转债	详细 股吧	2019-01-24 周四	754518	100	603518	锦泓集团	6.40	10.52	60.84	92.22	51.59%	01-23	4.1310	7.46	01-28	0.3954	02-19
128100	搜特转债	详细 股吧	2020-03-12 周四	072503	100	002503	搜于特	2.69	5.36	50.19	93.74	86.78%	03-11	0.2622	8.00	03-16	0.0123	04-09
113016	小康转债	详细 股吧	2017-11-06 周一	783127	100	601127	小康股份	8.05	15.74	51.14	98.71	93.01%	11-03	1.6490	15.00	11-08	0.0029	11-21
128023	亚太转债	详细 股吧	2017-12-04 周一	072284	100	002284	亚太股份	4.78	10.34	46.23	98.80	113.72%	12-01	1.3558	10.00	12-06	0.0245	12-26
128032	双环转债	详细 股吧	2017-12-25 周一	072472	100	002472	双环传动	4.99	9.93	50.25	99.70	98.40%	12-22	1.4626	10.00	12-27	0.0825	01-25
123023	迪森转债	详细 股吧	2019-03-20 周三	370335	100	300335	迪森股份	4.61	7.19	64.12	99.88	55.78%	03-19	1.6532	6.00	03-22	0.0216	04-16
113582	火炬转债	详细 股吧	2020-05-27 周三	754678	100	603678	火炬电子	25.70	25.33	101.46	100.00	-1.44%	05-26	1.3290	6.00	05-29	0.0030	-
113035	福莱转债	详细 股吧	2020-05-27 周三	783865	100	601865	福莱特	13.00	13.56	95.87	100.00	4.31%	05-26	0.9660	14.50	05-29	0.0019	-
128108	蓝帆转债	详细 股吧	2020-05-28 周四	072382	100	002382	蓝帆医疗	24.38	17.79	137.04	100.00	-27.03%	05-27	3.2613	31.44	06-01	0.0195	-
113583	益丰转债	详细 股吧	2020-06-01 周一	754939	100	603939	益丰药房	81.00	71.82	112.78	100.00	-11.33%	05-29	2.9800	15.81	06-03	-	-
110045	海澜转债	详细 股吧	2018-07-13 周五	733398	100	600398	海澜之家	6.07	12.02	50.50	100.00	98.02%	07-12	0.6670	30.00	07-17	1.0198	07-31
128018	时达转债	详细 股吧	2017-11-06 周一	072527	100	002527	新时达	5.01	7.45	67.25	100.03	48.75%	11-03	1.4230	8.83	11-08	0.0041	12-04
128037	岩土转债	详细 股吧	2018-03-15 周四	072542	100	002542	中化岩土	3.43	8.01	42.82	100.13	133.83%	03-14	0.3333	6.04	03-19	0.0901	04-25
128087	孚日转债	详细 股吧	2019-12-17 周二	072083	100	002083	孚日股份	4.90	6.39	76.84	100.16	30.35%	12-16	0.7403	6.50	12-19	0.0229	01-16
110066	盛屯转债	详细 股吧	2020-03-02 周一	733711	100	600711	盛屯矿业	3.72	4.92	75.61	100.20	32.52%	02-28	1.0330	23.86	03-04	0.0409	03-31
113576	起步转债	详细 股吧	2020-04-10 周五	754557	100	603557	起步股份	8.10	10.95	73.97	100.26	35.54%	04-09	1.0960	5.20	04-14	0.0083	05-07
110070	凌钢转债	详细 股吧	2020-04-13 周一	733231	100	600231	凌钢股份	2.14	2.80	76.43	100.45	31.43%	04-10	0.1580	4.40	04-15	0.0047	05-13
123004	铁汉转债	详细 股吧	2017-12-18 周一	370197	100	300197	铁汉生态	2.52	3.98	63.32	100.60	58.88%	12-15	0.7238	11.00	12-20	0.0594	01-26
128033	迪龙转债	详细 股吧	2017-12-27 周三	072658	100	002658	雪迪龙	5.87	8.83	66.48	100.69	51.46%	12-26	0.8596	5.20	12-29	0.0387	01-29

图 6–15　可转债报价从低到高排名（截至 2020 年 5 月 29 日）

的债券都要差，因而买入该可转债等待回售套利是不明智的。

其二，从风险来看。市场上价格最低的可转债品种为亚药转债，价格仅为 81.12 元。从价格来看，该转债还是比较有吸引力的。不过，一个投资品种的价格极低，肯定有其自身的问题，除了转股溢价率将近 180% 外，自身的信用风险也是需要考虑的。亚药转债的正股是亚太药业，其 2019 年财报显示：当年该公司业绩巨亏 20 亿元以上，实际控制人股份被轮候冻结，董事长及董事被证监会通报批评。从投资安全角度考虑，投资者是否愿意持有这类可转债 3 年然后等待其回售呢？

总之，从回售时间来看，市场上基本没有符合要求的品种。即使亚药转债没有信用隐患，要让投资者持有可转债 3 年来等待回售也是很痛苦的。

二、可转债回售套利的实施

时间、收益与风险，是投资者实施可转债回售套利前需要重点评估的 3 个因素，也是筛选投资标的的重要依据。

在实际回售套利交易中，一般遵循这样几个步骤，如图 6–16 所示。

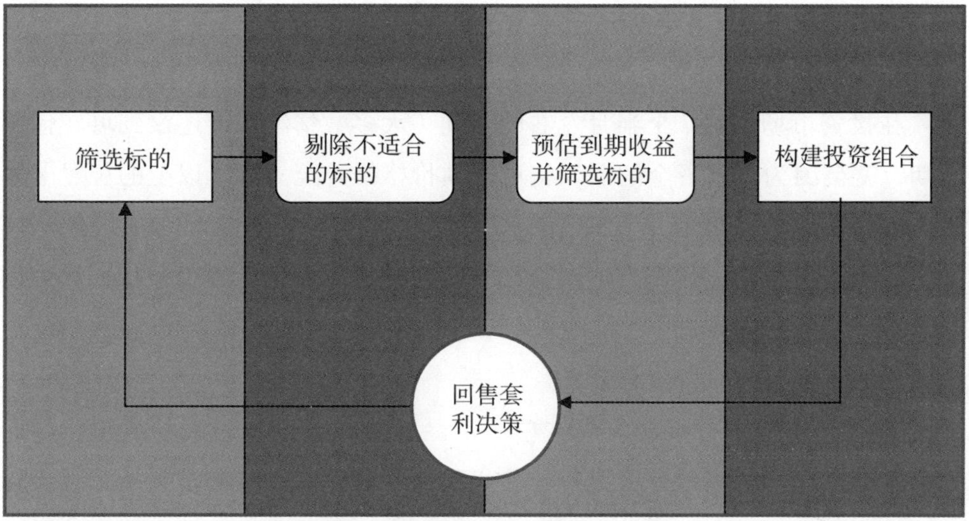

图 6-16　回售套利投资决策步骤

第一步：筛选低于回售价格的标的。

这是一种比较宽泛的筛选动作，目的是找到市场上报价较低（一般是低于 100 元面值）的可转债品种。当然，在日常交易中，投资者也可以经常用此方法寻找套利机会。

第二步：剔除明显不适合投资的标的。

剔除标准包括距离回售期过久（从套利的角度来看，距离回售期的时间最好不要超过 6 个月，否则其中的变数过多，也就不属于套利，更像是博弈操作了），企业信用存在隐患（有退市或 ST 风险）等。当然，在实际操作过程中，针对距离回售期较远的标的，投资者也可以用预期收益率来评估。也就是说，如果预期到期回售收益率较高，也可以接受距离回售期长的标的，这就是所谓的“以时间换空间”。

第三步：预估到期套利收益。

由于将可供投资的标的距离回售期的时间压缩至 6 个月，也就意味着最多 7 个半月的时间就可以兑现套利收益了。比如，某种可转债的价格为 97 元，到了回售期则可以 100 元（也有一些企业的回售价高于 100 元，如 103 元）的价格回售给发行企业，那么投资者的收益为：

套利收益率 =（100−97）元 ÷97 元

=3.09%

在投资市场，用 7 个半月左右的时间（大多数情况下，还没到可转债回售期，就会因为套利资金的涌入将可转债价格推升至 100 元以上的位置）取得 3.09% 的收益，也是一个不错的水平了。

投资者可使用该预测方法对拟投资范围内的品种进行逐个分析，从中剔除收益率较低的品种。

第四步：建立投资组合。

任何时候将所有资金集中在单一产品上，都会面临较大的风险，因而投资者必须学会适当地分散风险，最好买入 5 种左右的品种。当然，在可转债回售套利方面，由于这种套利机会相对较少，一般在市场处于熊市阶段时才会出现机会，因此投资者也可以适当加大单只可转债的仓位，但不能超过 35% 的仓位比例。

回到之前图 6–15 中的可转债报价列表，大家可以发现：从价格上看，当前市场上仅有 3 只可转债符合回售要求，但都存在距离回售期时间过长的问题。从预期收益情况来看，亚药转债应该属于最合适的标的，但其隐患过大，投资者还应该观察后续的走势情况。

当然，从另一个角度来看，因为有回售套利的规则存在，很多可转债产品在低于 100 元的票面价格后，都具有一定的套利价值。事实上，大多数可转债根本不用等到回售期，其价格就会回到 100 元上方。从这一点上来讲，维格转债、搜特转债似乎都可以作为投资标的。

在投资实战中，投资者还需要结合市场环境来研判可转债的价格趋势。与股票不同，可转债的报价有一个价值中枢，即票面金额的 100 元以及转股价值。通常情况下，如果不考虑信用风险，那么低于 100 元的可转债都是具有回售套利价值的。

下面来看一下模塑转债的案例，如图 6–17 所示。

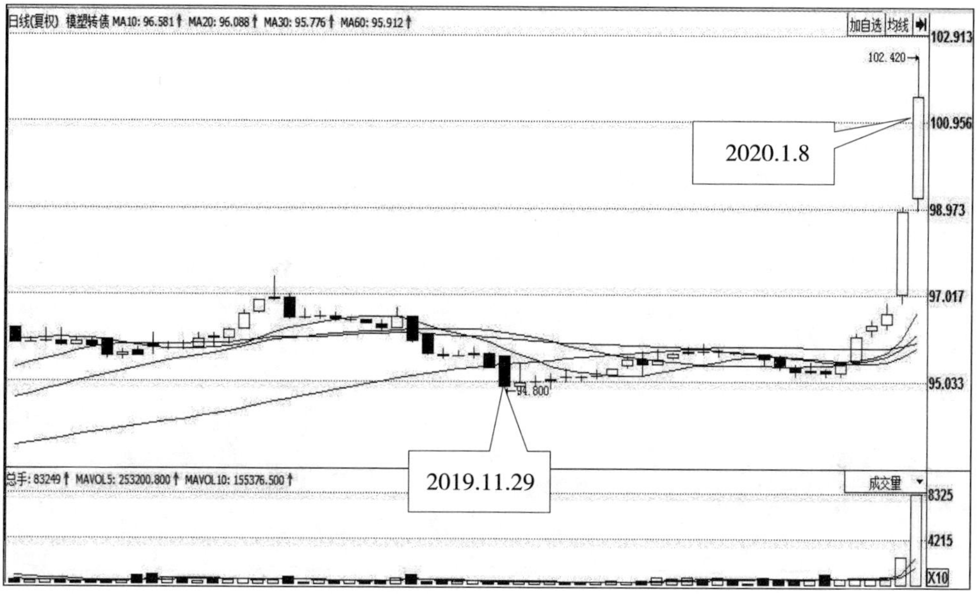

图 6–17　模塑转债（127004）日 K 线走势图

模塑转债是一只比较有代表性的品种。模塑转债于 2017 年 6 月 2 日发行上市，到期日为 2023 年 6 月 1 日，最后两个计息年度开始时间为 2021 年 6 月 2 日。模塑转债的初始转股价为 8 元，后来下修为 7.59 元。但在其发行上市后，正股股价长期大幅低于转股价，因而模塑转债的价格也长期处于低位。

2019 年 11 月底，模塑转债的价格再度下探至 94.80 元。如果用单纯的回售套利策略来考虑该可转债的交易价值，那么此时并非最佳的套利时机，毕竟距离回售期还有 1 年半的时间，预期回售收益率并不高。

模塑转债的预期收益率 =（100–94.80）元 ÷ 94.80 元

=5.48%

不过，若考虑市场可能发生变化，即当前股票市场处于低位震荡运行，未来存在很大的上行可能，因此可转债价格在短期内回归至 100 元上方还是值得期待的，因此投资者可以考虑入场建仓该可转债。

到了 2020 年 1 月 8 日，因市场环境转暖，该可转债价格很快就回到了

100 元上方，此时投资者可考虑继续持有或获利了结。其实，当时模塑转债的正股模塑科技的股价正在连续拉升，根据这一情况，投资者可继续持有该可转债。如图 6–18 所示。

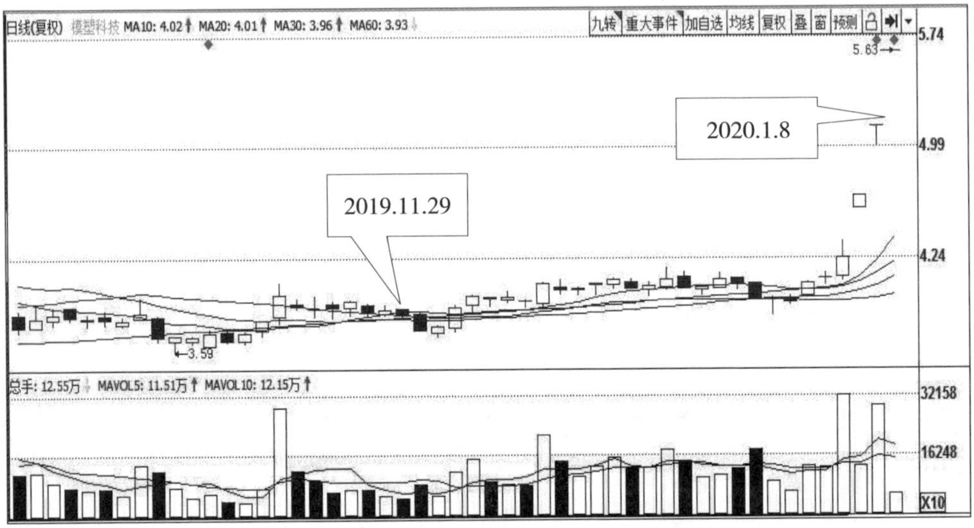

图 6–18 模塑科技（000700）日 K 线走势图

从图中可以看出，2019 年 11 月 29 日，正是模塑科技股价启动上涨的前夜。后来，经过一段时间的震荡整理后，在大盘转暖的刺激下，该股连续拉出了多个涨停板。2020 年 1 月 8 日，模塑转债突破 100 元价格时，正是模塑科技股价涨停的日子。借鉴之前正股涨停套利技法，此时正是投资者坐享收益之时。后来模塑转债的价格一度上升至 230 多元的位置。当然，模塑转债这种套利机会是可遇而不可求的，需在其价格拥有绝对操作空间时才能入手，然后择机获利了结。

总之，在可转债回售套利方面，除了存在信用风险的品种外，只要有足够的利润空间（5% 以上最佳），投资者就可以考虑入场操作。

第五节 可转债下修博弈

可转债下修转股价，从本质上来看，就是一次对可转债内在价值的重构。正常情况下，当某只可转债对应的正股股价持续下跌，并远远低于转股价时，可转债的价格会随之下跌。不过，为了让投资者顺利转股，上市公司也可能会考虑下修转股价。一旦下修转股价，可转债的内在价值就会发生变化，从而引发可转债价格短期内迅速上涨。

一、可转债下修博弈的要素

通过前面章节的介绍，投资者可以发现，并不是所有上市公司都愿意即时下修转股价，有些企业还可能坐等投资者回售债券。投资者因可转债存在下修转股价的预期而实施买入操作，实质上是一种博弈。

从规则上来看，下修转股价，是一种掌握在上市公司手中的权利，上市公司可以选择下修转股价，也可以不下修。大概率会下修转股价的企业往往都会具有一些共同的特征，通过研判这些特征，投资者事先能够发现一些下修转股价的蛛丝马迹。如图 6-19 所示。

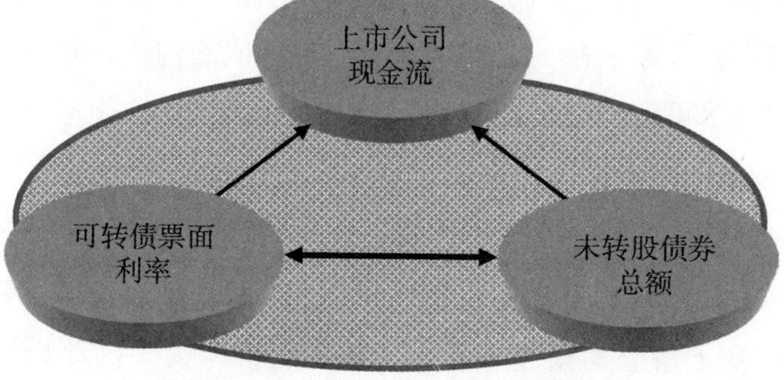

图 6-19 影响股价下修决策的因素

1. 第一维度：上市公司的资金流。

前面曾经说过，从理论上来讲，下修转股价是推动投资者完成债转股最便捷的方式。但若正股股价下跌过多，转股价下修之后，可能会因转股数量的暴增而影响正股股东的利益，因此，上市公司往往会非常谨慎地对待下修转股价的问题。

也就是说，若股价下跌过多，而上市公司的现金流尚可，这些公司可能会坐等投资者回售可转债，不一定要通过下修转股价来推动转股操作。况且回售期通常都在最后两个计息年度，从时间上考虑，不下修转股价对发行可转债的企业可能更有利。

反之，对一些现金流紧张的企业来说，快速推动投资者转股才是明智的选择，这些企业往往会非常及时地推出下修转股价的公告。

2. 第二维度：剩余未转股债券总额。

这也是一个与现金流有关的指标。市场上流通的可转债数量较多的话，上市公司一般会继续推动转股，毕竟发行可转债的初衷就是要完成债转股而非用现金偿债。反之，若市场上可转债的存量较少，对上市公司不会构成较大的偿债压力时，这些上市公司也可能不下修转股价。

3. 第三维度：可转债票面利率的构成。

这是一个与之前的未转股债券总额密切相关的指标。通常情况下，可转债的票面利率都是累进利率，前四年的利率总体上都是比较低的，第五年和最后一年的利率相对较高。但为了顺利发行可转债，有些企业可能会将利率水平设置得相对较高。大家清楚，这些企业发行可转债的初衷，并不是到期清偿债券的本息，而是尽可能推动债转股，为了顺利发债，其往往不介意将利率定得稍高一些。不过，利率越高的企业，就越有推动债转股的动力。站在这些企业的角度来讲，到了转股期，所有投资者立即将可转债转股才是最好的结果。因此，当这些企业发行的可转债触及下修条款，很可能会迅速下修转股价。

总之，站在上市公司角度来看，下修转股价是为了推动投资者转股迫不得已而为之，背后的原因则与企业的现金流和偿债压力有密切的关系。

二、可转债下修博弈的实施

下面来看一下海印转债的案例。先来看一下海印转债的基本信息。

海印转债的正股是海印股份。海印转债 2016 年 6 月 8 日正式上市发行，上市伊始的转股价为 5.26 元。海印转债的发行总额为 11.1 亿元，信用等级为 AA-。发行期限为 6 年，具体票面利息为：第一年 0.50%，第二年 0.70%，第三年 1.00%，第四年 1.50%，第五年 1.80%，第六年 2.00%。

下修转股价条款为："在本可转债存续期间，当发行人股票在任意连续 30 个交易日中有 15 个交易日的收盘价低于当期转股价格的 90% 时，发行人董事会有权提出转股价格向下修正方案并提交股东大会表决。"

从海印转债的下修条款中可以发现，该公司的可转债下修条款对投资者可谓是非常友好了。目前，市场上绝大多数可转债下修条款的触发条件都是正股价格低于转股价格的 80%，正股价格低于转股价格的 85% 就触发下修条款，已经属于比较友好了，而海印转债的下修触发条款是正股价格低于转股价格的 90%，这也就意味着，该可转债会非常容易触发下修条款，发行企业也急于推动可转债的转股操作。

再来看一下海印股份发行可转债前后几年的营收情况，如图 6-20 所示。

科目\年度	« 2018	2017	2016	2015
成长能力指标				
净利润(元)	**1.38亿**	**2.30亿**	**2.06亿**	**1.96亿**
净利润同比增长率	-40.13%	11.48%	5.32%	-30.59%
扣非净利润(元)	1.09亿	1.96亿	1.63亿	1.41亿
扣非净利润同比增长率	-44.28%	20.41%	15.47%	32.15%
营业总收入(元)	25.07亿	25.61亿	19.94亿	16.52亿
营业总收入同比增长率	-2.12%	28.47%	20.66%	-13.88%

图 6-20 海印股份基本营收与净利情况

从图中可以看出，海印股份年营收额在 25 亿元左右，而同期发售的可转债金额达到了 11.1 亿元。相对于营收总额来说，这并不是小数目，这就意味着从可转债发行开始，海印股份就没有赎回的打算。因此，当正股价格触及下修线时，很可能会及时主动地下修转股价以便推动投资者快速转股，这类可转债属于比较理想的博弈转股价下修的品种。再来看一下海印转债的价格走势，如图 6-21 所示。

图 6-21　海印转债（127003）日 K 线走势图

2018 年 6 月初，海印转债的价格经历了一波快速杀跌行情，到 6 月 20 日，海印转债的价格已经跌至 81.60 元。海印转债的这种走势与正股股价走低存在直接的关系，如图 6-22 所示。

从图 6-22 中可以看出，2018 年 6 月之前，海印股份的股价一直呈现出单边下跌态势。到了 2018 年 6 月初，该股股价下跌速度加快。6 月 19 日，该股股价更是触及了 2.14 元的阶段低位。

对喜欢进行可转债套利的投资者来说，该股股价已经远低于转股价的 90% 了，同时，81.60 元的可转债市场成交价格也具备了较强的投资吸引力。毕竟到 2018 年 6 月 20 日时，该可转债已经发行两年时间，再有两年时间就进入回售期。

大家想象一下，即使可转债没有下修转股价的机会，仅仅是两年后的回售（票面金额 100 元），相比此时 81.60 元的价格，就有 22.55% 的获利空间，这可是有相当大吸引力的。

图 6–22　海印股份（000861）日 K 线走势图

之前曾经分析过，相对海印股份的营收来说，赎回可转债需要的资金数量太大了，企业不可能愿意赎回该笔债务，因而推动可转债早日完成转股才是对企业最有利的做法。

从图 6–21 中可以看出，正是 2018 年 6 月 20 日该可转债的价格过低，导致很多博弈下修转股价或准备进行回售套利的投资者纷纷入场，将可转债的价格迅速拉升。

2018 年 7 月 25 日，海印股份发布公告，宣布准备下修转股价，直接引发该可转债的价格暴涨。其实，对参与博弈可转债价格下修的投资者而言，此时就是最佳的出货时机，未来利好兑现时，可转债的价格涨幅未必有现在这么大。毕竟该股价之前的走势是呈单边下跌的，即使下修转股价，当前正股股价距离转股价也有较大的距离。

2018 年 8 月 10 日，海印股份正式下修转股价，从原来的 5.26 元下修至 3.01 元。大家从图 6–22 海印股份的股价走势可以看出，当时的正股股价距离 3.01 元也存在一定的距离。因而，公告下修转股价当天，可转债的价格并未出现上升，而是反向下跌。也就是说，对博弈下修转股价的投资者来说，8 月 10 日已经属于最后的卖出机会了。

第七章

像炒股一样交易可转债

除了进行可转债套利交易外，投资者还可以像炒股一样交易可转债产品，而且这还是一种具有托底特征的“股票”。

第一节　可转债基本看盘方法

股票看盘的相关技法，在可转债交易中同样适用。本节简单介绍几种最基本的盘面分析方法，供读者参考。

对喜欢短线或超短线交易的投资者来说，盘面的技术图形与数据信息是投资者研判可转债价格运行方向，制定交易计划的重要参考。不同交易软件给出的盘面图形大致相同，如图 7-1 所示。

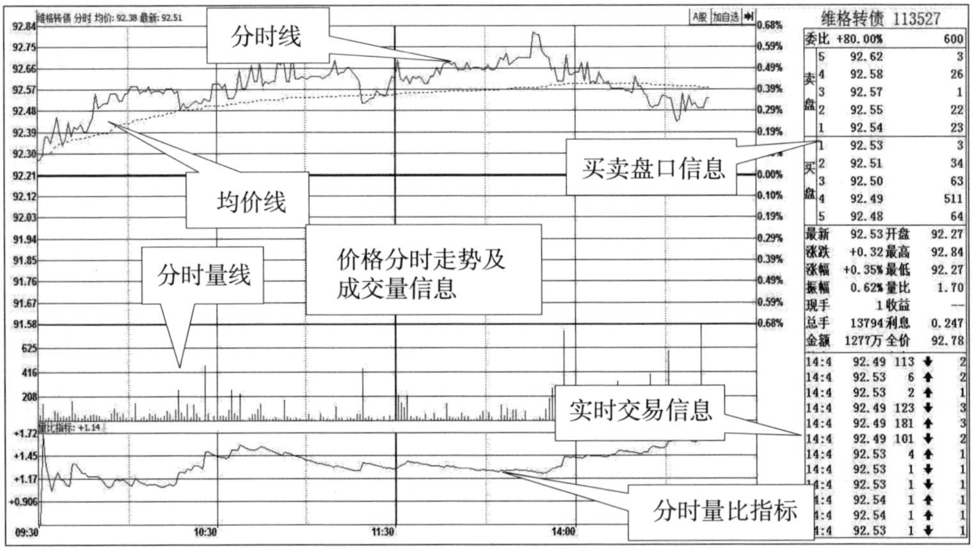

图 7-1　可转债分时图界面

图 7-1 所示的界面为常规可转债分时图界面。整个界面可分为左右两部分，其中左侧显示的是实时价格走势信息以及同步的分时成交信息、分时量

比指标运行态势等信息；右侧上半部显示的是实时盘口信息，即买卖五档盘口挂单信息，下半部为实时成交信息栏。

大家通常所说的看盘，其实很大程度上是在看如图 7–1 所示的分时图。当然，还要看 K 线图，后面会讲到。

一、如何看可转债分时线、均价线与量线

分时线与均价线、量线之间存在如下关系。

第一，当分时线运行在均价线上方时，说明当天买入的投资者大部分都处于盈利状态，价格走势较强。当可转债价格每次下跌到均价线位置时，会有一些投资者认为这是一个比较合适的买点，于是纷纷买入债券，所以可转债价格就会止跌向上，从而使均价线对可转债价格形成支撑作用。与此同时，可转债价格走高时，往往会有很多追涨跟风盘入场，可转债的量线就会出现拉长状态。

第二，当分时线运行在均价线下方时，说明当天买入的投资者大部分都处于亏损状态，可转债价格走势较弱。当可转债价格上涨到均价线附近时，就会有一些投资者认为此时是一个较好的卖点，于是纷纷卖出债券，所以可转债价格就会反转向下，使均价线对分时价格形成阻力作用。一般情况下，可转债价格走低时，入场跟风者较少，成交相对清淡，成交量线会呈现一定的萎缩状态。

下面看一下至纯转债的案例，如图 7–2 所示。

从图中能够看到，至纯转债的价格在开盘之后一路上涨，分时线一直位于均价线上方。此时，均价线对分时线有很强的支撑作用，价格几次下跌到均价线附近，都因为均价线的支撑作用而放量上涨。其后，分时线虽有偶尔跌破均价线的情况，但很快又回到了均价线上方。14:00 以后，分时线有效跌破均价线，从此均价线对分时线的支撑作用变成阻力作用，分时线几次上涨到均价线的位置，都由于均价线的阻力作用重新开始下跌。

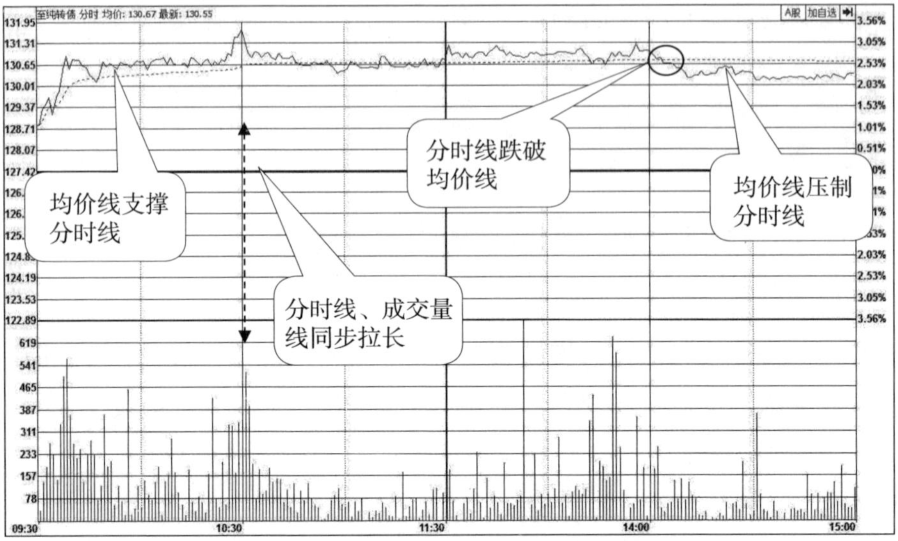

图 7-2　至纯转债（113556）分时走势图（2020.6.1）

二、看分时线的突破

分时线对均价线完成有效突破，意味着分时线的运行趋势可能会发生转向。分时线对均价线的突破分为向上突破和向下突破两种。

1. 分时线向上突破均价线

分时线运行于均价线下方时，说明该可转债价格走势疲弱，未来继续下行的概率较大。若盘中时段可转债价格自下而上放量突破均价线，则说明可转债价格短期内有可能会走强。

利用分时线向上突破均价线买入可转债时，应注意这样 3 点。

第一，可转债价格走强时，均价线必然向右上方倾斜。只有均价线处于走平或向右上方倾斜时，才是入场交易的时机。

第二，分时线向上突破均价线时，成交量线同步密集拉长，说明成交量与价格走势配合良好，分时线有效突破均价线的概率较大。

第三，主力经常利用分时线诱骗散户入场接盘，因而投资者在买入前必须对可转债价格的整体走势有所了解，避免落入主力设下的“圈套”。

下面来看一下科森转债的案例，如图 7-3 所示。

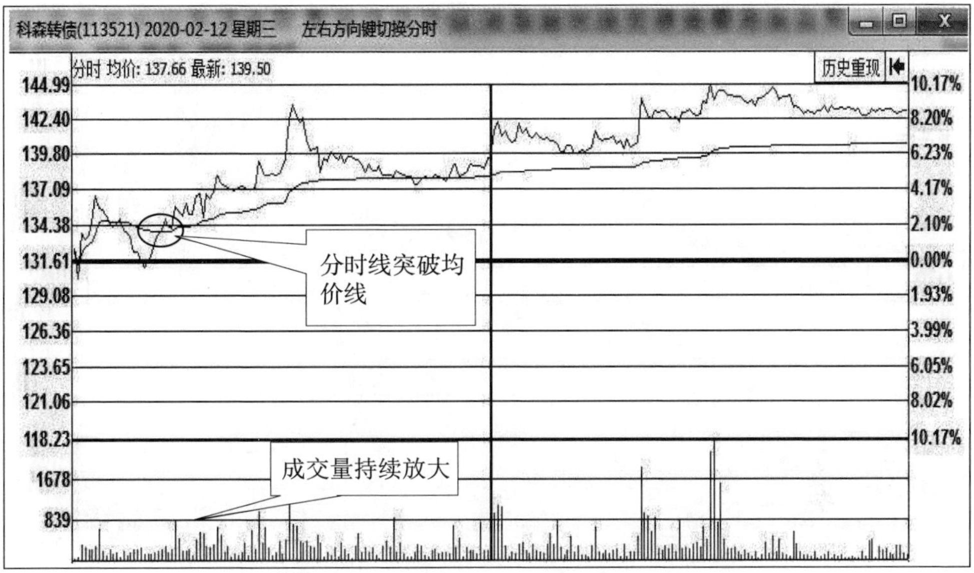

图 7–3　科森转债（113521）分时走势图（2020.2.12）

2020 年 2 月 12 日当天，科森转债的价格平开高走，盘中反向下跌，给人一种价格即将跳水的感觉。其后，可转债价格呈 V 形反转向上，成交量线开始伸长放大，该可转债分时线快速上攻，并一举突破均价线。此后，分时线回调至均价线附近，因受均价线支撑再度上攻，这说明该可转债价格有上涨的迹象。

下面再来看一下该可转债的日 K 线走势图，如图 7–4 所示。

观察科森转债的日 K 线走势图可知，2020 年 1 月下旬，科森转债的价格经过一波调整后，自 2 月 4 日出现止跌企稳迹象。其后，该可转债价格的日 K 线开始在短期均线下方运行，明显受到短期均线的压制。2 月 12 日，该可转债的价格正式启动反弹。与此同时，该可转债日 K 线站在各条均线之上，且均线开始呈多头发散排列，这属于短线向好信号。

2. 分时线向下突破均价线

分时线运行于均价线上方，说明该可转债价格走势较强，也预示该可转债价格短期内继续走强的概率很大。盘中时段，若可转债价格自上而下跌破均价线，说明可转债价格运行趋势将要转变，短期内很有可能走弱。

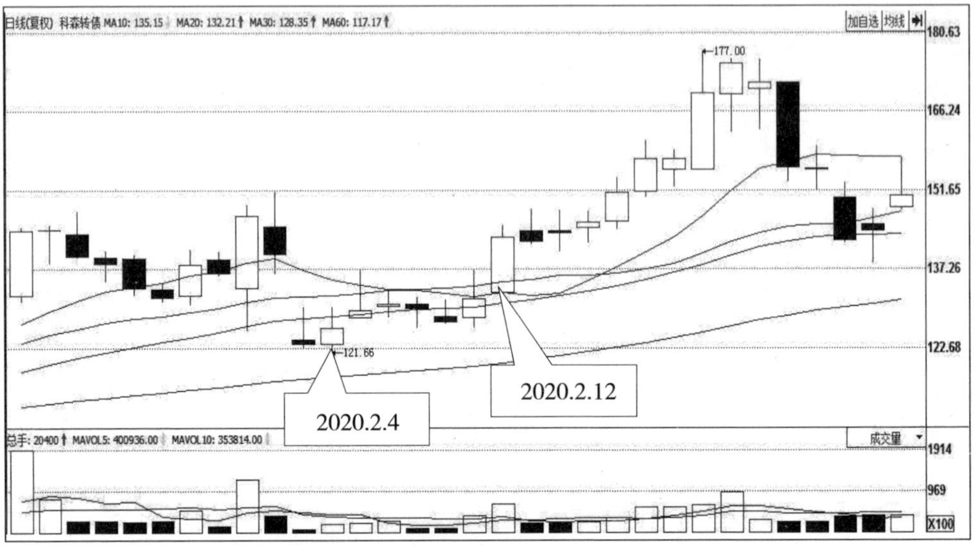

图 7–4　科森转债（113521）日 K 线走势图

利用分时线向下跌破均价线卖出可转债时，应注意这样 3 点。

第一，可转债价格处于下行趋势时，均价线会呈现向右下方倾斜态势。均价线若出现放平或向右下方倾斜态势，说明可转债价格整体走势开始变弱。

第二，分时线向下跌破均价线时，无论成交量有无放大，可转债价格都可能继续走低。

第三，若可转债价格前期跌幅较大且已经开始筑底，则此时再度下跌可能属于主力的“诱空”陷阱。

下面来看一下联泰转债的案例，如图 7–5 所示。

2020 年 4 月 29 日当天，联泰转债的价格低开，经历一波震荡后，迅速放量拉升，分时线快速向上突破均价线，给人一种价格即将大幅上涨的感觉。此时，投资者可按照之前讲解的方法追涨买入。此后，该可转债的分时线经过一波拉升后出现回调整理，并向下跌破了分时线。投资者应该意识到，刚才的拉升很有可能属于主力的诱多行为，投资者宜立即反手卖空。由于可转债执行的是 T+0 交易规则，当日买入的投资者可当日卖出。其后，该可转债的价格一路震荡走低。

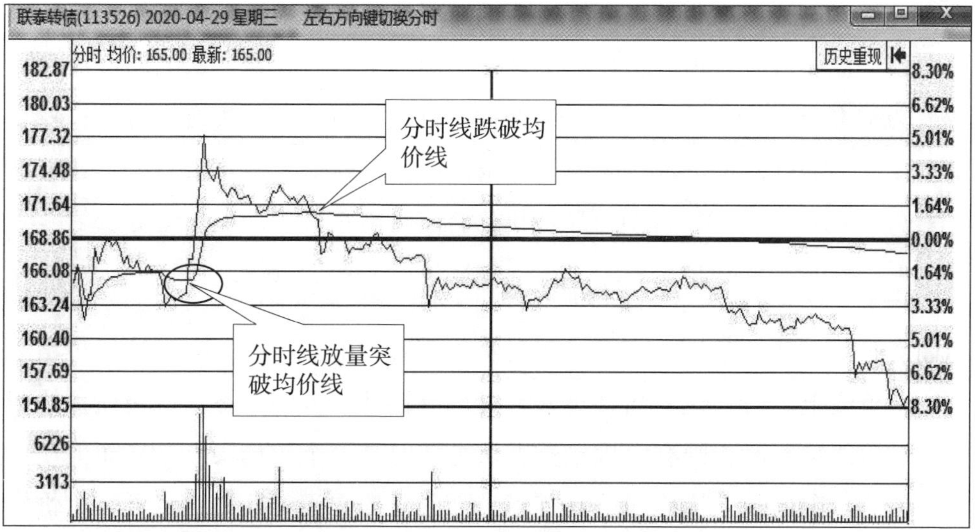

图 7–5　联泰转债（113526）分时走势图（2020.4.29）

下面再来看一下该可转债的日 K 线走势图，如图 7–6 所示。

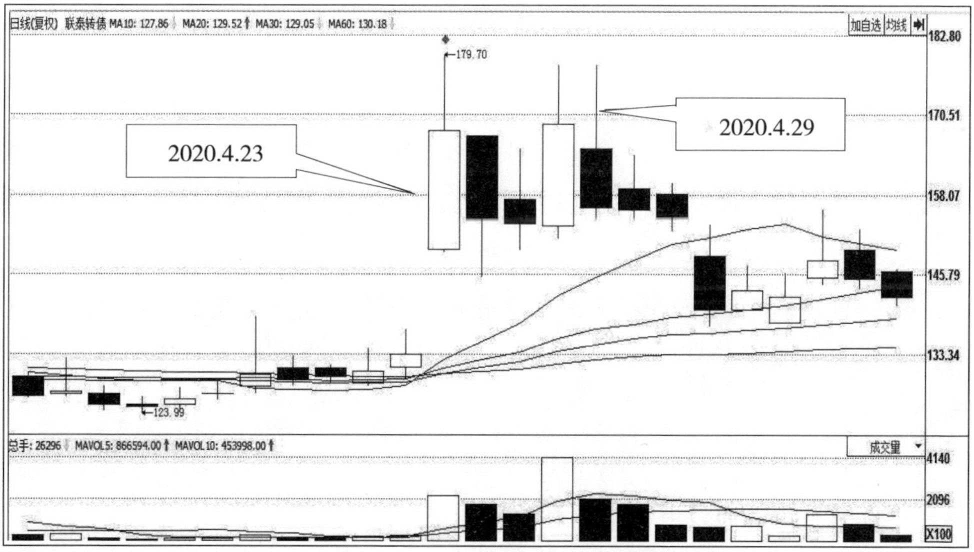

图 7–6　联泰转债（113526）日 K 线走势图

观察联泰转债的日 K 线走势图可知，2020 年 4 月 23 日，联泰转债的价格被突然大幅拉升。此后，该可转债的价格在高位盘整，颇具进攻态势。4

月 29 日，该可转债价格开盘后继续呈上攻态势。

由于此前该可转债价格持续了较长时间的上攻，存在一定的回调需求。4 月 29 日价格进入盘整走势，分时线向下跌破均价线时，投资者可执行短线卖出操作。不过，投资者也应控制仓位，一旦可转债价格重拾升势，并突破 4 月 23 日的高点价位，说明可转债价格将有可能重新启动上攻走势。

三、看均价线的支撑与阻力

均价线本质上是一条当日投资者买入可转债的成本线。当可转债价格运行于均价线上方时，说明当日买入者大部分都处于盈利状态。可转债价格回落至均价线位置时，则有大批投资者认为此时是一个较佳买点，从而促使可转债价格反弹向上，均价线就具有了较强的支撑作用。反之，当可转债价格运行于均价线下方时，说明当日买入者大部分都处于亏损状态。可转债价格反弹至均价线位置时，则有大批投资者将其看成一个较佳的卖出点，促使可转债价格回落，均价线就具有了较强的阻力作用。

1. 均价线支撑价格上升

分时线运行于均价线上方，说明可转债价格走势较强。此后，分时线上冲后出现回落，回落至均价线附近时，因受均价线的支撑再度上涨，说明均价线对分时线的支撑有效，未来行情看涨，可考虑加仓买入。

投资者执行买入操作时，还应注意这样 3 点。

第一，可转债价格回调时成交量呈萎缩态势，或分时线受到均价线支撑再度上攻时，成交量呈同步放大态势，说明可转债价格与成交量配合良好，未来看涨。

第二，分时线多次回调至均价线位置，若都能得到均价线的支撑再度上攻，则说明均价线对分时线的支撑作用较强。

第三，分时线回调时，若均价线仍向右上方倾斜，则说明可转债价格整体走势良好，可转债价格继续上涨的可能性较大。

下面来看一下纵横转债的案例，如图 7–7 所示。

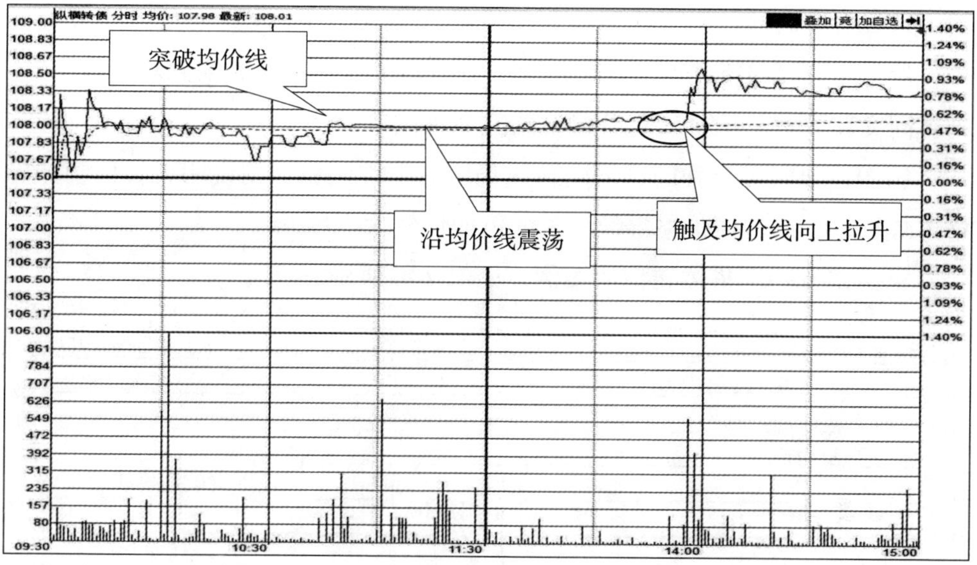

图 7–7　纵横转债（113573）分时走势图（2020.6.2）

2020 年 6 月 2 日，纵横转债的价格以前一交易日收盘价的价格开盘。此后，经过一波剧烈震荡后，分时线开始沿均价线震荡，且一直位于均价线上方，这说明纵横转债的价格走势较为强势。午后，纵横转债的价格出现小幅上升，之后分时线回调至均价线位置，并受到均价线的支撑而上涨，这说明均价线对分时线具有很强的支撑能力，未来可转债价格向好的可能性较大，投资者可考虑追涨买入。

2. 均价线阻碍价格上攻

分时线运行于均价线下方，说明可转债价格走势较弱。分时线下跌一段时间后出现反弹，反弹至均价线附近时，因受到均价线的阻力再度下跌，则说明均价线对分时线的阻力有效，未来行情看跌，持有可转债的投资者宜执行卖出操作。

投资者卖出可转债时，还应注意这样 4 点。

第一，可转债价格反弹时，若成交量没有明显的放大态势，则分时线突破均价线的概率相对较小。

第二，分时线若多次反弹至均价线位置，均因遇到阻力再度下跌，则说明均价线对分时线的阻力作用较强。

第三，分时线反弹时，若偶尔向上突破均价线但很快又回到均价线下方，则视同突破无效，均价线对分时线的阻力仍然有效。

第四，分时线反弹时，若均价线仍向右下方倾斜，则说明可转债整体价格走势较差，可转债价格继续下跌的可能性较大。

下面来看一下华体转债的案例，如图 7–8 所示。

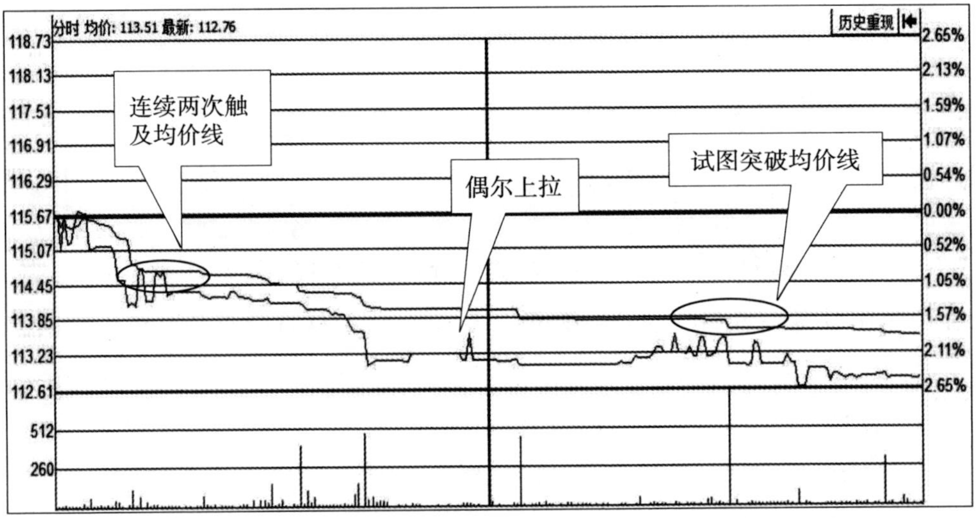

图 7–8　华体转债（113574）分时走势图（2020.5.22）

2020 年 5 月 22 日，华体转债的价格以略低于前一交易日收盘价的价格开盘。此后，分时线很快出现回落，且分时线一直运行于均价线下方，足见可转债价格走势之弱。该可转债当日盘中交易期间，分时线曾数次出现反弹走势，不过，当分时线反弹至均价线位置时，均因受到均价线阻力重归下跌通道，由此可见均价线对分时线的阻力之强。

四、看盘口数据变化

一般情况下，对盘口挂单数据可进行如下解读。

第一，买盘挂单大于卖盘挂单。这说明买方承接有力，在上升行情中，表现为买盘比较踊跃，可转债价格还会继续上升。在下跌行情中，表现为下方有较大的承接盘，可转债价格可能会受到强有力的支撑。

第二，卖盘挂单大于买盘挂单。这说明卖方实力强劲，可转债价格上升将会受到阻力。在上升行情中，表现为获利盘出逃的情况，若卖盘过大，可能会使可转债价格上升行情夭折。在下跌行情中，表现为卖盘占据绝对优势地位，买方毫无向上反攻的能力，可转债价格继续下行的概率极大。

第三，上升行情中，在某些阻力位或整数位附近有较大的卖盘，如前日收盘价、今日开盘价、整数价位等。在设置卖出价格时，大家很可能会设置到这类价格附近，使得这些点位明显具有阻力。当然，为了让自己的卖单优先成交，有些投资者往往会将自己的卖单设置在这些重要支撑位之下。

第四，在下跌行情中，一些支撑位或整数位附近可能会有较大的买盘，如前日收盘价、今日开盘价、整数价位等。当然，为了让自己的买单优先成交，有些投资者往往会将自己的买单设置在这些重要支撑位之上。

第五，在整数关口，无论是买盘还是卖盘，都可能有大量委托单聚集的情况。投资者设置交易价格时，应尽量避免在这些位置下单，以免延误成交。

下面来看一下海大转债的实时盘口数据，如图 7-9 所示。

海大转债 128102

委比		+96.55%	1792
卖盘	5	134.650	3
	4	134.510	1
	3	134.501	1
	2	134.500	2
	1	134.499	25
买盘	1	134.261	49
	2	134.250	2
	3	134.000	1771
	4	133.993	1
	5	133.989	1

五档盘口

图 7-9　海大转债（128102）盘口数据

从图中可以看出，在海大转债的五档盘口中，卖盘数量较少，买盘则相对强大很多。考虑当时海大转债的价格正处于开盘价的下方，即从下向上反弹途中，出现这种情形，往往意味着买方设置了一个托底买单，以防止价格进一步走低。同时也意味着，投资者如果想要买入该可转债，则需要在 134 元（这是一个典型的整数关口）的价位上方设置买单，否则买入成功的概率很低。

五、看量比指标走势

量比指标是很多炒股软件中为可转债分时图提供的默认技术分析指标。因为可转债执行的是 T+0 交易规则，有很多从事超短线交易的投资者参与其中，而量比指标是最适合分析价格短线波动走势的指标。

量比指标是衡量相对成交量的指标，是市场开市后平均每分钟的成交量与过去 5 个交易日平均每分钟成交量之比，反映出来的是当前盘口的成交力度与最近 5 天成交力度差别。这个差值越大，表明盘口成交越活跃，也就越能展现主力即时做盘的力度，显示出主力随时准备展开攻击的态势。在很多交易软件中，量比指标反映的是实时量比数值。如图 7-10 所示。

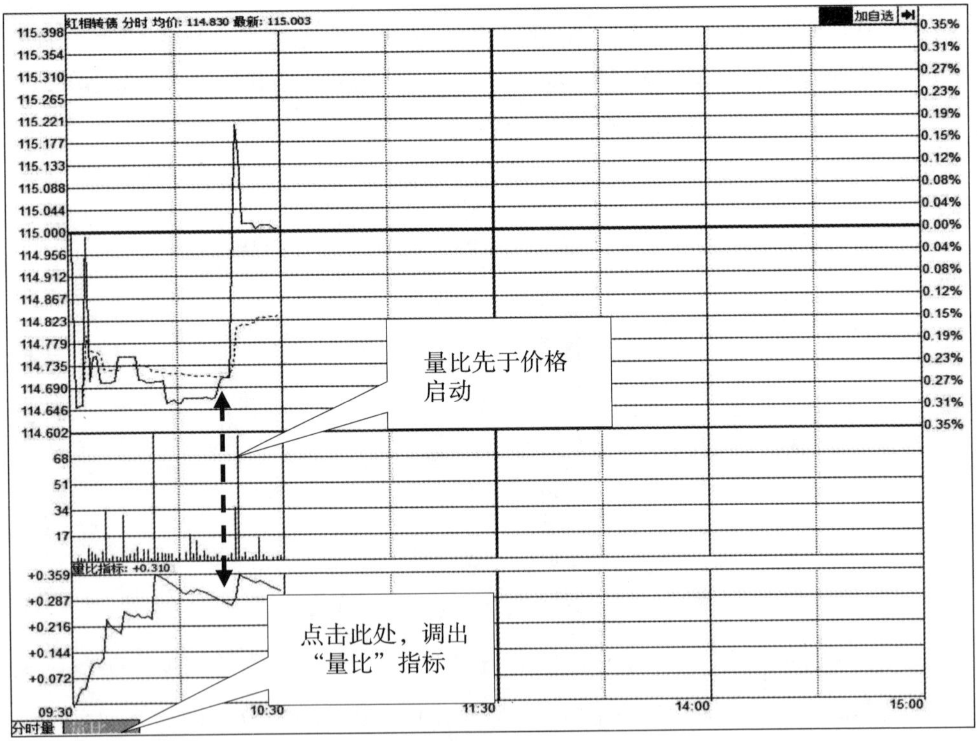

图 7-10　红相转债 (123044) 分时走势图（2020.6.3）（同花顺版）

通常情况下，投资者点击炒股软件分时图下方的“量比”指标，就可以调出该指标。在同花顺软件中，可转债分时图界面只有量比指标一个选项，不像股票分时图界面可以选择多个技术指标。

先来看一下量比指标的定义与计算方法。

量比指标是衡量相对成交量的指标，由一条反映即时量比数值的指标线构成。

量比数值的具体计算公式如下。

量比 = 当日即时为止的每分钟平均成交量 ÷ 过去 5 日的每分钟平均成交量

其中，当日即时为止的每分钟平均成交量 = 现成交总手数 ÷ 现累计开市时间（分）。

量比数值反映了成交量的变化情况，而成交量的增减又能体现出市场对可转债价格走势的认可程度。当可转债价格下跌时，量比增大，说明市场认可价格的下跌趋势，后市还将下跌。当可转债价格上涨时，量比增大，说明市场认可可转债价格的上涨趋势，后市还将上涨。

下面来看一下永高转债的案例，如图 7–11 所示。

2020 年 6 月 3 日，永高转债的价格开盘后，经过一波震荡，出现持续上攻态势。观察该可转债的量比指标可知，价格上攻时，量比数值同步放大，这属于经典的量价齐升形态，未来走高的可能性较大。

量比数值不同，对交易的指导性含义也不同。

第一，量比在 0.8～1.5 倍之间，说明成交量属于正常水平。投资者无论持仓还是持币，保持观望即可。

第二，量比在 1.5～2.5 倍之间，说明成交量温和放量。如果价格也处于温和缓升状态，则升势相对健康，可继续持仓。如果价格处于下跌状态，则可以认定短期可转债价格难以回升，应该考虑卖出。

第三，量比在 2.5～5 倍之间，说明成交量放量明显。如果此时可转债价格正在突破某一重要压力位或支撑位，那么突破有效的概率极高。

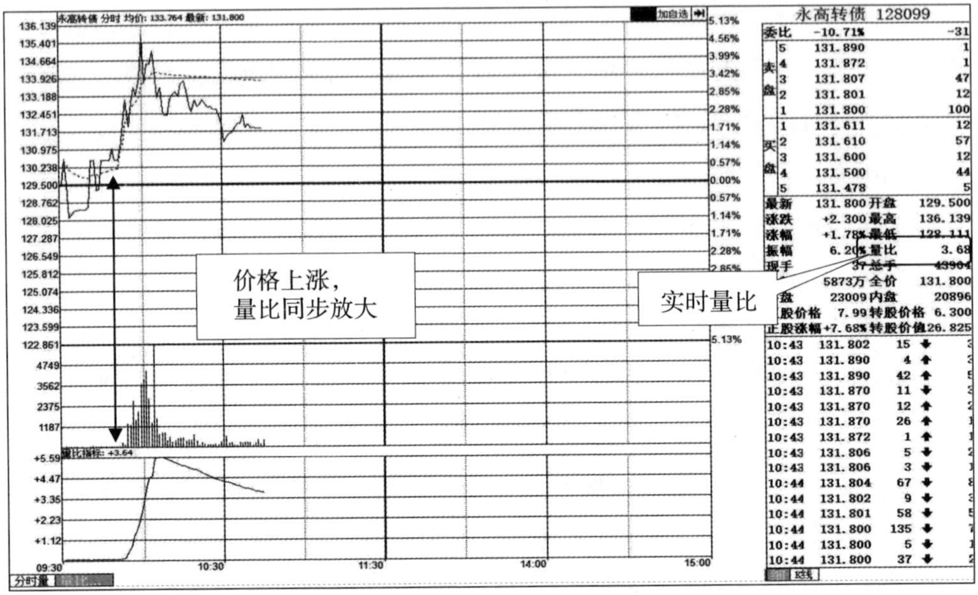

图 7-11　永高转债（128099）分时走势图（2020.6.3）

第四，量比在 5～10 倍之间，则可认为剧烈放量。如果之前可转债长期在低位运行，那么后续的涨势空间非常巨大。

第五，量比达 10 倍以上，需要投资者密切注意。一般情况下，量比数值达 10 倍以上时，如果可转债价格处于上涨趋势中，则该可转债有见顶的可能；如果可转债价格处于下跌过程中，则是下跌动能充分释放的一个表现。

第二节　K 线图基本看盘技法

与股票交易相同，在可转债价格运行趋势分析中，K 线分析也占有非常重要的地位。本节将向投资者简单介绍几种 K 线图的看盘方法，以供参考。

一、K 线与 K 线图

在股票投资中，K 线图是一种已经被证明确实有效的投资分析工具，该分析方法同样适用于可转债价格运行分析。

1. K 线的构成

K 线能够反映一个完整交易周期内的开盘价、最高价、最低价和收盘价 4 个价格，由实体和影线组成。其中，上影线的顶端代表这一交易周期的最高价，下影末端代表这一交易周期的最低价，实体的上下两端分别代表这一交易周期的开盘价和收盘价，如图 7-12 所示。

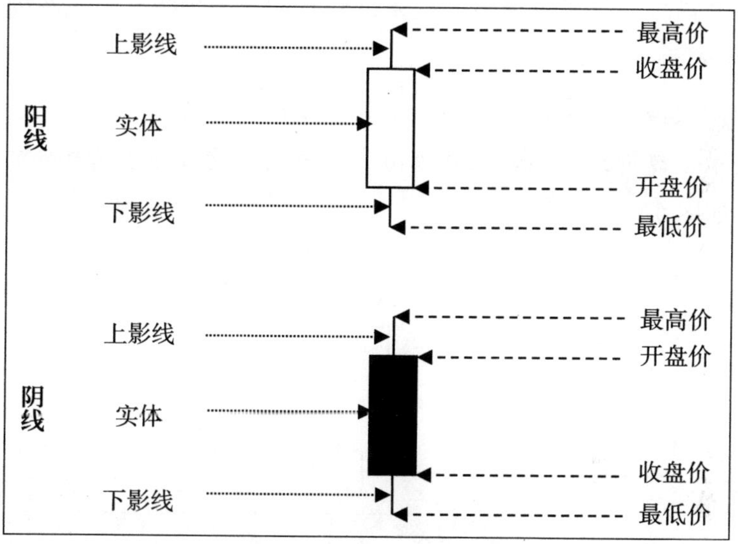

图 7-12　K 线的基本形态

开盘价：又称开市价，是指某种证券在证券交易所每个交易周期开盘后的第一笔交易的成交价格。按照我国证券市场的相关规定，可转债每日的开盘价由集合竞价方式在每个交易日的 9:25 产生。

最高价：指某种证券在每个交易周期从开盘到收盘的交易过程中产生的最高价格。

最低价：指某种证券在每个交易周期从开盘到收盘的交易过程中产生的最低价格。

收盘价：指某种证券在每个交易周期最后一笔交易的成交价格。投资者可据以预测未来的市场行情。目前，沪深两市可转债的开盘价都是通过集合竞价产生的，但收盘价的产生方式存在明显不同。深市通过集合竞价产生最后收盘价，也就是说从14:57开始集合竞价，至15:00产生收盘价。沪市可转债的收盘价则是通过连续竞价获得的，但不一定是最后一笔的交易价格，其收盘价是通过将最后一分钟所有交易的成交量加权平均计算得出的，这也是收盘价往往会与最后一笔成交价存在一定出入的原因。

2. K线的基本交易含义

根据开盘价与收盘价之间的关系，K线又分为阴线、阳线两种。

（1）阳线

收出阳线说明该类证券在某一交易周期内的收盘价高于开盘价。阳线实体上端表示收盘价，下端表示开盘价，实体长短代表收盘价相对开盘价的涨幅大小，如图7–13所示。

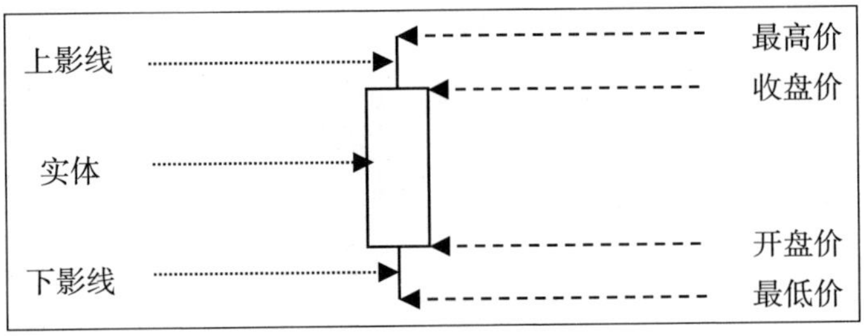

图7–13　阳线的基本形态

阳线的基本交易含义如下。

第一，阳线表示相比卖盘，买盘更为强势。

第二，阳线表示可转债价格处于上涨趋势中，且实体越长，涨幅越大，涨势越猛。

第三，收出阳线说明在多空双方争斗中，多方占据一定的优势，主导了价格未来的走势方向。

第四，影线长度表示最高价和最低价之间的价差，影线越长，说明可转债价格波动幅度越大，多空争斗越激烈。

第五，只有阳线实体而没有下影线的阳线，称为光脚阳线。只有阳线实体而没有上影线的阳线，称为光头阳线。通常情况下，光头阳线的看涨意义更强，次日价格直接高开的可能性更大。

（2）阴线

收出阴线说明该类证券在某一交易周期内的收盘价低于开盘价。阴线实体上端表示开盘价，下端表示收盘价，实体长短代表收盘价相对开盘价的跌幅大小，如图 7–14 所示。

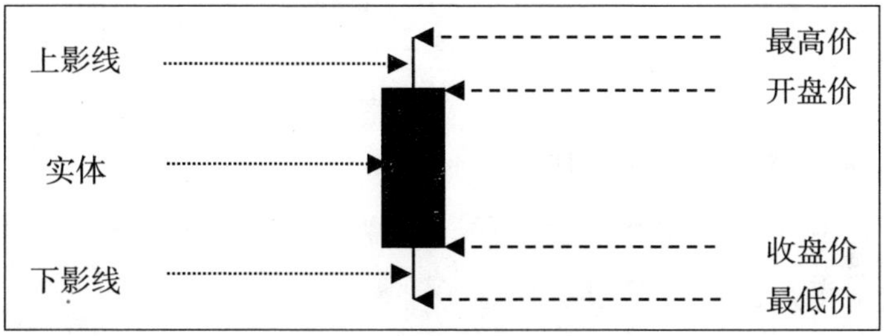

图 7–14　阴线的基本形态

阴线的基本交易含义如下。

第一，阴线表示相比买盘，卖盘更为强势。

第二，阴线表示价格处于下跌趋势中，实体越长，说明跌幅越大，跌势越猛。

第三，收出阴线说明在多空双方争斗中，空方占据一定的优势，主导了价格未来的走势方向。

第四，影线长度表示最高价和最低价之间的价差，影线越长，说明价格波动幅度越大，多空争斗越激烈。

第五，只有阴线实体而没有下影线的阴线，称为光脚阴线。只有阴线实体而没有上影线的阴线，称为光头阴线。通常情况下，光脚阴线的看跌意义更强，次日价格直接低开的可能性更大。

（3）假阳线

假阳线是一种比较特殊的阳线，是一种当日收盘价虽高于开盘价，但仍低于前日收盘价的形态。通常情况下，出现阳线都能够推动价格上升，假阳线则无法推动价格上升。如图 7–15 所示。

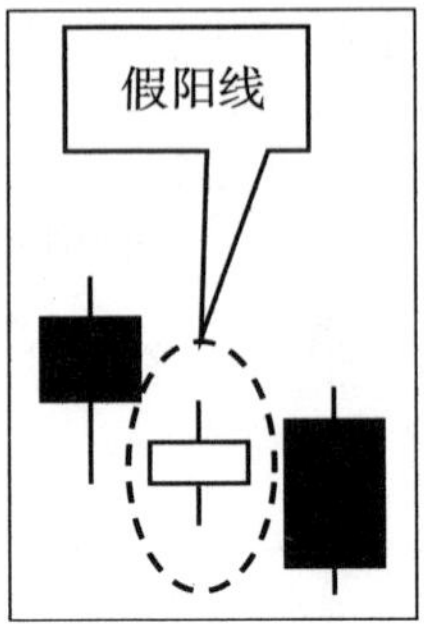

图 7-15　假阳线

假阳线的基本交易含义如下。

第一，假阳线说明在开盘阶段，卖盘远大于买盘，进入盘中时段后，买盘开始大于卖盘，从而以阳线收盘。

第二，假阳线本质上是一根阴线，因而其出现只能说明价格处于下跌趋势中。但其实体越长，反而说明多方越强。

第三，出现假阳线说明在多空双方争斗中，空方在开始阶段占据绝对优势，但随后多方的反击也具有一定的威胁。

第四，通常情况下，在假阳线中，影线的交易含义并不重要，只有那些特别长的上影线或下影线才具有一定的研判价值。

（4）假阴线

假阴线是一种比较特殊的阴线，是一种当日收盘价虽低于开盘价，但仍高于前日收盘价的形态。通常情况下，阴线的出现都能够推动价格下跌，假阴线则无法推动价格下跌。如图 7-16 所示。

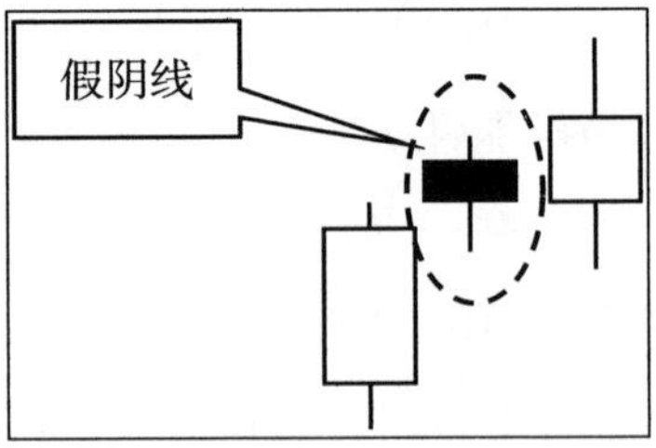

图 7-16　假阴线

假阴线的基本交易含义如下。

第一，假阴线说明在开盘阶段买盘远大于卖盘，进入盘中时段后，卖盘开始大于买盘，从而以阴线收盘。

第二，假阴线本质上就是一根阳线，因而其出现说明可转债价格处于上涨趋势中。但其实体越长，反而说明空方越强。

第三，出现假阴线说明在多空双方的争斗中，多方在开始阶段占据绝对优势，但随后空方的反击也具有一定的威胁。

第四，通常情况下，在假阴线中，影线的交易含义并不重要，只有那些特别长的上影线或下影线才具有一定的研判价值。

3. K 线图的基本交易含义

一般来说，研究单根 K 线没有太大意义，最重要的是把单根 K 线与其他 K 线放在一起比较分析，这样才能预判价格未来的走势。

下面来看一下建工转债的案例，如图 7-17 所示。

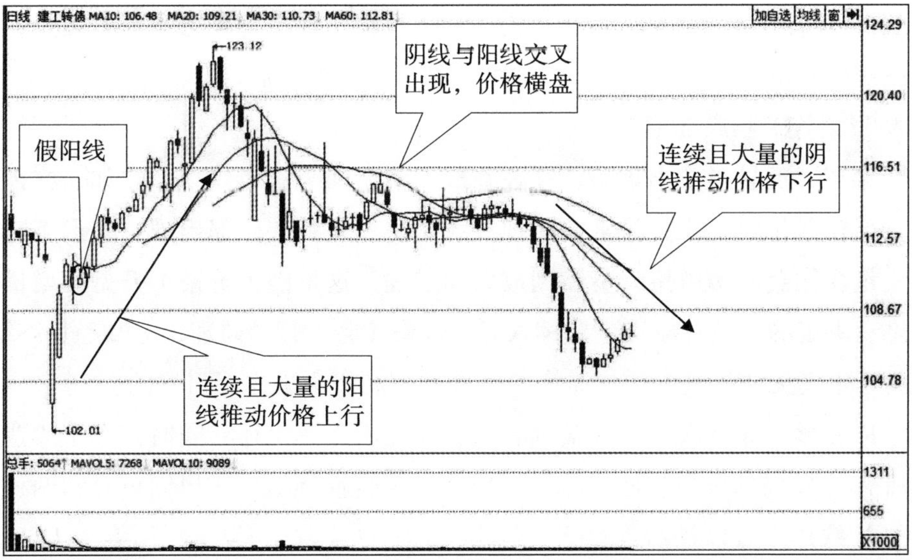

图 7-17 建工转债（110064）日 K 线走势图

在图中，能够看到大量的阳线与阴线交叉出现。在一段时间内，若连续出现阳线，则会推动价格上行。反之，在一段时间内，若连续出现阴线或以阴线为主，则可能会推动价格下行。阴线与阳线交叉出现，且数量与幅度相差不多时，价格就会出现横向运行态势。

二、K 线形态与成交量

如前所述，单根 K 线所能引发的价格变动十分有限，而数量众多的 K 线叠加在一起，往往可以对价格走势产生一定的指引作用。同理，通过对众多数量的 K 线形成的形态进行研判，也是 K 线分析的一个重要领域。

在 K 线形态的研判方面，需要重点关注以下 3 点。

第一，具有重要反转意义的形态。当可转债的价格上升或下跌一段时间后，继续前行的动能出现不足时，K 线系统就可能出现一些经典的反转形态，如黄昏之星、早晨之星、三只乌鸦、旭日东升等。这些经典形态的出现，往往意味着先前的运行趋势存在终结的可能。

第二，通常情况下，一些 K 线经过较长时间（两周以上）的震荡形成的一些特殊的 K 线形态，往往会对未来的价格走势产生更大的影响。这些特殊的 K 线形态包括一些横向整理形态（如上升楔形、下降楔形、上升旗形、下降旗形、三角形、矩形等），经典的顶部形态（如头肩顶、三重顶、双重顶、倒 V 形顶等）和底部形态。

第三，反转形态出现时，往往在成交量方面会有所体现。比如，在顶部出现反转形态时，成交量常常出现放大迹象。反之，底部出现反转形态时，成交量往往会经历由持续萎缩到放大的过程。这是因为价格上升是由增量资金推动决定的，只有新资金持续入场，价格才会上行。同理，上升趋势终结，是由于市场无法持续提供增量资金，前期获利资金出逃而引发的。

K 线形态非常多，因为篇幅有限，在此不逐一论述。同时，几乎股票领域所有对 K 线的分析方法，都可以应用到可转债领域，这里简单介绍两种常用的 K 线形态，以供示范。

1. 早晨之星

早晨之星，又称晨星、启明星、希望之星，通常由 3 根 K 线组成，第一根大阴线将可转债价格打压至较低位置，第二根收出向下跳空的十字星线，第三根大阳线重新将可转债价格拉升至较高的位置。如图 7–18 所示。

早晨之星形态中的第一根大阴线，表明空方仍占据绝对优势，多方无任何还手之力。次日，空方再度发力，可转债价格跳空低开，但多方开始发动反攻，双方经过激烈交锋，最终形成了一个相对平衡的局面，在 K 线图上留下一根小星线。第三个交易日，多方在前一交易日反攻的基础上再度发力，趁机巩固成果，将空方击退。至此，3 根 K 线形成了一个趋势转折形态，预示价格将企稳反弹。

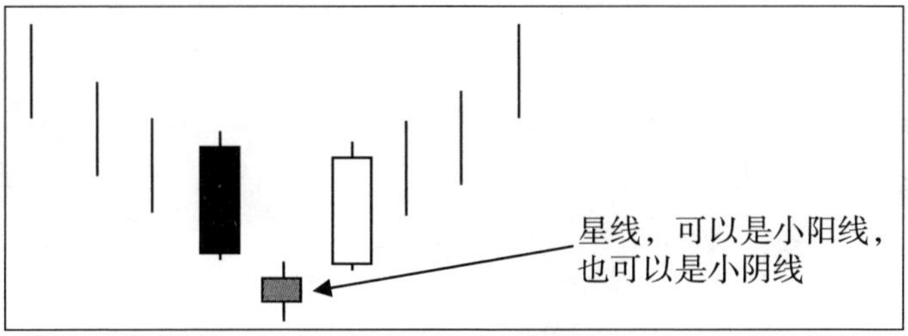

图 7–18　早晨之星

早晨之星形态的交易含义如下。

第一，早晨之星形态是典型的多空转换形态，它的出现说明可转债价格已经由空方主导转为多方主导，未来可转债价格上升的可能性较大。

第二，早晨之星形态中，中间的十字星（星线也可以是锤头线、倒锤头线、十字线、T 字线、倒 T 字线等）实体越小，与阴线之间的跳空距离越大，未来价格反弹向上的概率越大。如果十字线与前后两根 K 线之间均出现缺口，就构成了弃婴（舍子线）状态，反转信号更强烈。如图 7–19 所示。

第三，投资者按照早晨之星形态买入可转债，可将中间十字星线的最低价设置为止损位，一旦可转债价格跌破此位置，即可执行卖出操作。

第四，早晨之星形态中，第三根阳线出现时，若成交量同步放大，则可增强可转债价格进一步上升的概率。

下面来看一下博特转债的案例，如图 7–20 所示。

2020 年 5 月 22 日、25 日和 26 日，在下跌行情末期的这 3 个连续的交易日里，博特转债的价格形成了早晨之星形态。

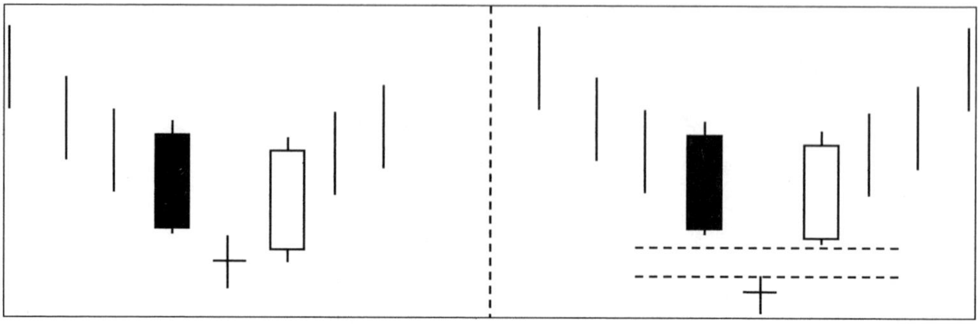

图 7–19 早晨十字星和晨星弃婴形态

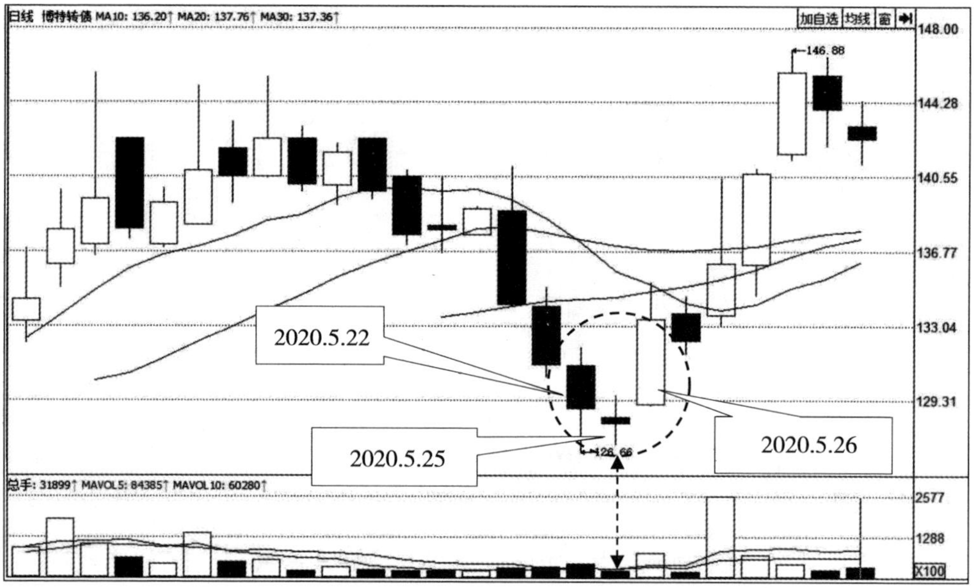

图 7–20 博特转债（113571）日 K 线走势图

2020 年 5 月 22 日，博特转债收出一根中阴线。

2020 年 5 月 25 日（23 日、24 日周末休市），该可转债价格跳空低开，并收出一根十字星，成交量萎缩至极点。这表明多空双方你争我夺，行情走向具有不确定性。

2020 年 5 月 26 日，该可转债价格高开高走，收出一根光脚阳线，成交量同步放大，说明市场已经进入了多头状态。

这 3 根 K 线共同组成了早晨之星形态。投资者应在 5 月 26 日这一天适量买入，并把十字星的最低价设为止损位。

2. 黄昏之星

与早晨之星相对的是黄昏之星。黄昏之星，又称暮星、迟暮之星，通常由 3 根 K 线组成，第一根大阳线将价格拉升至较高位置，第二根收出向上跳空十字星线，第三根大阴线重新将价格打压至较低位置。如图 7–21 所示。

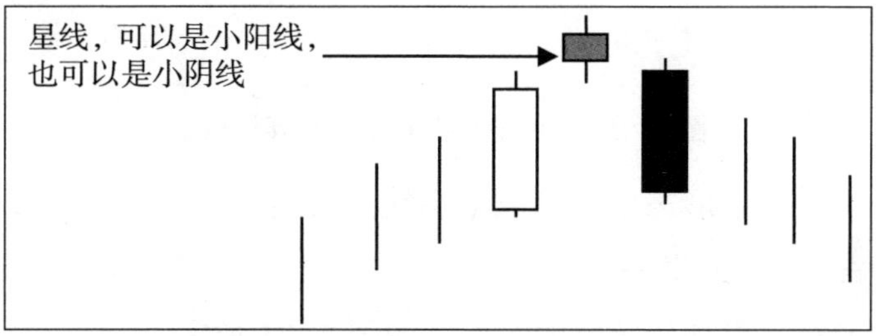

图 7–21　黄昏之星

黄昏之星形态中的第一根大阳线，表明多方仍占据绝对优势，空方无任何还手之力。次日，多方再度发力，价格跳空高开，但空方开始发动反攻，双方经过激烈交锋，最终形成了一个相对平衡的局面，在 K 线图上留下了一根小星线。第三个交易日，空方在前一交易日反攻的基础上再度发力，趁机巩固成果，将多方击退。至此，3 根 K 线形成了一个趋势转折形态，预示价格将触顶回落。

黄昏之星形态的交易含义如下。

第一，黄昏之星形态是典型的多空转换形态，它的出现说明价格已经由多方主导转为空方主导，未来价格下跌的可能性较大。

第二，黄昏之星形态中，中间的十字星（星线也可以是锤头线、倒锤头线、十字线、T 字线、倒 T 字线等）实体越小，与阳线之间的跳空距离越大，则未来价格反转向下的概率越大。如果该十字线与前后两根 K 线之间均出现缺口，就构成了弃婴（舍子线）状态，反转信号更强烈。如图 7–22 所示。

第三，投资者按照黄昏之星形态卖出后，若价格不跌反涨，投资者可在价格重新向上突破中间十字星线的最高价时执行补仓操作。

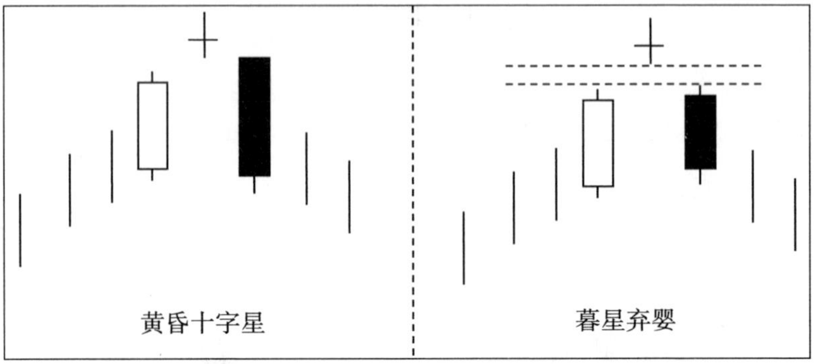

图 7–22　黄昏十字星和暮星弃婴形态

第四，黄昏之星形态中，第三根阴线出现时，若成交量同步放大，则可增强价格进一步下跌的概率。

下面再来看一下利尔转债的案例，如图 7–23 所示。

2019 年 4 月 4 日、8 日和 9 日，在上涨行情末期的这 3 个连续的交易日里，利尔转债的价格形成了黄昏之星形态。

2019 年 4 月 4 日，利尔转债收出一根带影线的大阳线，且成交量放大一倍有余，表明价格还有进一步上攻的可能。

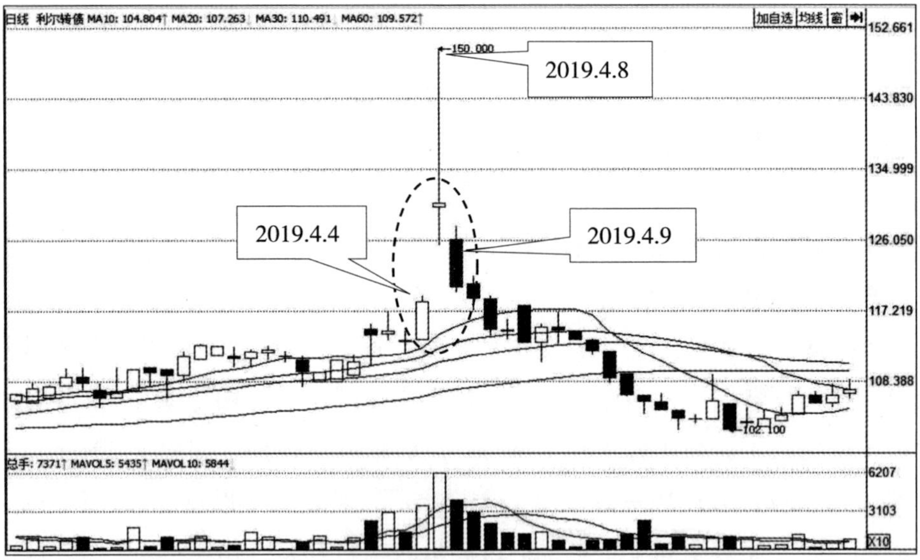

图 7–23　利尔转债（128046）日 K 线走势图

2019年4月8日（4月5日、6日、7日清明休市），该可转债跳空高开高走，并收出一根带长上影线的十字星线，这表明多方发力过猛，可能力量已经用尽，投资者应做好清仓准备。

2019年4月9日，该可转债价格跳空低开，收出一根大阴线，说明市场已经进入了空头状态。

这3根K线共同组成了黄昏之星形态，这是后市看跌的征兆，因此，投资者应在4月9日这一天卖出可转债，出局观望。由于可转债执行T+0交易规则，4月8日长上影线十字星出现时，就可以确认顶部已经形成，至少要出货一半以上。

三、K线与均线系统

移动平均线简称“均线”，它大致代表了一段时间的市场平均成本，因此，均线往往对价格有着重要的支撑或阻碍作用。在大多数交易软件中，均线系统是与K线图相伴始终的技术指标，也就是说，均线与K线一起构筑了最基础的技术分析图形，如图7–24所示。

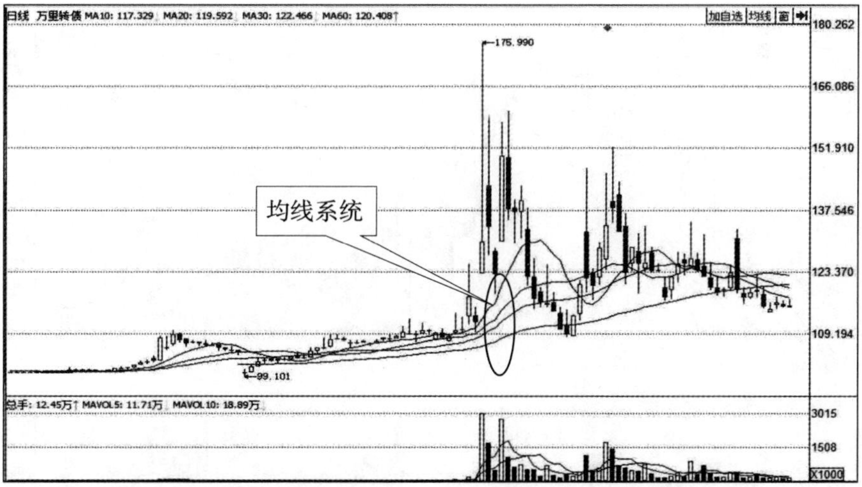

图7–24　万里转债（123032）的均线与K线走势

为了便于理解均线，投资者可以先来看一下均线的计算方法。

均线的计算非常简单，某一时段的均线就是该时段内所有交易日的收盘价之和除以总的交易天数的算术平均值，将这些均价用曲线连接起来就构成了均线。例如，30 日均线是由连续 30 个交易日收盘价之和除以 30 后得到的算术平均值并将这些数值连接而成的。

1. 均线与 K 线的基本关系

由均线的计算方法可知，均线本质上反映了一段时间内市场上投资者的平均持仓成本。当 K 线运行于均线之上时，说明市场上大多数的投资者都是盈利的，价格上行压力较轻，未来继续走高的概率很大。反之，当 K 线运行于均线之下时，说明市场上大多数的投资者都是亏损的，价格上行将面临巨大的抛压，未来走低的概率极大。

若价格运行于均线系统上方，均线系统自上而下按照短期、中期、长期排列，则说明均线呈多头排列，价格处于强势上升状态，未来继续看涨。反之，若价格运行于均线系统下方，均线系统自上而下按照长期、中期、短期排列，则说明均线呈空头排列，价格处于强势下行趋势，未来看跌。

下面来看一下游族转债的案例，如图 7–25 所示。

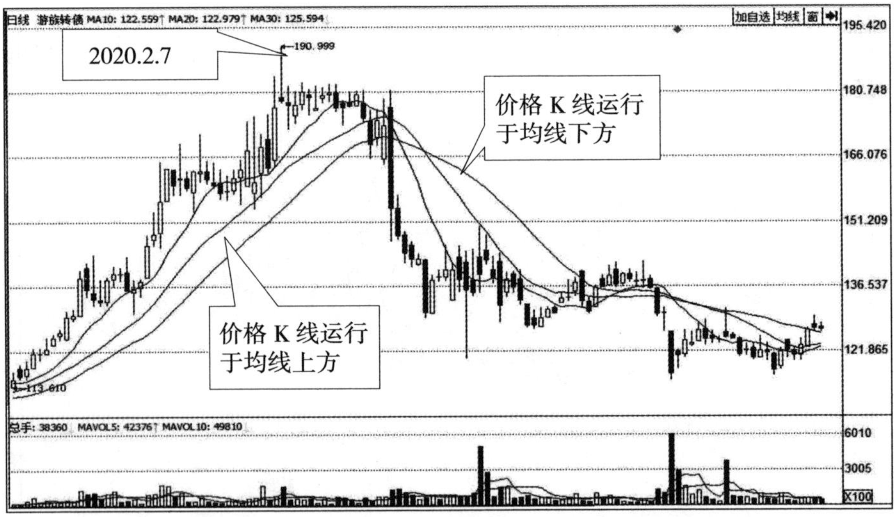

图 7–25 游族转债（128074）日 K 线走势图

2020 年年初，大盘启动了一波上升走势，随着正股游族网络的股价上涨，游族转债出现了大幅上攻行情。在可转债价格上攻过程中，K 线一直沿均线上升，且位于均线上方，均线呈多头排列，说明可转债价格处于强势上升行情中。2 月 7 日，游族转债的价格触顶回落，随后，该可转债价格出现了一波顶部调整走势。其后，随着价格走低，K 线开始运行于均线下方，并且下跌速度越来越快。

2. 均线的支撑与阻力

均线对 K 线的作用大致可以分为两种，即支撑作用与阻力作用。

（1）均线的支撑

均线的支撑作用非常重要。当价格自上而下回落到某条均线处时，如果获得支撑开始回升，那么投资者就可以认定买入信号出现，宜进行短线买入操作。

利用均线支撑作用买入可转债时，投资者要注意以下 3 点。

第一，价格 K 线自上而下回调到均线处时，要确保价格 K 线没有跌破均线，或者跌破均线后立即回到了均线上方。

第二，价格 K 线自上而下回调到均线处时，成交量要同步出现萎缩态势。当价格遇到支撑重新上涨时，成交量最好能够放大。

第三，均线的方向要保持向上倾斜的姿态。均线方向如果向下倾斜，则不应买入。

下面来看一下英科转债的案例，如图 7–26 所示。

2019 年 12 月 13 日，英科转债的价格向上突破了 30 日均线。此后，该可转债价格沿 30 日均线震荡上涨。由于前期买入的投资者都处于获利状态，所以中途出现了短线获利盘卖出的缩量回调现象。不过，3 月 24 日、4 月 8 日、5 月 12 日，可转债价格 3 次回落至 30 日均线附近时，均获得了强力支撑，这表明上涨行情仍将继续，在价格重新启动上涨之际，投资者可以加仓买入。

（2）均线的阻力

当价格自下方上涨到某条均线处时，如果遇到阻力开始回落，那么就意味着卖出信号出现，宜卖出债券。

利用均线阻力作用卖出债券时，投资者要注意以下 3 点。

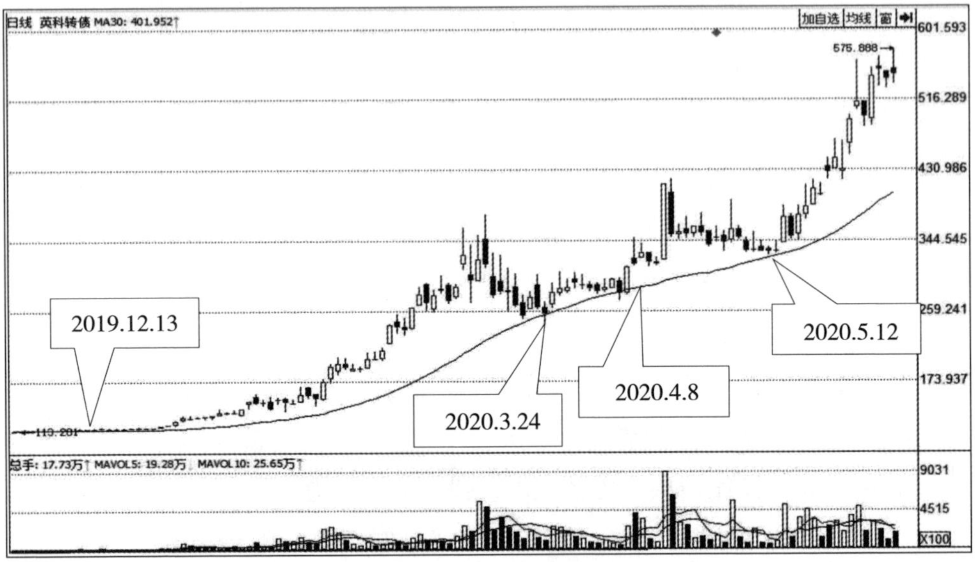

图 7-26　英科转债（123029）的日 K 线图

第一，价格 K 线上涨到均线处时，价格 K 线没有突破均线，或者突破均线后立即回到了均线下方，则说明均线阻力较强。

第二，价格 K 线上涨到均线处时，成交量如果同步出现放大的态势，投资者要保持观望，因量价齐升时，有成功突破均线的可能。

第三，均线的方向如果是向下倾斜的，那么均线对价格的阻力作用会更强。

下面来看一下蓝晓转债的案例，如图 7-27 所示。

2020 年 2 月 25 日，蓝晓转债的价格创出短期高点后，开始启动了一波下跌走势。可转债价格一直运行于 30 日均线下方，这是非常不利于短线操作的一种情况。该可转债价格下跌一段时间后出现了反弹，并于 5 月 8 日上涨至 30 日均线位置，盘中一度突破了 30 日均线。不过，其后该可转债价格受 30 日均线的压力重新下跌，由此可见，均线对可转债价格具有很强的阻力作用。

3. 均线的金叉与死叉

交叉是均线运行态势改变的一个显著的外在表现。均线交叉分为黄金交叉和死亡交叉两种。

图 7-27　蓝晓转债（123027）日 K 线走势图

（1）均线金叉

均线金叉即均线黄金交叉，是指短期均线自下而上穿过长期均线形成的交叉。

均线黄金交叉的买入操作要点如下。

第一，形成黄金交叉时，短期均线与长期均线的方向必须都是向上的，且价格一定要位于交叉点的上方。

第二，价格如果位于交叉点上方很远的地方，投资者不宜买入，因为价格距离均线太远，很可能会出现回调。

第三，黄金交叉发生时，如果成交量能够同步放大，那么将增大价格进一步上涨的概率。对投资者来说，均线金叉，尤其是较长周期的均线出现黄金交叉，通常会有一波价格上涨行情，这也是短线操作的最佳时机。

下面来看一下未来转债的案例，如图 7-28 所示。

2019 年 12 月初，处于下跌趋势中的未来转债的价格开始反弹，从而带动 5 日均线、10 日均线向上移动。12 月 10 日，5 日均线上穿了处于上升状态的 10 日均线，与此同时，该可转债价格 K 线位于黄金交叉点的上方，成交量也放大了很多倍，这属于比较明确的买入信号，此时投资者可考虑买入。

其后，该可转债价格一路上行，由此可见，黄金交叉发出的信号准确性较高。

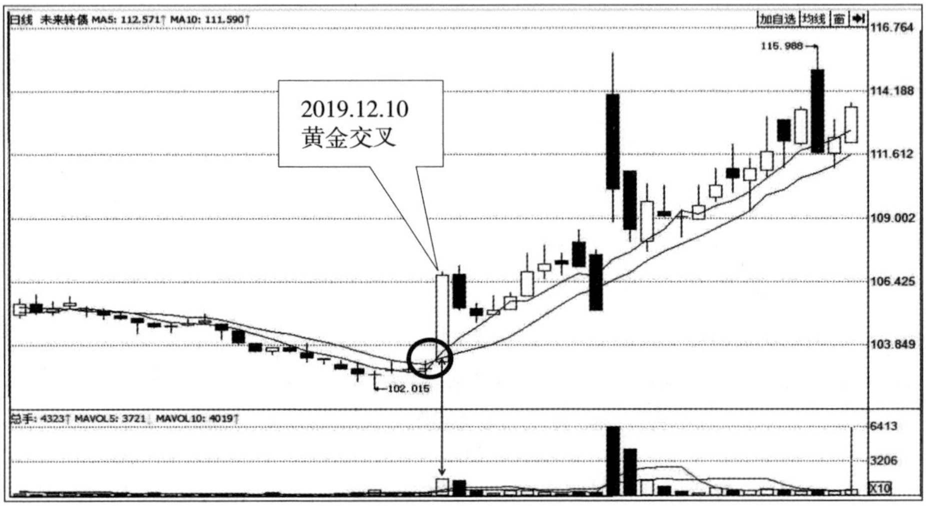

图 7-28　未来转债（128063）日 K 线走势图

（2）均线死叉

均线死叉，即均线死亡交叉，是指短期均线自上而下穿过长期均线形成的交叉。

均线死亡交叉的卖出操作要点如下。

第一，死亡交叉形成时，短期均线与长期均线的方向必须都是向下的，且价格一定要位于交叉点的下方。

第二，价格如果位于交叉点下方很远的地方，投资者不宜卖出，因为价格距离均线太远，很可能会出现回升。

第三，死亡交叉发生时，如果成交量能够随之同步放大，那么将增大价格进一步下跌的概率。

第四，不同均线的死亡交叉往往会对行情有着不同的指导意义：短期均线出现死叉，中长期均线依然向上，表示短期阶段上升行情结束，中期洗盘调整行情已经开始。中期均线出现死叉，长期均线依然向上，表示中期波段上升行情结束，波段调整行情已经开始。长期均线出现死叉，短中期均线已经完全在长期均线以下，表示大级别上升行情结束，弱势或极弱势行情已经开始。

下面来看一下长信转债的案例，如图 7–29 所示。

2020 年 2 月中旬，处于上涨行情末期的长信转债走势出现疲软迹象。2 月 13 日，该可转债收出一根带长上影线的小阳线。此后，经过几个交易日的横向震荡后，该可转债出现下跌迹象。2 月 26 日，该可转债的价格大幅下挫，且 5 日均线同步向下跌破了 10 日均线，形成死亡交叉，这是较为明显的卖出信号。

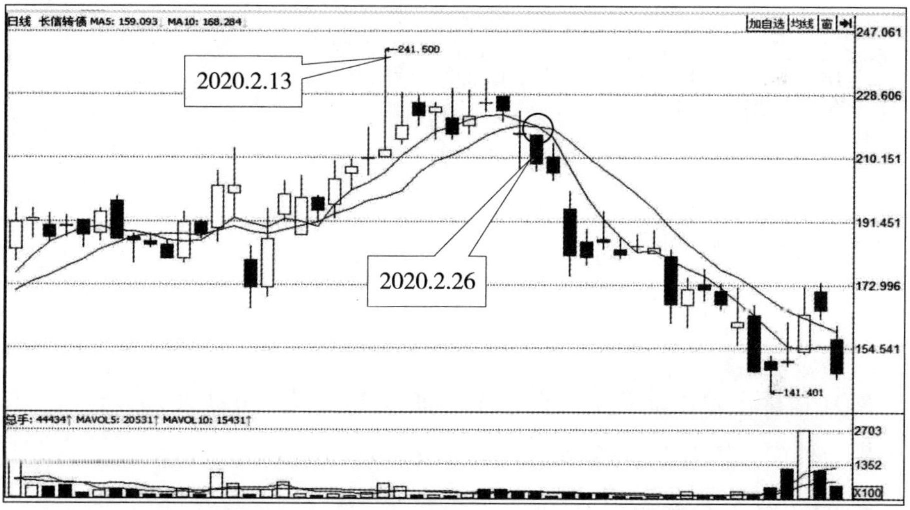

图 7–29　长信转债（123022）日 K 线走势图

四、K 线与 KDJ 指标

由于可转债市场执行 T+0 交易规则，且没有涨跌停的限制，这使得在可转债交易中，作为最灵敏技术指标之一的 KDJ 指标的重要性获得了较大提升。

KDJ 指标，亦称随机指标，以其超强的灵敏性成为短线交易者寻找交易时机的最佳帮手。KDJ 指标主要用来反映市场上买卖力量的强弱和超买超卖现象，它能够在各类证券价格尚未上升或下降之前发出准确的买卖信号。

KDJ 指标由乔治·兰恩博士首创，是根据统计学原理，将某个周期内出现过的最高价、最低价及最后一个收盘价作为基本数据，来计算最后一个计算周期的未成熟随机值 RSV，然后根据平滑移动平均的方法来确定 K 值、D 值与 J 值，并绘制成相应的曲线图来研判行情。如图 7–30 所示。

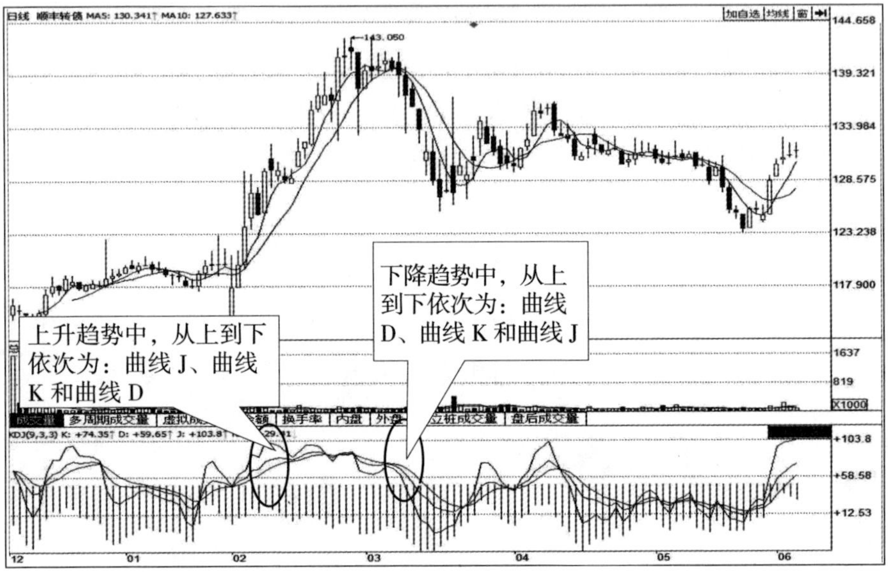

图 7–30　KDJ 指标图

KDJ 指标主要由曲线 K、曲线 D、曲线 J、中轴 50 线 4 部分构成。KDJ 指标是一种深受短线交易者喜爱的技术指标。

1. KDJ 超买与超卖

KDJ 超买与超卖是 KDJ 指标中最核心的功能，也是 KDJ 指标中最重要的用法。

（1）KDJ 超买

KDJ 超买是指在价格上涨过程中，买盘逐渐放大，KDJ 指标逐步走高。当买盘放大到一定程度无法继续放大时，KDJ 指标上升的难度会越来越大，此时说明指标已经进入超买区域，未来价格有下跌的风险。

KDJ 出现超买，说明上涨行情很难持续，价格未来有下跌的风险。通常情况下，KDJ 指标超买具有如下 3 个特征。

第一，价格经过一段时间的上涨后，KDJ 指标中的曲线 J、曲线 K 和曲线 D 先后进入超买区域，即 80 线上方区域。

第二，尽管 80 线被看成超买区与徘徊区的分界线，但很多投资者仍然将曲线 K 进入 90 线以上区域才看成指标超买，曲线 J 到达 100 线以上区域才看成超买。

第三，KDJ 进入超买区域，只表示价格进入危险区域，并不意味着价格会立即出现下跌走势。恰恰相反，很多次价格暴涨行情都是在 KDJ 指标进入超买区后才展开的。因此，短线交易者需要特别注意 KDJ 进入超买区域后的价格走势。

下面来看一下博彦转债的案例，如图 7–31 所示。

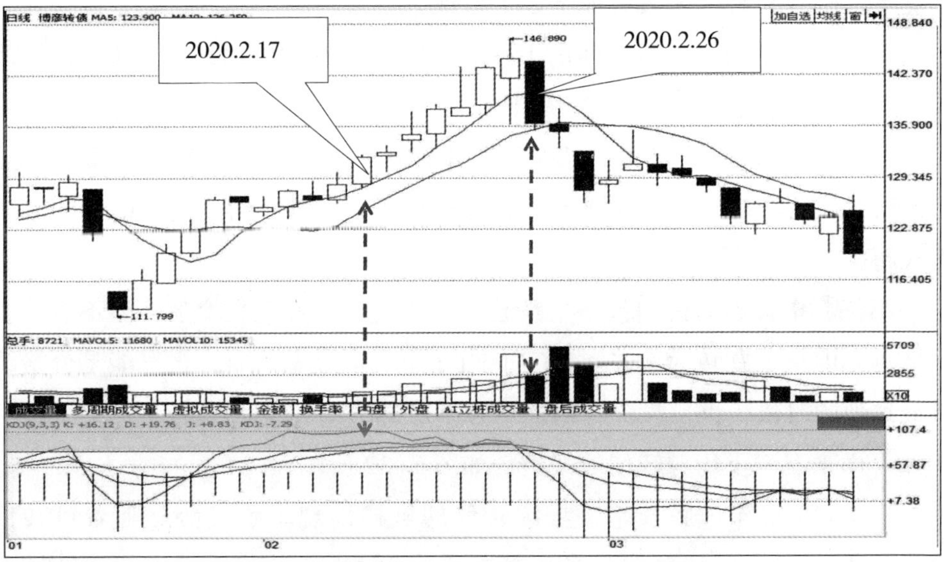

图 7–31　博彦转债（128057）日 K 线走势图

经过一段时间的盘整后，2020 年 2 月初，博彦转债的价格启动了一波快速拉升行情。随着可转债价格的上涨，从 2 月 17 日开始，KDJ 指标中的各条指标线先后进入超买区域，即 80 线以上区域。其中，曲线 K 进入了 90 线以上区域，曲线 J 一度达到 100 线以上区域，这说明可转债价格短期可能会出现筑顶走势，投资者宜做好卖出债券的准备，待有明确的卖出信号发出时，则可考虑出货。

从图中也可以看出，当 KDJ 进入超买区域时，其实也是可转债价格上涨势头最猛的阶段，短线交易者应该尽可能地把握这一阶段的利润。直至 2 月 26 日，可转债价格大幅走低，KDJ 指标才向下跌破了超买区域，此时就是最佳的离场时机。

（2）KDJ 超卖

KDJ 超卖是指在价格下跌过程中，卖盘逐渐放大，KDJ 指标逐步走低。当卖盘放大到一定程度无法继续放大，KDJ 指标下降的难度会越来越大，此时就说明指标已经进入超卖区域，未来有反弹的可能。

KDJ 出现超卖，说明下跌行情很难持续，价格未来有反弹的可能。通常情况下，KDJ 指标超卖具有如下 3 个特征。

第一，价格经过一段时间的下跌后，KDJ 指标中的曲线 J、曲线 K 和曲线 D 先后进入超卖区域，即 20 线下方区域。

第二，尽管 20 线被看成超卖区与徘徊区的分界线，但很多投资者仍然将曲线 K 进入 10 线以下区域才看成指标超卖，曲线 J 到达 0 线以下区域才看成超卖。

第三，指标超卖说明价格下跌趋势结束的可能性正在增加，但不意味着价格将立即从下跌转为上涨。其实，KDJ 超卖信号发出时，很可能是价格跌势最猛烈的时候，也是投资者避之唯恐不及的时刻。

下面来看一下华源转债的案例，如图 7–32 所示。

自 2020 年 4 月底开始，华源转债的价格出现下跌走势。随着可转债价格的下跌，KDJ 指标中的各条指标线在 5 月 15 日前后进入超卖区域，即 20 线以下区域。此时并非最佳的入场时机，未来可能存在更大规模的杀跌。

2020 年 5 月 27 日，KDJ 指标在超卖区域附近形成了第一次黄金交叉，这预示可转债价格有止跌企稳的可能，激进型投资者可考虑建仓。

其后，该可转债出现了一波快速上升走势。

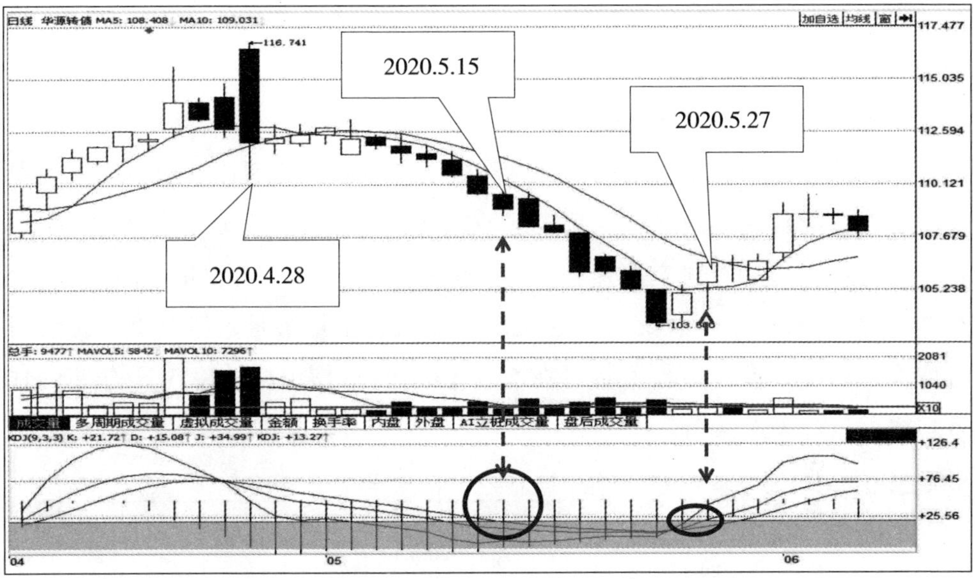

图 7-32 华源转债（128049）日 K 线走势图

2. KDJ 金叉与死叉

KDJ 指标出现交叉形态，也表示可转债价格运行趋势可能迎来改变。KDJ 指标交叉分为金叉和死叉两种。

（1）KDJ 指标金叉

通常情况下，大家习惯将曲线 K 自下而上穿越曲线 D 形成的交叉称为黄金交叉，也就是说，交叉之后，曲线 K 会逐渐走高，价格也会逐步走高。但不可否认，其中有大量的交叉并没有带来价格上涨。因此，质量较高的黄金交叉，是投资者最需要关注的一种形态。

一般情况下，高质量的黄金交叉应该满足以下 4 项条件。

第一，曲线 K 和曲线 J 同时自下而上穿越曲线 D，交叉点最好位于 20 线上方附近，这说明价格已经启动反弹或上涨，且短期内存在一定的反弹或上涨空间。

第二，若曲线 K 与曲线 D 在底部多次形成金叉，则可增强买入信号的准确性。

第三，金叉出现时，价格 K 线应以阳线收盘，且成交量同步放大。

第四，金叉出现时，若价格K线同步上穿某条重要均线或阻力位，则可增强买入信号的准确性。

下面来看一下英科转债的案例，如图7–33所示。

2020年4月17日，英科转债的价格创出阶段新高后，开启了一波震荡下跌走势，KDJ指标随之进入超卖区域，这说明此时空头力量较强。5月13日，英科转债的K线跳空高开高走，收出一根大阳线。与此同时，KDJ指标在20线附近形成了黄金交叉，这说明此交叉含金量很足，激进型投资者可考虑买入操作，保守型投资者可在5月15日可转债价格站稳5日均线和10日均线后执行买入操作。

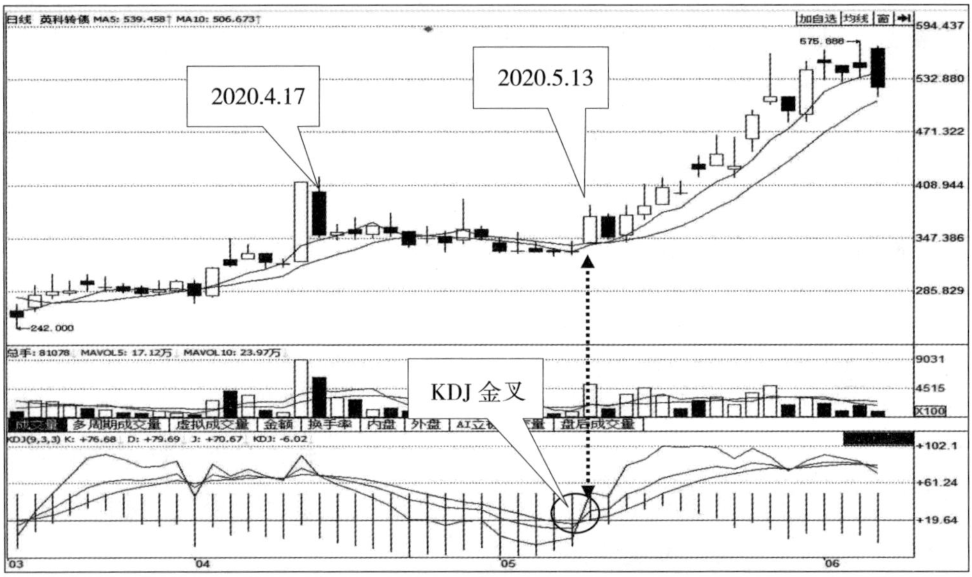

图7–33　英科转债（123029）日K线走势图

（2）KDJ指标死叉

曲线K自上而下穿越曲线D形成的交叉称为死亡交叉，也就是说，交叉之后，曲线K会逐渐走低，价格也会逐步走低。有时候，形成交叉后，曲线K并没有迅速走低，而是转头向上与曲线D再度形成交叉，价格随之再度上涨。因此，投资者要判断死亡交叉的质量，合理控制仓位。

当价格上涨至高位或者正处于高位盘整阶段时，曲线 K 下穿曲线 D，此时出现的死叉往往预示着价格将出现一波下跌走势。此时投资者最好清空仓位。不过，若出现下列情形之一，投资者可考虑保留部分筹码。

第一，死叉出现时，30 日均线和曲线 D 仍旧呈上升态势，且价格没有跌破明显支撑位，没有跌破 10 日均线更好。

第二，死叉出现前，价格处于上涨过程中，成交量持续放大；死叉出现时，价格回调中成交量呈萎缩态势。

第三，价格明显处于上涨趋势中，且市场做多气氛浓厚。

下面来看一下利德转债的案例，如图 7–34 所示。

2020 年年初，利德转债的价格经历了一波快速上涨走势，KDJ 指标同步上升。

2 月 26 日，该可转债价格低开之后，出现了大幅震荡，并以下跌 1.09% 收盘。与此同时，曲线 K 自上而下跌破曲线 D 形成高位死亡交叉。由于此交叉点位于 80 线上方的超买区，且成交量出现放大迹象，说明该可转债未来下跌的概率很高，投资者宜卖出该可转债。

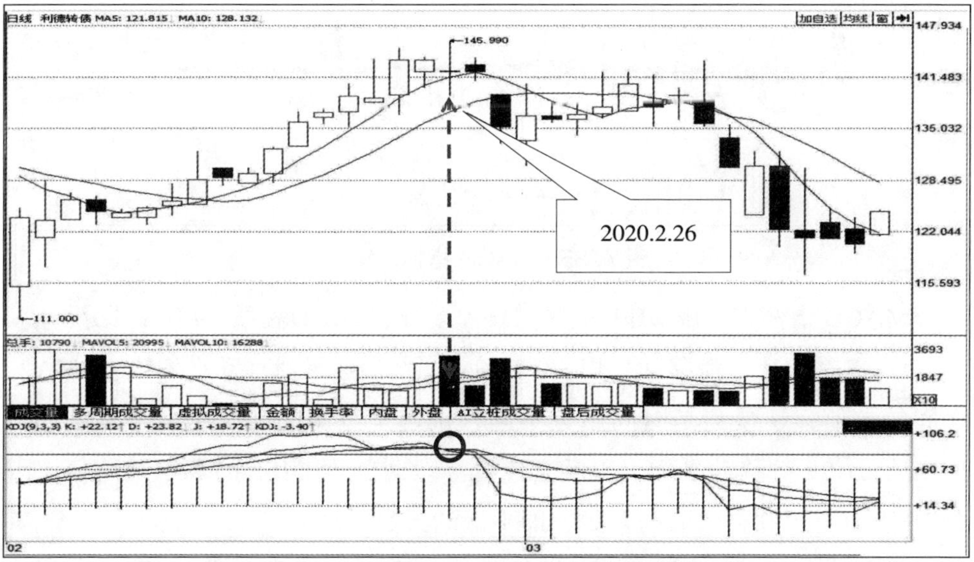

图 7–34　利德转债（123035）KDJ 指标走势图

五、K 线与 MACD 指标

MACD 指标被认为是目前市面上捕捉证券价格波段趋势信号的最佳工具，有“指标之王”的美誉。对于喜欢波段交易的投资者来说，MACD 指标无疑是最适合的辅助工具。相对 KDJ 指标，MACD 指标发出的信号更为稳定和持久，但灵敏度要弱一些。

MACD 指标全称为指数平滑异同移动平均线，是由杰拉尔德·阿佩尔在移动平均线基础上发展出来的一种技术指标。

在大多数交易软件中，MACD 指标都是默认的首选指标，如图 7–35 所示。

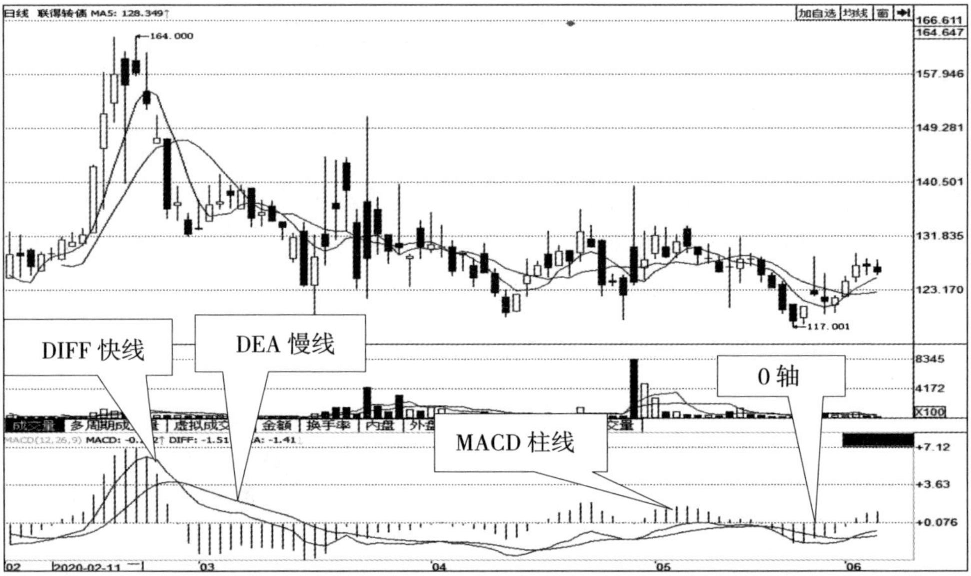

图 7–35 MACD 指标示意图

MACD 指标主要由 DIFF 快线、DEA 慢线、MACD 柱线、0 轴 4 部分构成。

DIFF 是快速平滑移动平均线（EMA1）与慢速平滑移动平均线（EMA2）之间的差值，快慢只是时间参数不同，快速是短期的，慢速则是长期的。DEA 是 DIFF 的移动平均，也就是连续一段时间内 DIFF 的算术平均值，因此 DEA 有自己独自的时间参数，即平滑的天数（M）。

根据经验，一般将快速移动平均线的时间参数（短期参数）设为 12 天，将慢速移动平均线的时间参数（长期参数）设为 26 天，而将平滑的天数（M）设为 9 天。这 3 个参数也是大多数交易软件中的默认参数。

概括起来，MACD 指标具有以下 3 项特性。

第一，DIFF 线的变动较为灵敏，是快速平滑移动平均线。DEA 线变动较为平缓，是慢速平滑移动平均线。两条线都围绕 0 轴上下波动。

第二，MACD 指标显示的两条曲线都不是市场价格的移动平均线，而是两条移动平均线差距的平滑移动平均线。它能克服移动平均线假信号频繁的缺点，又保留了均线的诸多优点。

第三，MACD 柱状线即 BAR 线，表示 DIFF 线与 DEA 线之间的偏离程度，BAR 线越长，说明 DIFF 线距离 DEA 线越远。BAR 为正值，柱状线显示为红色，表示 DIFF 线在 DEA 线之上。BAR 为负值，柱状线显示为绿色，表示 DIFF 线在 DEA 线之下。

1. MACD 指标对 0 轴的突破

MACD 指标对 0 轴的穿越包括两种，即自上而下的穿越和自下而上的穿越。

（1）自上而下穿越 0 轴

当 DIFF 线由上向下跌破 0 轴时，表明空头行情即将悄然形成，是中长线第一个较为合适的卖出点，投资者应坚决择高派发。当 DEA 线由上向下突破 0 轴时，表明空头行情逐渐变强，是中长线第二个较为合适的卖出点，此时投资者应该将仓位沽空。

下面来看一下璞泰转债的案例，如图 7-36 所示。

2020 年 2 月中旬后，璞泰转债的价格出现了一波快速下跌行情。MACD 指标随之不断走低，DIFF 快线自高位向下运行，并于 3 月 2 日率先跌破 0 轴，这说明市场已经完全由空头主导。此后的 3 月 9 日，DEA 慢线也跌破了 0 轴，更加说明市场弱势，投资者宜清空手中的债券。

通过观察可以看出，当 DEA 慢线跌破 0 轴时，可转债价格下跌幅度已经比较大了，因此，在很多情况下，DEA 慢线穿越 0 轴只能作为最后一次清仓的参考指标。在 DIFF 指标拐头向下与 DEA 形成死叉以及穿越 0 轴时，投资者就应该做出相应的减仓操作。很多时候，投资者需要在信号的及时性和准确性之间做出选择。相比 KDJ 指标，MACD 指标的及时性稍差，但准确性更高。

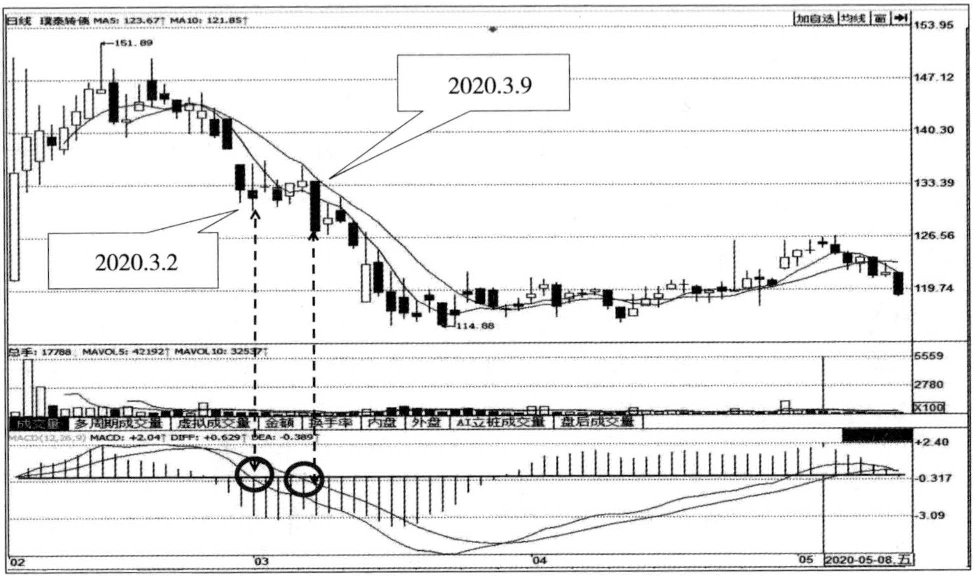

图 7–36　璞泰转债（113562）MACD 走势图

（2）自下而上穿越 0 轴

当 DIFF 线由下向上突破 0 轴时，表明多头行情即将悄然形成，是中长线第一个较为安全的买入点，投资者可逢低吸纳。当 DEA 线由下向上突破 0 轴时，表明多头行情逐渐变强，是中长线第二个较为安全的买入点，此时投资者可以追涨买入。

下面来看一下国轩转债的案例，如图 7–37 所示。

2020 年 4 月中旬后，随着大盘指数回暖，国轩转债的价格出现了一波快速震荡上涨行情。MACD 指标随之不断走高，DIFF 快线自低位向上运行，并于 4 月 17 日率先向上突破了 0 轴，这说明市场已经完全由多头主导。此后的 4 月 22 日，DEA 慢线也向上突破了 0 轴，这更加说明市场强势，投资者宜加仓买入该可转债。

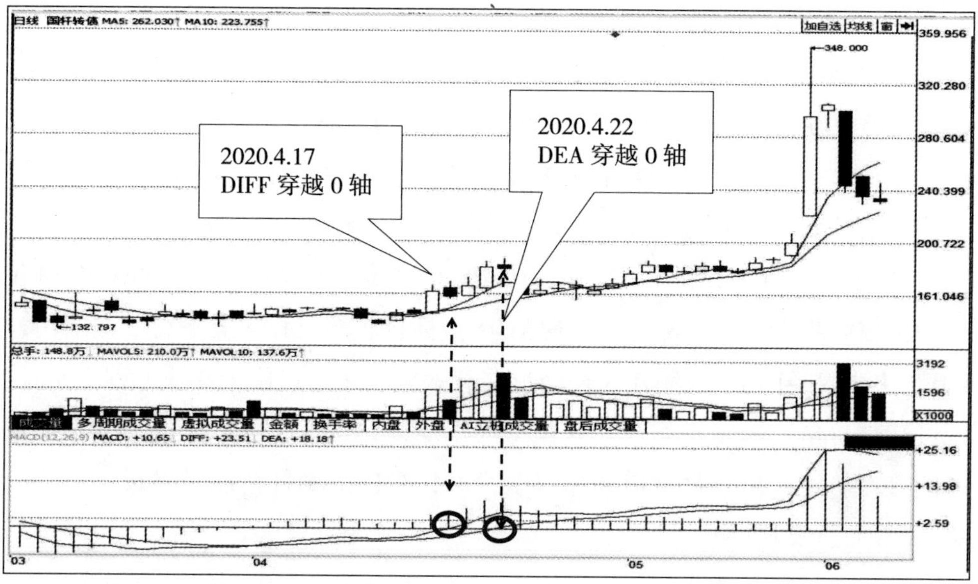

图 7–37　国轩转债（128086）MACD 走势图

2. MACD 指标的金叉与死叉

通常情况下，MACD 指标中 DIFF 线对价格变动的反应更灵敏，DEA 线相对滞后。不过，DEA 线比 DIFF 线更稳定，更能反映价格运行的趋势，因而其发出的信号更准确。正因如此，MACD 指标中 DIFF 快线与 DEA 慢线的交叉，是 MACD 指标研判中最核心的内容。

（1）MACD 指标金叉

MACD 指标中，若 DIFF 快线自下而上穿越 DEA 慢线，说明 MACD 指标形成了黄金交叉形态，未来价格上升的可能性非常大。不过，MACD 指标出现金叉的位置决定了金叉的成色。也就是说，只有成色较高的金叉，价格未来上涨的概率才会大；反之，若金叉成色较低，价格可能只是短暂的反弹而已。

MACD 指标金叉具体分析要点如下。

第一，当 DIFF 和 DEA 均为正值，DIFF 线向上突破 DEA 线，在 0 轴上方形成金叉，表示市场上买盘非常踊跃，上涨行情仍将继续，此时投资者可以追涨买入。

第二，当 DIFF 和 DEA 均为负值，DIFF 线向上突破 DEA 线，在 0 轴下方形成金叉，表示市场上的做空气氛有所缓解，持币者有低位吸纳的意愿，价格可能止跌反弹，此时投资者需要借助其他技术指标来分析是否可以买入。

总而言之，MACD 指标在 0 轴上方形成金叉才是可靠的买入信号。

下面来看一下万里转债的案例，如图 7–38 所示。

2020 年 2 月初，因疫情影响，大盘大幅低开，其后震荡向好，万里转债的价格同步出现了上涨态势。MACD 指标自底部反弹向上，在 2 月下旬，DIFF 快线曾经向上穿越 DEA 慢线形成交叉，且交叉点位于 0 轴上方。此时，该可转债价格刚刚站稳均线，并位于均线上方，这说明可转债价格有企稳走好的迹象。这些信息都可以强化黄金交叉信号的准确性，此时投资者可放心买入或加仓该可转债。

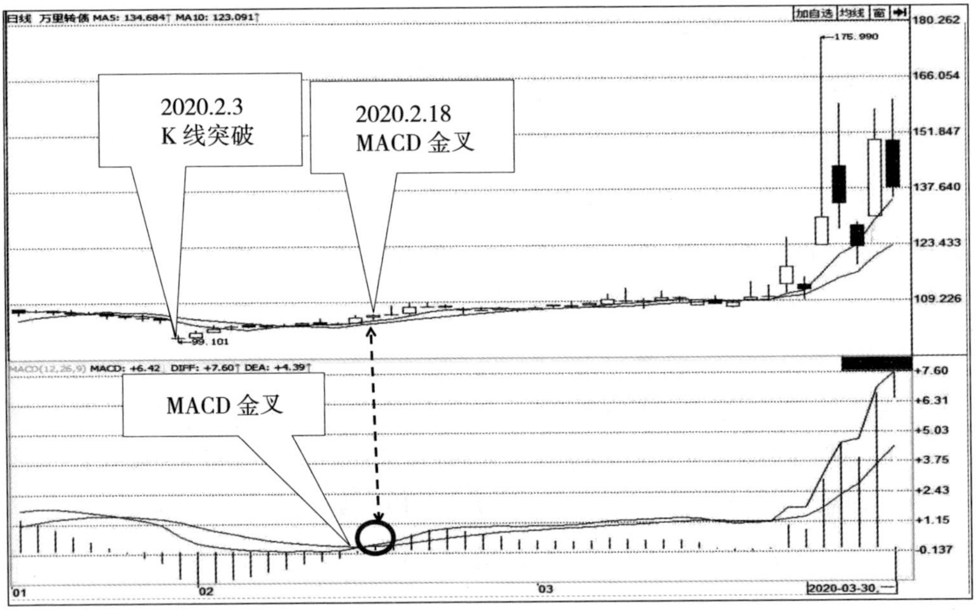

图 7–38　万里转债（123032）MACD 黄金交叉

（2）MACD 指标死叉

MACD 指标中，若 DIFF 快线自上而下穿越 DEA 慢线，则说明 MACD 指标形成了死亡交叉形态，未来价格下跌的可能性非常大。

MACD 指标死叉具体分析要点如下。

第一，当 DIFF 和 DEA 均为正值，DIFF 线向下跌破 DEA 线，在 0 轴上方形成死叉，表示市场上的做多氛围有所松懈，持股者有高位回吐的想法，价格可能滞涨回落，此时投资者需要借助其他技术指标来分析是否应该卖出。当然，从资金安全角度考虑，投资者还是应该适当地进行减仓操作。

第二，当 DIFF 和 DEA 均为负值，DIFF 线向下跌破 DEA 线，在 0 轴下方形成死叉，表示市场上做空力量较为强大，下跌行情仍将持续，此时投资者应该杀跌卖出。

下面来看一下清水转债的案例，如图 7–39 所示。

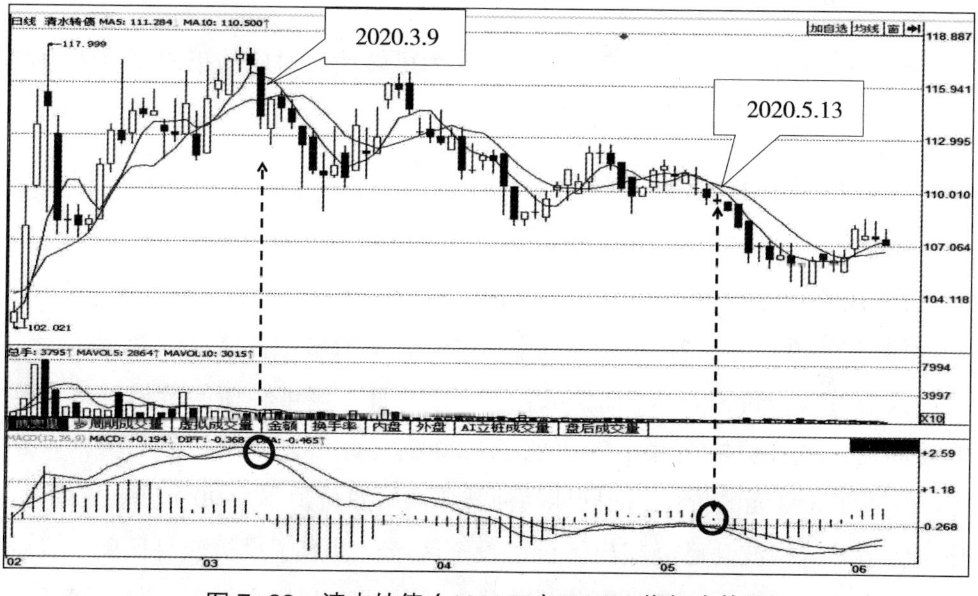

图 7–39　清水转债（123028）MACD 指标走势图

2020 年 2 月，清水转债的价格走出了一波上涨行情，MACD 指标中的 DIFF 快线和 DEA 慢线同步上升。3 月 9 日，在前一个交易日价格出现回调的基础上，该可转债价格再度收出大阴线，且 DIFF 快线自上而下穿越 DEA 慢线，形成了高位死亡交叉形态，这意味着可转债价格后市下跌的概率很大。由于此时 DIFF 快线和 DEA 慢线仍位于 0 轴上方，投资者可卖出大部分股票，留少许筹码。随后，DIFF 快线跌破 0 轴时，可考虑清仓该可转债。

此后，经过一段时间的震荡反弹，清水转债的价格逐渐走出震荡下行趋势。5 月 13 日，连续几根小阴线已经将可转债的价格压低了很多。此时 DIFF 快线拐头向下与 DEA 慢线形成死亡交叉，此交叉点位于 0 轴附近，属于典型的清仓信号，投资者宜清空手中的债券。

第三节　可转债投机与交易策略

可转债与股票交易又不完全相同。因为可转债所对应的正股可以成为可转债投机与波段交易的重要参照标的。

一、可转债的投机交易

由于实行 T+0 交易规则，日内无涨跌停限制，可转债交易市场常常成为投机者的乐园，很多可转债品种都出现了典型的投机交易行为。

如图 7–40 所示，2020 年 3 月中旬之前，横河转债价格波动幅度不大，这与其他可转债价格走势相似。到了 3 月 19 日，该可转债的价格进入剧烈波动周期，当日价格上涨幅度达到了 72.04%。此后，该可转债的价格一路上涨超过了 350 元的价位，而同期横河转债的转股价值不足 90 元。也就是说，该可转债的价格波动已经超出了价值投资区域，进入了投机交易区间。投资者交易横河转债，完全不是因其具有投资价值或套利机会，而仅仅出于其可能存在的差价交易机会。

当然，这种投机机会给投资者带来巨大收益的同时，也会让其面临巨大的风险。交易者应该理性地分析可转债的价格波动，力争从价格波动中获利，毕竟对很多投资者来说，套利或价值投资的机会并不多，而投机交易的机会则很多。

概括起来说，可转债的投机策略主要包括这样两类：一是根据趋势与正股走势分析，寻找波动交易机会；二是根据日内波动形态，寻找 T+0 交易机会。

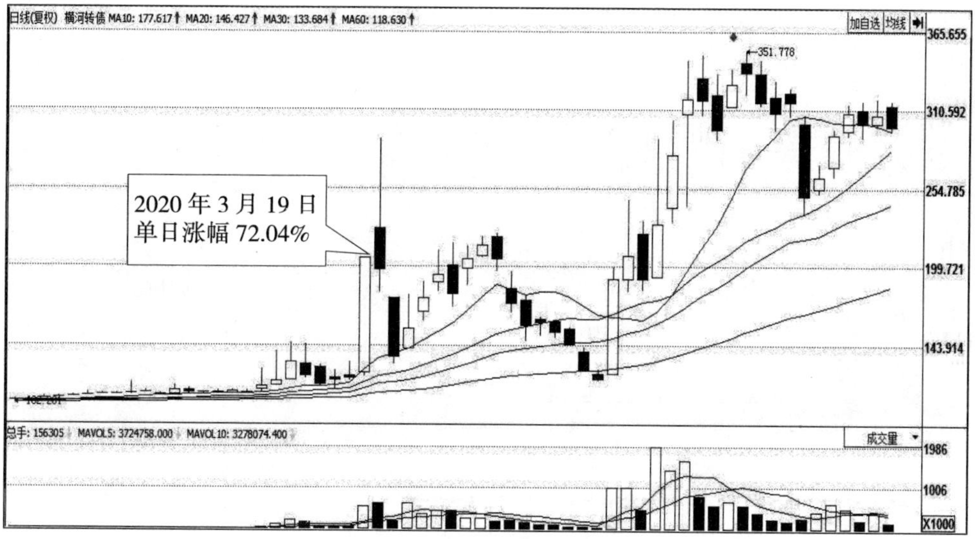

图 7–40　横河转债（123013）日 K 线走势图

二、波段交易策略

投资者完全可以按照操作股票的思路来交易可转债，同时由于可转债执行的是 T+0 交易规则，即使投资者判断失误，也可以快速止损撤出，不需要等到下一交易日才卖出。如果可转债对应的正股价格处于正常波动区间内，即正股股价高于转股价或略低于转股价，又没有触及强赎线，那么可转债价格波动趋势会趋近于正股。也就是说，当正股股价上升时，可转债价格同步上扬；正股股价走低时，可转债价格也会下跌。借助股票趋势交易技术方法，投资者可以实现对可转债的交易操作。

图 7–41 展示的是三星转债和三星新材的叠加日 K 线走势图。从图中可以看出两者的走势基本吻合，不过，三星转债的日内波动幅度要大于正股三星新材，这比较符合可转债走势的基本特征，毕竟可转债的交易规则中没有 T+1 和涨跌停的限制。

从 2019 年 12 月 10 日开始，三星新材和三星转债同步结束盘整，震荡上行。此时，对于想要进行波段交易的投资者来说，可以进场进行波段交易。也就是说，投资者可以像炒股一样交易可转债。

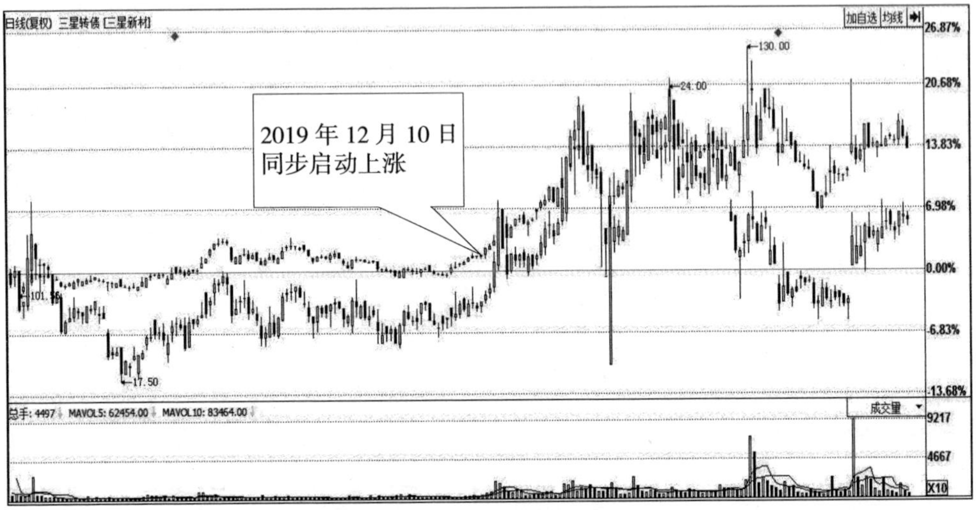

图 7-41　三星转债和三星新材日 K 线走势图（在 K 线图中标示正股和转债走势）

第八章

可转债 T+0 交易策略

相对A股市场上的股票，可转债明显更适合进行T+0交易，因为可转债本身执行的就是T+0交易规则，且没有涨跌停板的限制。

第一节　T+0 交易的优势

由于可转债交易执行的是 T+0 交易规则，投资者可以在一个交易日内多次进行超短线交易。当然，多次交易必然会引发交易成本的上扬，甚至蚕食投资者的部分利润。因此，投资者最好在有充分把握的前提下进行日内交易。

相比 T+1 交易，T+0 交易具有如下两个优势。

第一，可以规避一些交易陷阱。投资者发现主力存在诱多或诱空行为后，可以及时采取相反的交易行动，从而避免投资损失。

第二，多次交易，提升资金的使用效率。同样是 10 万元的资金，每日只能交易 1 次和每日交易多次，其使用效率是完全不同的。当然，随着交易频次的增加，也会让很多不成熟的投资者陷入非理性交易的怪圈，最后可能会吃亏。

如图 8-1 所示，2020 年 4 月 23 日，三祥转债的价格出现了较大幅度的波动，这就为喜欢超短线交易的投资者提供了绝佳的交易机会。10:30 左右，在可转债报价向上突破均价线时，投资者执行买入操作，并在其后价格呈尖角状回落时卖出。在下午时段，投资者可再度完成一次类似的操作。

当然，依据不同的操作标准，投资者也可以增加或减少操作次数。但投资者应该清楚：寻找价格波动较大的可转债品种，是可转债 T+0 交易获利的关键所在，一些波动幅度较小的品种是不适合进行 T+0 操作的。

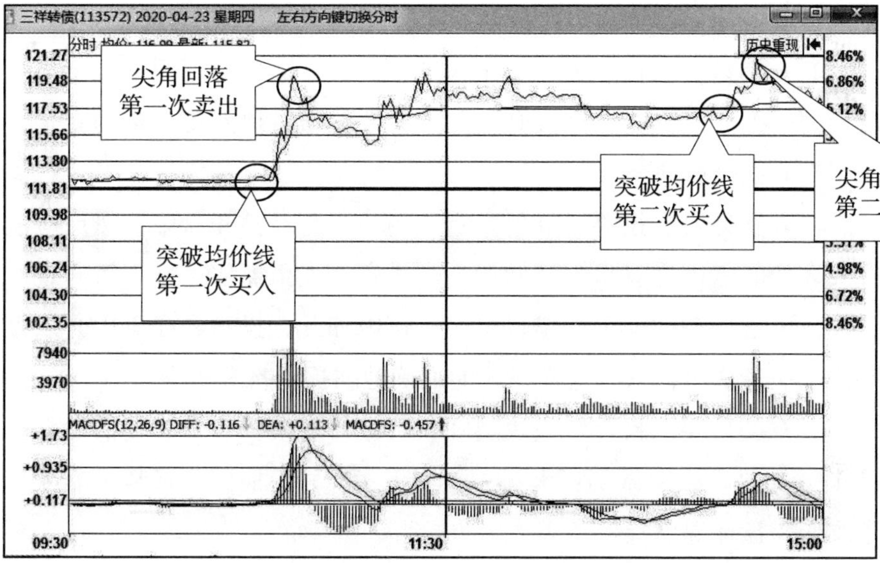

图 8-1　三祥转债（113572）分时走势图（2020.4.23）

第二节　T+0 交易的前提条件

可转债产品比较适合 T+0 操作，但并不意味着所有品种任何时间任何投资者都可以进行该类交易。在市场上，风险与收益是对等的，T+0 交易可能为投资者带来更大收益，但也存在相应的风险。

一、对交易者的基本要求

T+0 交易对投资者的要求包括以下 4 个方面。

第一，T+0 交易必须建立在对可转债价格走势长期观察的基础上。每一只可转债的走势都有其特有的规律，投资者要想从某只可转债身上获利，必须首先熟悉这只可转债的运行规律。对投资者来说，最适宜进行 T+0 交易的债券，就是自己长期观察和持有的品种，投资者不要选择一只自己根本不熟悉的债券。

第二，T+0 交易要求投资者能够全天看盘。T+0 交易的利润来源于可转债价格波段的落差，只有能够全天盯盘的人，才能敏锐地发现价格的变化，进而采取相应的操盘行动。

第三，T+0 交易要求投资者具备丰富的短线操盘经验和盘中快速反应能力。短线买入的时机也许只是一瞬间的事，投资者如果抓住了这一瞬间就可能盈利，失去了这一瞬间就可能错过机会。正因如此，投资者在盘中必须做到眼明手快，快进快出，只有这样，才能准确地捕捉到投资机会。

第四，T+0 交易要求投资者坚决遵守投资纪律。投资者要时刻清楚自己进行的是 T+0 交易，必须做到当天买入，当天卖出，不能因为形势不利于自己而随意改变操盘计划。

二、T+0 操作标的的选择

T+0 操作标的，与正常进行可转债短线或中长线交易不同，它对债券运行的总体趋势并没有严格的要求，但是对债券日内波动幅度要求较高。也就是说，只有那些日内波动频繁的债券，才能成为 T+0 操作标的。

选择日内波动较大的债券，要注意如下 3 点。

第一，可转债日 K 线的最低价和最高价之间距离要足够大，上影线或下影线较长也可以。

第二，可转债处于非盘整走势中。当价格处于底部盘整或横向盘整时，价格波动的幅度会减小，而且会越来越小。

第三，不做波动范围越来越小的可转债，要选择波动范围越来越大的债券。

图 8–2 展示的是 2020 年上半年通光转债的日 K 线走势图。从图中可以看出，2020 年 3 月 5 日之前，该可转债的走势比较平稳，价格波动幅度不大。3 月 5 日之后，可转债的价格进入剧烈波动区间，有几个交易日该可转债的价格波动幅度都超过了 50%。也就是说，自 3 月 5 日之后，投资者就可以入场进行 T+0 交易了。当然，价格波动剧烈，一方面可能为投资者带来较丰厚的回报，另一方面也可能会给投资者造成较大的损失，投资者需要仔细评估自身的抗风险能力。

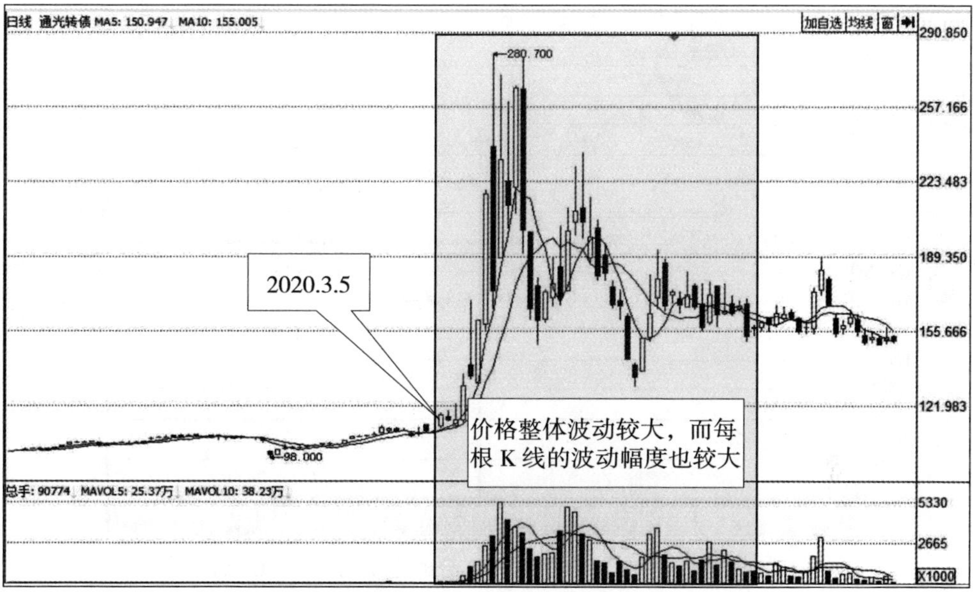

图 8-2　通光转债（123034）日 K 线走势图

三、T+0 操作时间框架的选择

T+0 交易需要交易者在一天之内完成买入与卖出操作，因而对时间框架也有特殊的要求。T+0 交易时间框架的选择需要遵循以下两个原则。

第一，时间框架的选择应以短周期框架为主，如分时线、1 分钟 K 线、5 分钟 K 线等。对大多数 T+0 交易者来说，分时线和 1 分钟 K 线都是不错的选择。1 分钟 K 线能够提供 1 分钟内交易的最高价、最低价、开盘价和收盘价 4 个价格，而分时线只能给出 1 分钟内的最终价格，即只给出 1 分钟 K 线的收盘价。

第二，选定主分析框架后，可以辅之以 15 分钟 K 线作为参考时间框架，以便研判相对长周期的趋势。

下面还以通光转债为例进行说明，如图 8-3 所示。

2020 年 3 月 11 日，通光转债的价格出现了一波幅度较大的波动。喜欢 T+0 交易的投资者，可以借此机会完成一波顺向 T+0 操作（后面会详细讲述）。

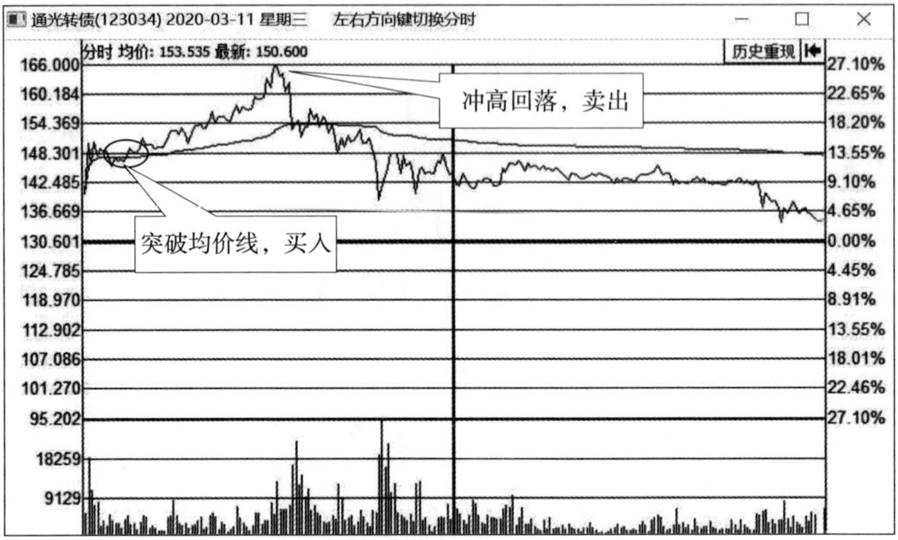

图 8-3 通光转债（123034）分时走势图（2020.3.11）

当日早盘开盘后，分时线向上穿越均价线，属于典型的买入信号。其后，该可转债价格一路震荡上行，并始终位于均价线上方。上午盘中阶段，该可转债价格出现冲高回落迹象。鉴于此时投资者已经获利颇丰，可立即执行卖出操作，从而完成一次成功的 T+0 交易。

第三节 T+0 交易策略

目前，根据交易方向的不同，T+0 交易包括两种，即顺向 T+0 交易和逆向 T+0 交易。

一、顺向 T+0 交易

顺向 T+0 交易是指在某一天的交易时段内，投资者认为该可转债将上涨，那么就可以买入该可转债，待其上涨到一定高度后，将持仓的可转债全部卖出，从而在一个交易日内实现低买高卖，从中获取差价利润。

下面用一个例子来说明整个顺向 T+0 交易过程。一位投资者手中持有 1 万元的现金。某一交易日，可转债价格下跌到 100 元位置，此时这位投资者认为该可转债当天有可能出现一波上涨行情，于是便用手中的资金以 100 元的价格买入 100 张该可转债（手续费、佣金忽略不计）。收盘前，该可转债价格上涨到 110 元位置，投资者就可以将当日买入的 100 张可转债抛出，这就是一次成功的顺向 T+0 交易。

可转债顺向 T+0 交易与目前 A 股市场上的股票顺向 T+0 交易不同，由于可转债本身执行的就是 T+0 交易规则，因而手中不需要有可转债仓位就可以执行顺向 T+0 操作。

不过，顺向 T+0 交易要求投资者手中持有部分现金，否则难以实施顺向 T+0 交易。如果投资者满仓被套，则无法进行顺向 T+0 交易。

1. 顺向 T+0 交易的前提条件

第一，正股和可转债有震荡向上趋势。

投资者要进行顺向 T+0 交易，就必须保证正股和可转债当日的趋势能够震荡向上。这里对正股股价有两个要求：一是必须方向向上，如果方向向下，将带动可转债价格下跌，也就无法完成顺向 T+0 交易；二是必须有充足的震荡空间，正股震荡必将带动可转债出现震荡，从而有利于 T+0 交易的完成。

第二，可转债有向上突破的态势。

投资者不能看到可转债下跌，就认为该可转债一定会反弹上涨，只有上涨趋势已经明显了，投资者才能开始采取行动。

第三，严守操盘纪律。

投资者要进行的是顺向 T+0 交易，因而一定要保证当天买入的可转债当天卖出，不能留到下一个交易日。

2. 顺向 T+0 交易方法

顺向 T+0 需要投资者手中持有现金。在入场交易前，需要制定详细的交易计划。

第一，买入方法。

为了避免因判断失误给自己造成损失，投资者可将准备投放的现金分成两部分。当分时线或 1 分钟 K 线向上突破均价线或均线时，执行第一次买入。当分时线或 1 分钟 K 线向上突破某一重要阻力位，如前一交易日收盘价、当日开盘价、前期高点等，投资者可考虑执行第二次买入操作。

第二，卖出方法。

为了获取更多利润，投资者可将持有的可转债分为两部分。当分时线或 1 分钟 K 线呈现典型顶部特征时（如出现经典顶部形态、量价顶背离等），可执行第一次卖出。当分时线或 1 分钟 K 线跌破某一重要支撑位，如均价线或某条均线，可执行第二次卖出操作。

为了让投资者熟悉 T+0 操作技法，本节选用的主时间框架为 1 分钟 K 线。当然，投资者也可以用分时线代替 1 分钟 K 线，然后将均线替换成均价线，这样并不影响对可转债价格走势的判断。

如图 8-4 所示，2020 年 6 月 5 日，新莱转债的 1 分钟 K 线出现了低开高走形态，这属于比较有利于执行顺向 T+0 交易计划的走势形态。

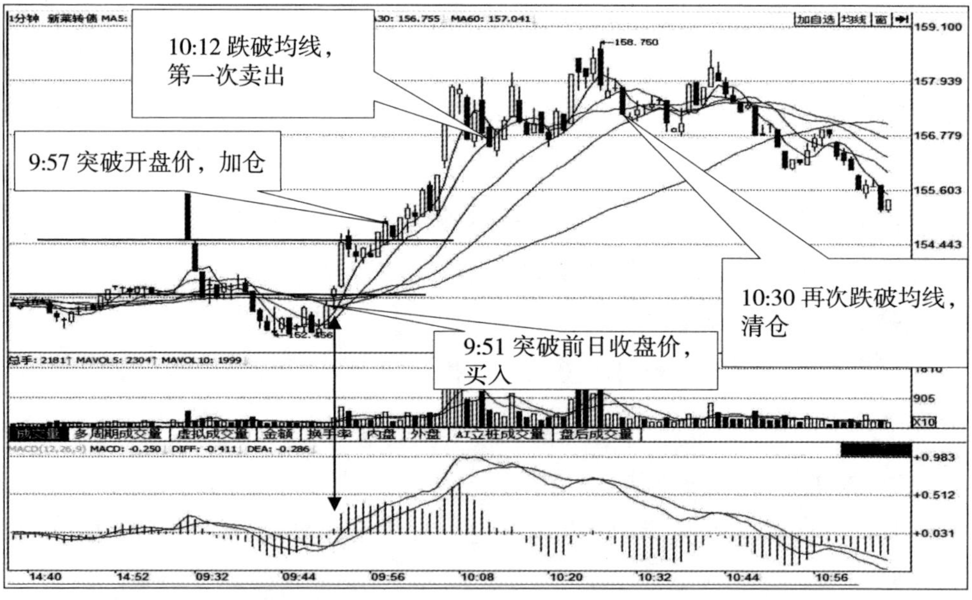

图 8-4　新莱转债（123037）1 分钟 K 线走势图（2020.6.5）

投资者可事先将资金拆成两部分。该可转债在 6 月 5 日低开后出现了一波下跌走势，其后，1 分钟 K 线在 9:51 向上突破了多条均线，还同时突破了前日收盘价，且 MACD 指标同步出现了低位金叉，此时就是一个比较好的买点，投资者可执行第一次买入。9:57，该可转债 1 分钟 K 线向上突破开盘价，投资者可执行第二次买入操作。

10:12，该可转债 1 分钟 K 线跌破了 MA5 和 MA10，鉴于此时成交量并未放大，投资者可先卖出部分可转债。10:30，该可转债 1 分钟 K 线经过一段时间的反弹后，再次跌破多条均线，且 MACD 指标已经开始震荡下行，投资者可执行第二次卖出操作。

二、逆向 T+0 交易

逆向 T+0 交易是指投资者持有一定数量的某只可转债后，在某一天的交易时段内，认为该债券价格将下跌，那么可以先卖出全部或部分可转债，待其下跌到一定价位后，将原来卖出的同一品种的可转债全部买回，从而在一个交易日内实现高卖低买，从中获取差价利润。

下面用一个例子来说明整个逆向 T+0 交易过程。一位投资者手中持有某可转债 100 张，在某一交易日，可转债价格上涨到 110 元位置，此时这位投资者认为该债券当天有可能会出现一波下跌行情，于是便将手中的 100 张可转债全数卖出，获得 11 000 元现金（手续费、佣金忽略不计）。收盘前，该债券下跌到 100 元位置，投资者就可以将以前卖出的 100 张可转债全数买回，这样自己手中还是 100 张可转债，而资金则多出了 1 000 元，这就是一次成功的逆向 T+0 交易。

逆向 T+0 交易要求投资者手中必须持有一定数量的可转债，但并不需要账户中有可用现金。投资者即使满仓被套，也可进行逆向 T+0 交易。

1. 逆向 T+0 操作的前提条件

第一，正股股价有震荡向下的趋势。

投资者要进行逆向 T+0 交易，必须保证正股价格能够震荡向下，这里对正股价格有两个要求：一是必须方向向下。如果方向向上，将带动可转债价格上涨，也就无法完成逆向 T+0 交易。二是必须有充足的震荡空间。正股股价震荡，必将带动可转债价格出现震荡，从而有利于完成逆向 T+0 交易。从正股与可转债走势的对比来看，正股的运行趋势往往对可转债有一定的引导作用，当然，当可转债触发强赎线或回售线后，这种影响力会有所减弱。

第二，可转债有向下突破的态势。

投资者不能看到可转债上涨，就认为该可转债日内一定会回调下跌，只有下跌趋势明显了投资者才能开始行动。

第三，严守操盘纪律。

投资者进行的是逆向 T+0 交易，因此一定要保证当天卖出的可转债当天买回来，不能空仓。

2. 逆向 T+0 交易方法

逆向 T+0 需要投资者手中持有可转债。在入场交易前，需要制定详细的交易计划。

第一，卖出方法。

为了避免判断失误给自己造成损失，投资者可将准备投放的可转债分成两部分。当分时线或 1 分钟 K 线向下突破均价线或均线时，执行第一次卖出。当分时线或 1 分钟 K 线向下跌破某一重要支撑位，如前一交易日收盘价、当日开盘价、前期低点等，投资者可考虑执行第二次卖出操作。

第二，买入方法。

为了获取更多利润，投资者可将当日卖出可转债换回的现金分为两部分。当分时线或 1 分钟 K 线呈现典型底部特征（如出现经典底部形态、量价底背离等）时，可执行第一次买入操作。当分时线或 1 分钟 K 线突破某一重要阻力位，如均价线或某条均线，可执行第二次买入操作。可转债价格向上突破卖出之前的最高价时，必须将手中剩余的现金买入可转债。

为了让投资者熟悉 T+0 操作技法，本节选用的主时间框架为分时线。当然，投资者也可以用 1 分钟 K 线替换分时线，然后将均价线替换成均线，这样并不影响对可转债价格走势的判断。

如图 8–5 所示，2020 年 4 月 10 日，顺丰转债的价格出现了高开低走形态，这属于一种比较有利于执行逆向 T+0 交易计划的形态。

投资者可事先将手中的可转债拆成两部分。该可转债在 4 月 10 日高开后迅速出现了一波下跌走势，并跌破了均价线，此时是一个比较好的卖点，投资者可执行第一次卖出。9:38，该可转债分时线向下跌破昨日收盘价，投资者可执行第二次卖出操作。13:20，该可转债分时线形成了底部双底形态，投资者可先买回一半的可转债。到收盘时段，可转债价格并未创出新低，投资者可第二次买回可转债，至此完成全日逆向 T+0 交易。

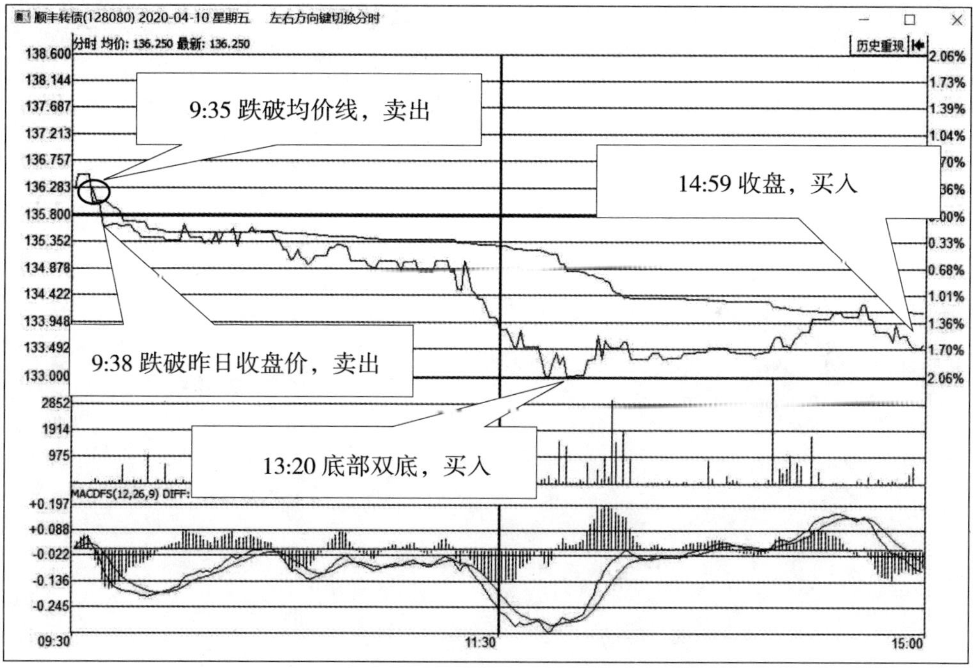

图 8–5　顺丰转债（128080）分时走势图（2020.4.10）

当然，在实战中，有时第二次买入的价格可能会高于先前卖出点位中的低点位置，这就属于操作失败。但从交易纪律方面来看，投资者还是应该将卖出的可转债全部买回，毕竟谁都无法保证交易百分之百准确。

第九章

可转债基金投资策略

可转债基金，为可转债投资者提供了更多的一种选择。投资者可借助可转债基金间接地进行可转债投资。

第一节　了解可转债基金

可转债基金的投资范围、收益影响因素以及面临的风险等，都是投资者在投资前需要了解的内容。

一、可转债基金投资范围

从基金名称中可以看出，可转债基金的主要投资对象为可转债，同时还包括其他债券、股票和权证等高风险资产，如图 9-1 所示。

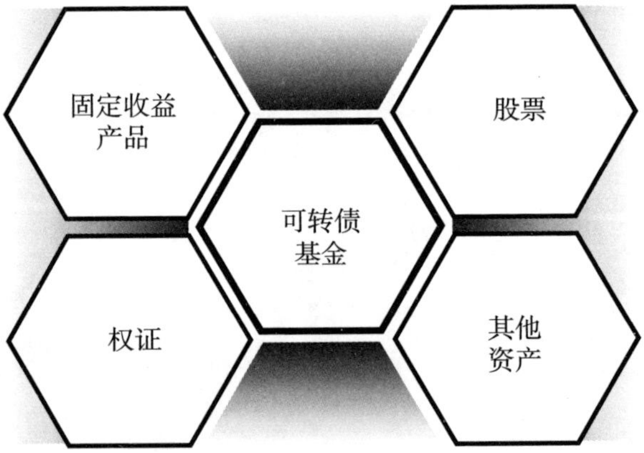

图 9-1　可转债基金的投资范围

1. 固定收益产品

可转债产品是被包含在固定收益产品之内的。大多数可转债基金中，固定收益产品占的比重一般不会低于 80%，且在固定收益产品中，可转债产品不低于 80%。当然，可转债基金性质不同，具体的持仓比例可能会有所不同，在申购可转债基金之前，投资者需要了解这些基金的投资方向。

2. 股票等高风险产品

这类资产在可转债基金投资中不占优势地位，一般在基金资产的 20% 以下。当然，一些可转债混合基金的持仓仓位会有所提高。比如兴全可转债混合基金的招募说明书中就列明：

资产配置比例为：可转债 30%～95%（其中可转债在除国债之外已投资资产中比例不低于 50%），股票不高于 30%，现金和到期日在一年以内的政府债券不低于基金资产净值的 5%。

3. 权证资产

权证资产并不是可转债基金必不可少的投向，有些基金不会涉及，有些基金只有极少的资金涉足。

4. 其他资产

通常情况下，各类基金都会留有一部分其他金融资产、现金资产等流动性较佳的资产，以备不时之需。不过，这部分资产一般比较少，通常不超过基金资产的 5%。

根据可转债占比以及资产配置的不同，可转债基金主要包括单纯的可转债基金和可转债混合基金两类。相比较而言，可转债混合基金的股票持仓占比更高，可能会达到 30%，因而风险也更大。

二、影响可转债基金收益的因素

可转债基金净值，主要是由可转债和股票资产净值及波动形成的，影响可转债收益的因素通常包括以下 3 类。

第一，股票市场行情。

尽管股票资产占可转债基金的总体比重较低，但可转债的市场价格同样会受到正股价格波动的影响，而这些正股股价的波动，又与股票市场环境有直接的关系。当股票市场行情走牛时，可转债基金持仓的股票和可转债资产都会产生相应的增值，反之则会贬值。同时，由于可转债基金一般会留有20% 左右的股票仓位，这部分股票对股票市场行情的反映更为直接。

可转债基金可以像普通债券基金一样将手中的债券进行抵押融资，这就使得可转债基金获得了较高的杠杆，正因如此，在股市大幅上升时，可转债基金会出现比普通股票型基金更大幅度的上升。同时，由于可转债本身的净值不会低于票面金额太多（一旦低于票面金额，就会有套利资金入场，推动可转债价格走高），这就使得在股市下跌时，可转债基金跌幅相对有限，如图 9–2 所示。

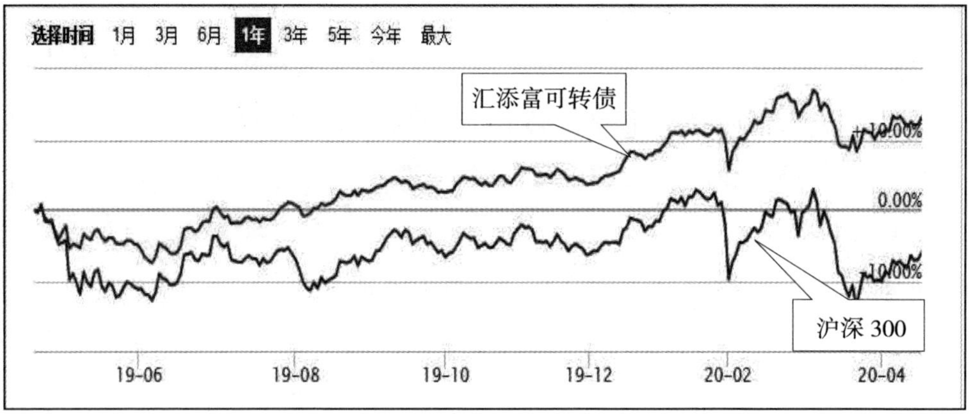

图 9–2　汇添富可转债债券基金与沪深 300 指数走势对比

从图中可以看出，汇添富可转债基金的净值波动与沪深 300 指数走势基本吻合。不过，在沪深 300 指数出现大幅下跌时，汇添富可转债基金下跌幅度相对有限，而沪深 300 指数反弹时，可转债基金的反弹幅度更大。

由此可见，对激进型投资者而言，可转债基金确实是一种不错的投资标的。

第二，可转债市场环境。

可转债的发行价格与市场价格走势，受可转债市场环境的直接影响。当整个可转债市场向好时，可转债的市场价格就会出现较大幅度的溢价，可转债基金的收益就会走高。反之，当可转债溢价走低时，可转债基金的收益也会随之走低。

第三，基金经理的操作水平。

从理论上来说，可转债基金的总体收益受基金经理的操作水平影响远大于其他债券基金。除了具体的选股操作、可转债运作之外，对股市运行趋势的判断，是考验基金经理的一个重要指标。同时，由于可转债交易规则与普通股票不尽相同，这都为可转债基金经理的操作提出了更高的要求。

三、可转债基金风险分析

可转债基金面临的风险，与纯债基金完全不同，与混合债券基金倒有几分相似，其风险主要源于这样 3 个方面，如图 9–3 所示。

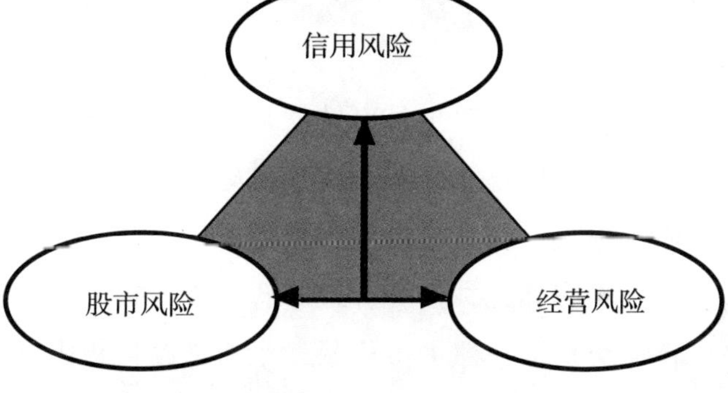

图 9–3 可转债基金面临的三大风险

第一，股市波动风险。

可转债基金配置的资产中，股票以及与股票相关的可转债资产占据了很高的比重，因而股市波动风险成为可转债基金面对的最大的一项风险。比如，当正股股价下跌时，可转债的转股价值就会随之走低，可转债基金的净值也会随之走低。当然，这里还有基金经理的操作问题。若基金经理操作得当，也可以从股市波动中获得更为丰厚的回报。

正因如此，在选择可转债基金时，投资者需要特别注意基金的历史收益，尽量选择那些在历次牛熊转换过程中表现比较优秀的基金。

第二，信用风险（即债券违约）。

从本质上来说，可转债是一种债券，因而信用风险是可转债基金面对的最主要风险之一。正常情况下，债券基金持有的各类债券到期后，会获得约定的本金和利息。但是，个别企业因经营出现问题，股价就会大幅走低，同时企业也可能没有足够的资金回购债券，导致投资者不得不进行转股操作。

债券基金在购入债券前，肯定会预先考虑这种情况，其大多会采取这样两种应对策略：其一，分散投资，每种可转债的投资规模不超过 10%，甚至不超过 5%。这样，当某一债券出现违约时，最大亏损幅度不会太大。其二，选择高信用等级的可转债。当然，可转债信用等级越高，其溢价水平也会越高，操作这类可转债存在一定的价格下跌风险。总之，这些都是需要基金经理进行平衡和布局的。

第三，经营风险。

与其他基金相似，经营风险也是可转债基金需要面临的一项主要风险。基金的运营管理必须依靠基金公司的职业经理人，若基金管理团队出现问题，如非正常的基金经理更换、决策或运营人员操作失误等，都可能给债券基金的投资者带来损失。正因如此，投资者最好选择规模较大、运营稳定的基金公司。特别是可转债交易是一种 T+0 交易，没有涨跌停板限制，而且经常会出现暴涨暴跌的走势，这都容易给基金净值造成巨大的影响。

如图 9-4 所示，广电转债的价格一直在 140 元以上的位置运行，这说明市场比较认可该可转债的价值。事实上，截至 2020 年 4 月 17 日收盘，该可转债的转股价值也在 118.84 元的水平，说明该可转债的投资价值较高。正因如此，市场上的投资者对该可转债保持了较高的热情。

2020 年 3 月 20 日，该可转债高开高走，盘中出现了巨幅震荡，当日价格振幅超过了 60%，最终收盘涨幅也达到了 15.08%。对一只非新债来说，这是极其少见的。同时，当日追高买入该可转债的投资者可能就会面临较大幅度的亏损，若当日有可转债基金追高买入，也可能造成基金净值的巨大亏损。

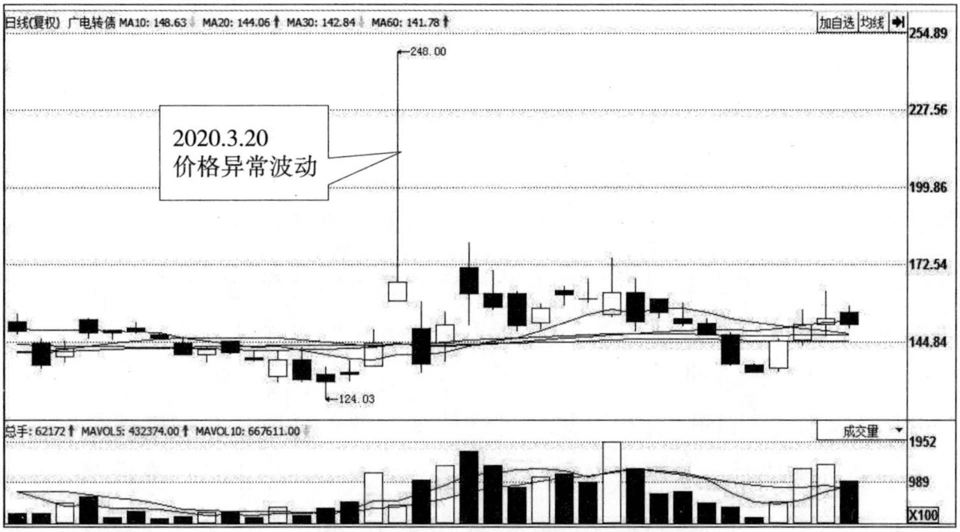

图 9-4　广电转债（110044）日 K 线走势图

第二节　可转债基金配置

本节重点介绍几项配置可转债基金的原则，供大家参考。同时，本节介绍的两种基金品种仅可作为投资研究参考，不可作为投资依据。

一、可转债基金配置原则

前面对可转债基金的收益与风险等因素进行了分析，在配置可转债基金时，投资者需要秉持这样 3 个原则。

第一，根据风险承受能力配置仓位。

尽管可转债基金属于债券基金，但其实质上具备股票的波动特征，有时甚至比股票的波动还大，因此投资者需要结合自身的风险防控能力，合理配置可转债基金的仓位。风险承受能力较弱的投资者可少量配置或不配置，风险承受能力较强的投资者可以适当加大仓位。

第二，动态调整原则。

从长期来看，可转债基金的净值波动与股市的波动基本吻合，因而不适合在熊市中布局可转债基金。特别是很多可转债基金还配置了20%～30%仓位的股票，这就使得可转债基金的净值波动与股市更趋一致。因此，投资者需要根据股市运行态势，动态调整可转债基金的整体仓位。当然，长线投资可转债基金的投资者，可以在股市低点加仓基金，并在股市高点适当减仓，确保收益及时兑现。

第三，优质品种原则。

随着可转债市场的日趋火热，可转债基金的发行数量和规模逐渐增加。市场上的可转债基金品种很多，但各只基金的表现不尽相同，投资者需要对各只可转债基金的发行机构（品牌、实力强劲的基金公司）、基金经理（最好获得过“金牛奖”）以及基金评级（五星级为佳，四星和三星次之）等方面进行筛选，并找出最合适的基金品种。

二、典型的可转债基金——汇添富可转换债券基金

汇添富可转换债券基金成立于2011年6月17日，该基金主要精选高质量的固定收益类产品进行组合投资，以实现基金获得长期稳健的投资收益。该基金属于可转债基金中比较有代表性的一只。

1. 基金基本情况

汇添富可转换债券基金的基本情况，如表9–1所示。

表9–1　汇添富可转换债券基金基本情况

所属基金公司	汇添富基金	**创立日期**	2011.6.17
基金规模	21.28亿元（2019.12.31）	**基金评级**	★★★
现任基金经理	曾刚等（2020.4.17）	**任职开始时间**	2013.2.7
基金经理任期回报	72.8%（2020.4.17）	**任期沪深300涨幅**	39.12%（2020.4.17）

从基金的基本情况介绍中可以看出，该基金整体规模比较适中，比较适合基金经理的操作。该基金经理任职时间在7年以上，期间沪深300指数的涨幅为39.12%，而本基金的涨幅为72.8%。对比沪深300指数，该基金的收

益非常不错。一方面说明该基金经理的运作富有成效；另一方面也说明可转债基金在过去几年的整体表现还是不错的。

2. 基金持仓分布

在汇添富可转换债券基金的招募说明书中列明，该基金的股票资产占基金总资产的比重不超过 20%，固定收益产品占基金资产的比重为 80% 以上，其中可转债资产占固定收益资产的比重为 80% 以上。也就是说，可转债为该基金最核心的投资标的。其实，这也是大多数可转债基金最基本的资产构成比例。截至 2019 年 12 月 31 日，该基金持仓资产按类别划分情况，如图 9–5 所示。

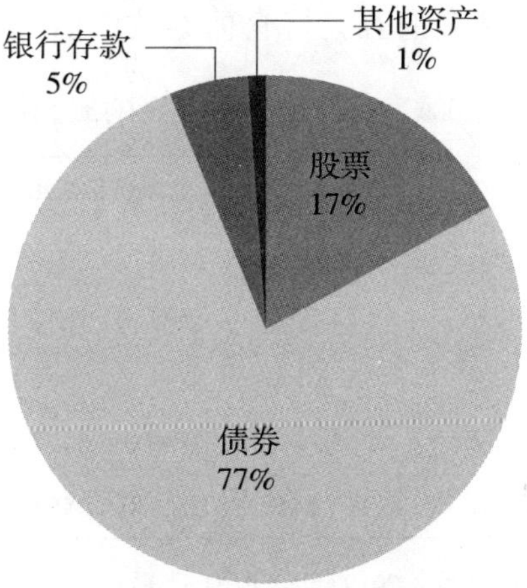

图 9–5　基金持仓分布

从图中可以看出，汇添富可转换债券基金近期持仓以债券等固定收益资产为主，占到了整个基金仓位的 77%，其中，绝大多数都是可转换债券，股票仓位仅占 17%。该基金股票仓位与合同约定相吻合，同时可转债的净值走势与股市波动有密切的关系，因而整个基金走势势必受股市波动的影响较大。

该基金的五大持仓股票及市值占比如表 9–2 所示。

从表 9–2 中可以看出，汇添富可转换债券基金近期的持仓中，股票资产所占仓位都不高，最高的中国平安持仓仅为 2%，这与基金对股票持仓控制有关。同时，从持仓类型中可以看出，该基金持仓的股票偏向于蓝筹绩优股，属于典型的稳健型投资策略。

表 9-2 汇添富可转换债券基金的五大持仓股票

序号	股票代码	股票名称	数量（张）	公允价值（元）	占基金资产净值比例 (%)
1	601318	中国平安	700 000	59 822 000.00	2.00
2	600309	万华化学	949 424	53 329 146.08	1.78
3	002311	海大集团	1 000 000	36 000 000.00	1.20
4	600519	贵州茅台	30 000	35 490 000.00	1.19
5	300144	宋城演艺	1 000 000	30 910 000.00	1.03

注：资料来源于汇添富基金网站（截至 2019 年 12 月 31 日）。

下面再来看一下该基金的五大持仓债券及市值占比，如表 9-3 所示。

表 9-3 汇添富可转换债券基金的五大持仓债券

序号	股票代码	股票名称	数量（张）	公允价值（元）	占基金资产净值比例 (%)
1	113011	光大转债	2 998 070	373 739 406.20	12.48
2	132018	G 三峡 EB1	2 731 960	303 985 189.20	10.15
3	110059	浦发转债	2 178 540	237 983 709.60	7.95
4	018007	国开 1801	1 554 980	156 664 235.00	5.23
5	127006	敖东转债	981 441	108 194 055.84	3.61

注：资料来源于汇添富基金网站（截至 2019 年 12 月 31 日）。

从表 9-3 中可以看出，汇添富可转换债券基金近期的持仓中，前五名债券中有 4 只属于可转债，只有国开 1801 属于政策性金融债（G 三峡 EB1 属于三峡集团发行的绿色可转债）。该持仓占比说明两点：其一，该基金前五名债券持仓占比较高，通常来说存在一定的安全隐患。不过，持仓最高的光大转债属于银行发行的可转换债券，安全性相对较高，所以该持仓也是可以接受的；其二，该基金持仓的债券中，由于纯债券占比也就 5.4%，而一只国开 1801 债券就达到了 5.23%，这说明该基金持有的其他非可转债债券极少。

3. 基金收益情况

如果用几年时间来观察可转债基金的净收益走势就会发现，这些可转债基金的收益曲线尽管会随着股市出现一定幅度的波动，但总是在股市下跌中途停止下行，并先一步启动反弹。下面以汇添富可转换债券基金的走势为例介绍，如图 9–6 所示。

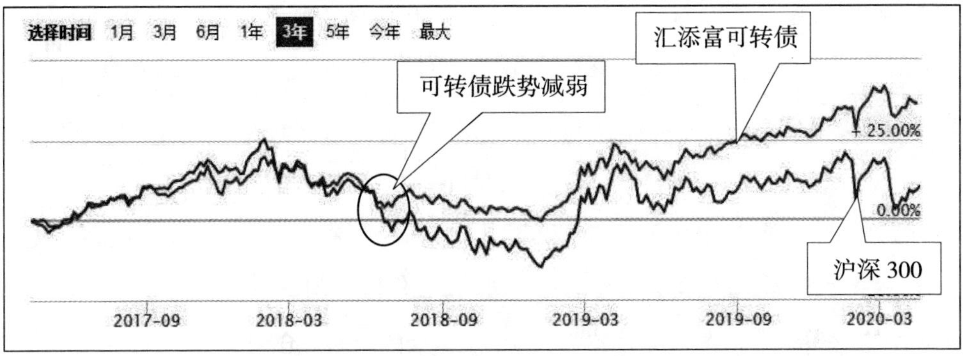

图 9–6　汇添富可转换债券基金与沪深 300 指数对比

汇添富可转换债券基金的走势与沪深 300 指数的走势基本吻合。另外，该基金运行过程中有这样一个特点：股市短线下跌时，基金收益会随之下跌，但股市长期下跌时，基金收益并不会随之下跌，而是出现减弱态势。同时，当股市进入上升趋势时，基金净值还会随之上升。其实，这种现象是由于可转债的价格下跌至转股价值附近或 100 元附近时，就会有一些套利资金入场拉升可转债的价格，从而使可转债基金的净值不会出现大幅下跌。

三、可转债混合基金——兴全可转债混合基金

兴全可转债混合基金成立于 2004 年 5 月 11 日，该基金利用可转债的债券特性规避系统性风险和个股风险，追求投资组合的安全和稳定收益，并利用可转债内含的股票期权，在股市上涨中进一步提高基金的收益水平。

从基金的名称上看，该基金的名称中含有“混合”二字，没有“债券”，这说明该基金属于典型的混合型基金。不过，从其对投资策略的描述中可以看出，该基金是倾向于“可转债”产品的。

1. 基金基本情况

兴全可转债混合基金的基本情况，如表 9–4 所示。

表 9–4　兴全可转债混合基金基本情况表

所属基金公司	兴全基金	创立日期	2004.5.11
基金规模	50.28 亿元（2019.12.31）	基金评级	★★★
现任基金经理	虞淼（2020.4.17）	任职开始时间	2019.1.16
基金经理任期回报	22.44%（2020.4.17）	任期沪深 300 涨幅	22.72%（2020.4.17）

从基金的基本情况介绍中可以看出，该基金整体规模比较适中，比较适合基金经理的操作。该基金经理任职时间不足两年，期间沪深 300 指数的涨幅为 22.72%，本基金的涨幅为 22.44%。对比沪深 300 指数，该基金的收益略差。综合来看，该基金经理的操作水平还有待于进一步观察。

2. 基金持仓分布

在兴全可转债混合基金的招募说明书中列明，该基金的股票资产占基金总资产的比重不超过 30%，可转债资产占基金总资产的比重为 30%～95%。也就是说，尽管该基金名称为混合型基金，但还是更侧重于可转债方向的投资。截至 2019 年 12 月 31 日，该基金持仓资产按类别划分情况，如图 9–7 所示。

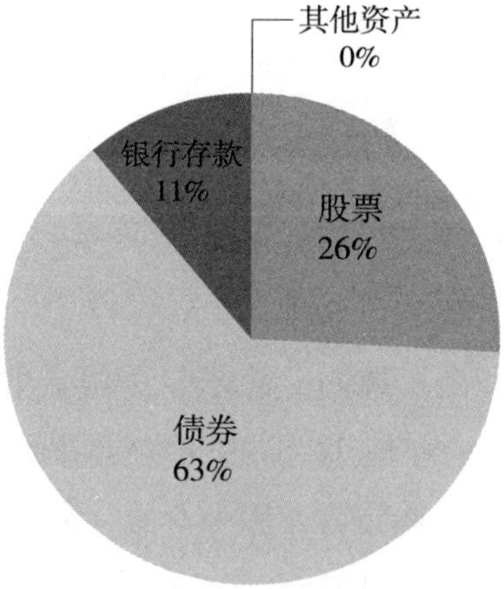

图 9–7　基金持仓分布

从图中可以看出，兴全可转债混合基金近期持仓以债券等固定收益资产为主，占到了整个基金仓位的 63%，股票资产占基金资产的比重也达到了

26%。也就是说，该基金的股票仓位略低于控制仓位。债券所占的仓位距离控制线还有一段距离，这说明当前的行情下，基金经理更加看好股票市场，而非可转债市场。同时，银行存款占比高达 11%，这也是一个很高的比例，是一种资金利用效率偏低的表现，当然，这可能与基金经理对可转债市场并不看好有关。

该基金的五大持仓股票及市值占比如表 9–5 所示。

表 9–5　兴全可转债混合基金的五大持仓股票

序号	股票代码	股票名称	数量（张）	公允价值（元）	占基金资产净值比例（%）
1	600048	保利地产	10 249 504	165 836 974.72	3.30
2	601012	隆基股份	5 176 867	128 541 607.61	2.56
3	601318	中国平安	1 402 400	119 849 104.00	2.38
4	601166	兴业银行	5 370 000	106 338 988.80	2.11
5	000651	格力电器	1 169 322	76 684 136.76	1.53

注：资料来源于兴全基金网站（截至 2019 年 12 月 31 日）。

从表 9–5 中可以看出，兴全可转债混合基金近期的持仓中，股票资产所占仓位几乎达到了最高限度。最高的保利地产持仓达到 3.3%，同时其他几只股票的持仓占比也较为均衡，5 只股票的总仓位达到了 11.88%，这与基金经理对股市判断有关。同时，从持仓类型中可以看出，该基金所持仓的股票偏向于蓝筹绩优股，属于典型的稳健型投资策略。

下面再来看一下该基金的五大持仓债券及市值占比，如表 9–6 所示。

表 9–6　兴全可转债混合基金的五大持仓债券

序号	股票代码	股票名称	数量（张）	公允价值（元）	占基金资产净值比例（%）
1	128080	顺丰转债	2 620 189	312 274 125.02	6.21
2	110053	苏银转债	1 499 900	176 073 261.00	3.50
3	110051	中天转债	1 179 520	131 198 009.60	2.61
4	110059	浦发转债	1 137 120	124 218 988.80	2.47
5	113026	核能转债	857 530	92 767 595.40	1.84

注：资料来源于兴全基金网站（截至 2019 年 12 月 31 日）。

从表 9-6 中可以看出，兴全可转债混合基金近期的持仓中，持仓占比最高的顺丰转债的仓位占到了 6.21%。同时，前五大重仓债券中可转债占比较高（全部为可转债）。该持仓占比说明了两点：其一，该基金持仓债券相对比较集中，面临的风险较大，基金需要确保这些债券的信用安全；其二，从该基金的持仓债券占比中可以发现，没有一只金融债或国债进入前五，这说明该基金的操作比较激进。

3. 基金收益情况

在债券基金中，可转债混合基金属于其中的高风险品种。如果用几年时间来观察可转债混合基金的净收益走势就会发现，这些混合债券基金的收益曲线大致与股市走势吻合。下面以兴全可转债混合基金的走势情况为例介绍，如图 9-8 所示。

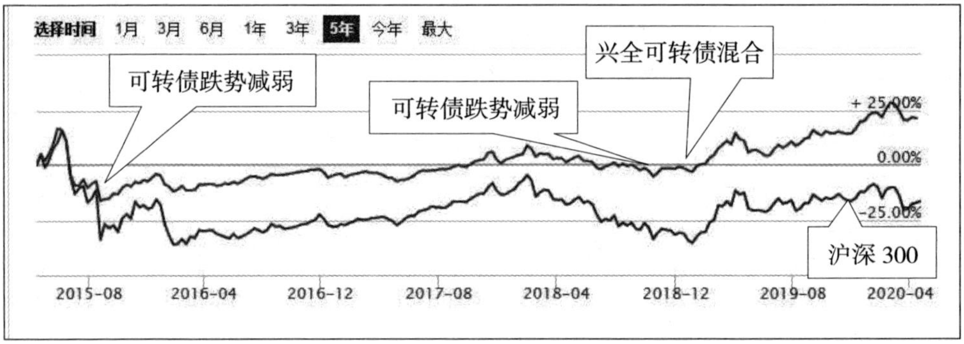

图 9-8 兴全可转债混合基金与沪深 300 指数对比

兴全可转债混合基金的走势与沪深 300 指数的走势基本吻合，而且该基金净值的特点与前面所讲的汇添富可转换基金相似，即基金净值会随着股市下跌，但跌幅不像股市那么大，反之，上涨时也会随之上攻。

总之，由于可转债本身带有托底的特性，使得可转债基金的跌幅始终是有限的，可转债基金的这种特性特别适合一些保守型投资者。